**O homem despertado**

*Roberto Mangabeira Unger*

# O homem despertado
Imaginação e esperança

Tradução de
Roberto Muggiati

Revisão técnica de
Carlos Sávio G. Teixeira

1ª edição

Rio de Janeiro
2020

© Roberto Mangabeira Unger, 2020

CIP-BRASIL. CATALOGAÇÃO NA PUBLICAÇÃO
SINDICATO NACIONAL DOS EDITORES DE LIVROS, RJ

U48h
Unger, Roberto Mangabeira
 O homem despertado: imaginação e esperança / Roberto Mangabeira Unger; tradução Roberto Muggiati; revisão técnica Carlos Sávio G. Teixeira. – 1. ed. – Rio de Janeiro: Civilização Brasileira, 2020.

Tradução de: The self awakened: pragmatism unbound
ISBN 9788520014035

1. Filosofia. 2. Pragmatismo. I. Muggiati, Roberto. II. Teixeira, Carlos Sávio G. III. Título.

19-61567

CDD: 144.3
CDU: 165.741

Meri Gleice Rodrigues de Souza – Bibliotecária – CRB-7/6439

Todos os direitos reservados. Proibida a reprodução, armazenamento ou transmissão de partes deste livro, através de quaisquer meios, sem prévia autorização por escrito.

Texto revisado segundo o novo Acordo Ortográfico da
Língua Portuguesa.

Direitos desta edição adquiridos pela
EDITORA CIVILIZAÇÃO BRASILEIRA
Um selo da
EDITORA RECORD LTDA.
Rua Argentina, 171 – Rio de Janeiro, RJ – 20921-380 –
Tel.: (21) 2585-2000.

Seja um leitor preferencial Record.
Cadastre-se no site www.record.com.br e receba informações sobre nossos lançamentos e nossas promoções.

Atendimento e venda direta ao leitor:
sac@record.com.br

Impresso no Brasil
2020

## Sumário

| | |
|---|---|
| 1. A FILOSOFIA DA NOSSA ERA | 9 |
| 2. OPÇÕES REJEITADAS | 11 |
| 3. A FILOSOFIA PERENE E SEU INIMIGO | 19 |
| 4. O PRAGMATISMO RESGATADO | 37 |
| O pragmatismo como um ponto de partida | 37 |
| Três ideias dos pragmatistas | 42 |
| Temas centrais: agência, contingência, futuridade, experimentalismo | 49 |
| Duas leituras erradas do pragmatismo | 58 |
| Descobertas pragmatistas e erros norte-americanos | 63 |
| 5. A CONCEPÇÃO CENTRAL: CERCEAMENTO, INCOMPLETUDE, RESISTÊNCIA, REINVENÇÃO | 67 |
| Uma concepção de humanidade | 67 |
| Elementos de uma concepção | 70 |
| Atitudes filosóficas associadas com essas ideias | 76 |
| 6. TEMPO E EXPERIÊNCIA: ANTINOMIAS DO IMPESSOAL | 81 |
| A fonte das antinomias | 81 |
| O impessoal e o pessoal | 83 |
| A antinomia do tempo | 92 |
| A antinomia da objetividade | 94 |

7. A REALIDADE DO TEMPO:
A TRANSFORMAÇÃO DA TRANSFORMAÇÃO ... 101

O tempo é real ... 101

A tese de que o tempo é a transformação da transformação ... 103

A tese de que o tempo rege tudo ... 108

A tese de que não há horizonte fechado de mundos possíveis ... 116

A tese de que a matemática resiste ao reconhecimento do tempo ... 120

A tese de que a experiência humana tem uma estrutura temporal inescapável ... 126

8. AUTOCONSCIÊNCIA:
A HUMANIDADE IMAGINADA ... 137

A imaginação desarmada: racionalização, humanização e escapismo ... 137

A autoconsciência redirecionada ... 152

Uma visão inicial da mente ... 153

A visão inicial desenvolvida por contraste ... 159

Os dois lados da mente ... 163

Da concepção da mente à marcação de uma direção ... 168

9. O QUE DEVERÍAMOS ENTÃO FAZER? ... 177

Concepção e orientação ... 177

A indiferença da natureza ... 178

Saída falsa ... 183

Vontade e imaginação ... 187

O mundo manifesto e a realidade oculta ... 189

O conflito entre os requisitos do autodomínio ... 192

| | |
|---|---|
| Individualidade e caráter | 199 |
| Tempo histórico e biográfico | 201 |
| As profecias da arte | 204 |

**10. SOCIEDADE:**
**A PERPÉTUA INVENÇÃO DO FUTURO** — 207

**11. POLÍTICA:**
**A DEMOCRACIA COMO ANTIDESTINO** — 221

| | |
|---|---|
| Experimentalismo democrático | 221 |
| A radicalização da democracia | 224 |
| Esperança e luta | 232 |

**12. UM MOMENTO DE REFORMA:**
**A REINVENÇÃO DA SOCIAL-DEMOCRACIA** — 237

**13. RELIGIÃO:**
**O DESPERTAR DO EU** — 251

| | |
|---|---|
| Os problemas da conexão e da transcendência reafirmados | 251 |
| Como encontramos esses problemas no curso de uma vida | 254 |
| Opções existenciais | 261 |
| Despertando duas vezes o eu | 269 |
| Demandas do segundo despertar | 273 |

**14. FILOSOFIA:**
**ALÉM DA SUPERCIÊNCIA E DA AUTOAJUDA** — 277

*APÊNDICE* — 287

| | |
|---|---|
| Primeira digressão: a natureza no seu lugar | 287 |
| Segunda digressão: a grade universal da filosofia | 293 |

# 1. A filosofia da nossa era

Sua promessa de nos libertar de dogmas, seu abandono da pretensão de ver o mundo a partir das estrelas, sua aceitação da situação inadequada do agente humano, debatendo-se contra as estruturas institucionais e conceituais que o prendem, sua oferta de ajudá-lo a desatar e reinventar essas estruturas para que possa se tornar maior e mais vital, bem como menos iludido – nada disso teria sido o bastante para fazer do pragmatismo o que ele hoje é: a filosofia da nossa era.

Mas o pragmatismo tornou-se a filosofia da nossa era encolhendo. Nas mãos de muitos de seus devotos, transformou-se em outra versão da senilidade mascarada como sabedoria. Eles acham que cresceram. Na verdade, decaíram. À medida que perdemos a confiança em grandes projetos, sejam teóricos, sejam políticos, acostumamos a viver sem eles, em vez de tentar recuperá-los e refazê-los sob outras formas mais promissoras. Essa doutrina do encolhimento, do recuo para linhas mais defensáveis, de parar e esperar, de cantar acorrentado, é a filosofia dominante da nossa época, expressa nos escritos de professores, bem como na atmosfera das discussões públicas cultas. E muitas de suas formulações mais influentes usam o rótulo "pragmatismo".

Este livro não trata da maneira correta de ler William James ou John Dewey, Martin Heidegger ou Ludwig Wittgenstein. No entanto, parte da premissa de que certas tendências na evolução das ideias mais gerais à nossa disposição – tendências frequentemente descritas como pragmatismo – foram emasculadas, filosófica e politicamente, e assim tornadas mais palatáveis e menos úteis. Nunca é tarde para mudar o rumo. Ofereço aqui tanto um argumento explicando por que mudar o rumo como também uma proposta de como fazê-lo. A ideia não é resgatar o pragmatismo; é representar e elevar a nossa humanidade. Imaginação e esperança serão nossos guias gêmeos.

## 2. Opções rejeitadas

Despertamos num mundo particular: não apenas o mundo natural que habitamos, mas o mundo das instituições e práticas, incluindo as práticas discursivas, que avultam ao redor de nós. Para bem ou mal, essas práticas se situam entre nós e o quadro absoluto de referência, a visão do alto, do ponto de vista das estrelas.

No entanto, sempre nos experimentamos, enquanto indivíduos e em contato com os outros, como fontes de iniciativas capazes de resistir às estruturas estabelecidas de organização e crença. Qual deveria ser nossa atitude em relação a tais estruturas de organização e crença comum? Deveríamos nos render e tentar tirar o melhor partido delas, explorando, por todos os modos possíveis e pela luz que projetam, suas possibilidades ocultas de transformação? Ou procurar estabelecer uma posição a partir da qual submetê-las a julgamento?

Nenhuma questão se apresenta mais naturalmente quando nos imaginamos libertos (ainda que por pouquíssimo tempo) da busca de metas imediatas num contexto imediato. Nenhuma questão surge mais naturalmente porque pensar com algum distanciamento das pressões da ação urgente já significa agir como se nossa relação com as estruturas que nos envolvem estivesse aberta a toda forma de resistência, como se pudéssemos distinguir entre elas e nós e perguntar o que fazer em relação a elas. As respostas dadas a essa questão ao longo da história da filosofia caem num pequeno número de alternativas. Existem quatro opções principais.

A primeira opção é a crença no acesso à ordem mais verdadeira e mais profunda, oculta bem além das estruturas estabelecidas da sociedade e da cultura, além até da crença e da percepção comuns. Essa ordem mais elevada é tanto fato como valor – ao mesmo tempo o cerne recôndito da realidade e a única fonte da qual pode resultar um imperativo de vivermos nossa vida de uma maneira particular. Tudo mais é ilusão ou convenção obscura.

O acesso a essa realidade mais elevada requer uma ruptura. Tal ruptura deve ser comumente precipitada por algum sofrimento, minando nosso apego ao mundo das sombras e abrindo caminho para nosso alcance à visão da situação real.

Assim que ganhamos acesso a essa realidade mais elevada a partir do caminho de autossubversão e reorientação, ficamos em posse de um padrão segundo o qual julgar as estruturas estabelecidas, colocando-as em conformidade com o padrão mais elevado. O produto característico dessa reforma é um ordenamento paralelo e recíproco da sociedade e do eu: cada força dentro da sociedade e dentro do eu assume seu lugar apropriado.

Na história da filosofia ocidental, associamos essa orientação mais fortemente com Platão. Na verdade, foi a forma dominante de ambição filosófica ao longo de grande parte da história mundial. Muitos daqueles que anunciaram o final da busca da realidade oculta e criadora de padrões apenas a continuaram sob outros nomes. Não admira que habitualmente tenham se baseado na mesma estrutura de desapontamento e conversão que destinou um papel tão central às visões que professam repudiar.

As reivindicações características feitas por essa primeira tendência na história universal da filosofia esbarram numa dupla objeção. Exigem que desvalorizemos a realidade e a autoridade das práticas e crenças estabelecidas com base nas ideias especulativas de algum professor de filosofia. Demandam que mudemos nossas vidas e nossas sociedades a partir de uma convicção especulativa sem terem diante de nós qualquer compreensão detalhada dos constrangimentos e oportunidades transformadoras.

Uma segunda opção consiste em abandonar a busca da realidade canônica mais profunda em favor de um retiro dentro do universo humano – nossas experiências centrais de compreensão do mundo, satisfazendo-nos uns aos outros e esperando alcançar a felicidade. Tais experiências repousam sobre certas pressuposições, sem as quais não poderíamos fazer sentido da compreensão, da obrigação ou da esperança de felicidade. Tendo deduzido essas pressuposições de nossa humanidade a partir de nossa experiência, podemos então usá-las para julgar e para remodelar essa experiência. O sistema das pressuposições permanece invariável e proporciona a perspectiva a partir da qual confrontaremos instituições, práticas e crenças estabelecidas para reformá-las.

Identificamos esse caminho de pensamento filosófico com Immanuel Kant. Ainda assim, ele teve muitas outras expressões na história da filosofia ocidental e não ocidental. Seu movimento preliminar decisivo – que ele compartilha com o pragmatismo – é o abandono da perspectiva das estrelas: o homem é a medida; não temos outra. Ele não conseguiu, no entanto, obter sucesso em sua tentativa de separar as pressuposições imutáveis do material histórico variável que elas informam: a matéria das sociedades e culturas reais em que vivemos. Ou essas pressuposições têm conteúdo demais para ser imutáveis, ou apresentam conteúdo insuficiente para guiar nossas ações individuais e coletivas. Não podemos separar nossas visões sobre as fontes de obrigação moral e social do conteúdo de nossos ideais pessoais e sociais, assim como não podemos desenredar as categorias modais de possibilidade e necessidade da substância de nossas crenças cosmológicas.

A ideia da estrutura imutável formadora de padrões acaba se revelando outra versão da tentativa de enxergar com os olhos de Deus, ainda que sejamos nós mesmos a enxergar com esses olhos. Paradoxalmente, ela nega precisamente o que existe de mais divino em nossa capacidade gradual de repensar e de refazer cada aspecto de nossa situação, incluindo aqueles aspectos que fomos tentados a contabilizar entre nossas pressuposições imutáveis. Somos seres mais históricos do que essa doutrina quer admitir.

A partir dessa constatação, surge a terceira das principais opções intelectuais que nos é proporcionada pela história de nossas ideias e atitudes sobre as estruturas institucionais e conceituais que encontramos estabelecidas ao nosso redor. De acordo com essa abordagem, tais estruturas representam incidentes numa história: a história de nossa autoconstrução individual e coletiva. Exemplificam tipos de consciência ou de organização social e econômica. Forças de aparência jurídica impulsionam adiante o sucesso desses sistemas de organização ou consciência. A história da sucessão, culminando numa resolução final de contradições ou num preenchimento final da humanidade, proporciona a única referência a partir da qual podemos julgar nossas instituições e nossas culturas. Somente a imaginação da sucessão por inteiro e o pressentimento de sua conclusão nos oferecem o conhecimento mais elevado por meio do qual podemos enxergar através de nossas circunstâncias imediatas, colocando-as nesse contexto maior e definitivo.

Essa é a opção que encontramos cristalizada na filosofia de Hegel, bem como em muitas das ambiciosas teorias sociais dos séculos XIX e XX. É uma empreitada paradoxal. Despertamos a imaginação e a vontade transformadora colocando a história do seu lado. Depois as colocamos de novo para dormir, sugerindo que uma história predeterminada faz o trabalho por elas. A teoria reivindica uma percepção privilegiada olhando para trás do ponto de vista do fim antecipado e se distancia da perspectiva tumultuada e perigosa do agente.

Uma quarta opção – um pragmatismo encolhido – é simplesmente abandonar a tentativa de encontrar acima ou além das sociedades e culturas com as quais estamos envolvidos um lugar a partir do qual julgar suas instituições, suas práticas e seus discursos. Tudo o que temos é o mundo tal como o experimentamos, com aquela ampliação da nossa experiência que a memória e a imaginação são capazes de prover. Decidimos quais partes da nossa experiência têm o maior valor e quais delas merecem ser descartadas. E na persistência de forças conflitantes e tendências contrastantes encontramos oportunidades de transformação no meio dos constrangimentos.

Uma implicação desse ponto de vista consiste em nos negar orientação sobre o rumo que devemos tomar para nossos projetos de desafio e mudança. Tudo o que podemos fazer é seguir as sugestões daquilo que consideramos a melhor parte do nosso eu ou o impulso daquilo que sabemos ser nossos desejos mais fortes. E o que pensamos que vemos quando enxergamos além dos arranjos e das crenças estabelecidas ao nosso redor? Será que somos iludidos a acreditar que podemos virar o jogo em relação aos mundos dentro dos quais nos encontramos?

Outra consequência dessa posição é excluir a possibilidade de que seríamos capazes de transformar o caráter de nossa relação com os mundos sociais e culturais que habitamos, em vez de simplesmente mudar, pouco a pouco, o conteúdo dos arranjos e das crenças que os compreendem. É uma visão equivocada. Instituições e ideologias não são como objetos naturais, forçando-se sobre nossa consciência com força insistente e lembrando-nos de que nascemos num mundo que não é nosso. Nada mais são do que vontade congelada e conflito interrompido – o resíduo cristalizado a partir da suspensão ou da contenção de nossos conflitos.

Em consequência, as estruturas da sociedade e da cultura nunca existem univocamente, de uma só maneira, com apenas um grau de força. Existem mais ou menos, em graus variados. Podem ser arranjadas de modo a se defender, tanto quanto possível, do desafio e da mudança. Experimentaremos então um aumento da distância entre os movimentos rotineiros que fazemos dentro do contexto estabelecido e os movimentos excepcionais por meio dos quais nós o modificamos. O resultado será naturalizar o cenário social e cultural de nossas vidas e colocar a vontade transformadora e a imaginação sob uma espécie de encantamento.

Alternativamente, porém, nossas sociedades e culturas podem ser arranjadas de modo a facilitar e organizar sua própria revisão experimental gradativa. Nós então encurtaremos a distância entre os movimentos de rotina dentro de um contexto e os movimentos excepcionais em torno do contexto; experimentamos este último como uma extensão direta e frequente do primeiro. A resultante é que desnaturalizamos a sociedade e a cultura: nós as descongelamos. É como se, no mundo físico, um aumento de temperatura começasse a derreter as distinções rígidas entre as coisas, devolvendo-lhes o fluxo indistinto de onde vieram. À medida que nos deslocamos nessa direção, os fatos da sociedade e da cultura deixam de se apresentar à nossa consciência como um destino inescapável.

Não se trata de um mero contraste especulativo. Nossos interesses mais poderosos acabam se engajando nessa desnaturalização da sociedade e da cultura, nessa radicalização do experimentalismo, nessa alternância do destino para a invenção: nosso interesse material no progresso prático econômico e tecnológico, nosso interesse moral e político na emancipação dos indivíduos de hierarquias e divisões sociais embrutecidas e de papéis sociais estereotipados, e nosso interesse espiritual em ser capazes de nos engajar com um mundo – sinceramente, embora não obsessivamente – sem termos de nos render a ele. A filosofia de que precisamos – um pragmatismo radicalizado é a teoria dessa mudança; ele nos oferece uma maneira de abordar a situação, tanto no geral como no particular, que caracteriza esse ataque contra o destino e a fatalidade. É a ideologia operacional dessa prática subversiva e construtiva. No entanto, essa quarta opção não nos fornece nenhuma maneira de entender as circunstâncias ou as potencialidades que podem fazer sentido numa tal reorientação.

As quatro posições que descrevi são posições relativas à sociedade e à cultura. Têm a ver com o teatro de ação humano imediato em vez de o cenário não humano de nossas vidas: nosso lugar na natureza.

## OPÇÕES REJEITADAS

Seu sujeito é a variedade de terrenos em que poderemos resistir e transformar este mundo humano ou abandonar a resistência e desistir da transformação.

Estamos acostumados a imaginar o contexto imediato da vida humana na sociedade e na cultura como um pequeno espaço dentro de um mundo grande – a natureza, o universo, o ser. O que pensamos daquele mundo e o que pensamos do nosso pensamento a respeito dele parece, segundo esse hábito, ser o que mais conta na definição de uma posição filosófica. Pensar sobre nós e sobre nossa relação com as construções feitas pelo homem parece apenas um assunto secundário.

Mas não é. Nós e nossas ações somos o começo; o resto é o resto. Nossos anseios e interesses mais constantes e poderosos têm a ver conosco e com nossa relação de um para com o outro. Nosso equipamento perceptual e cognitivo é construído numa escala adequada para operar dentro do horizonte limitado da ação humana. É somente por força do desapontamento com este mundo humano próximo que nos esforçamos e fingimos avistá-lo de uma distância divina. E é somente por meio da ambição enlouquecida, perpetuamente surgindo dos aspectos entrincheirados de nossa situação, que direcionamos nossa atenção para objetos distantes.

Se quisermos ficar mais livres, mais livres até para examinar a realidade como um todo, só poderemos fazê-lo ganhando maior liberdade de percepção e ação deste mundo. Isso justifica uma classificação das posições filosóficas que as distingue umas das outras por suas implicações para a política: a reconstrução da sociedade e da cultura.

A visão que pretendo desenvolver aqui começa a partir da insatisfação diante das quatro posições que descrevi. O futuro de nossas ideias mais gerais reside na radicalização intransigente desse descontentamento – numa medida e num rumo que as ortodoxias dominantes do pensamento contemporâneo nas ciências sociais e humanidades, bem como na filosofia, não estão dispostas a tolerar.

## 3. A filosofia perene e seu inimigo

Considerem o trabalho de um pragmatismo radicalizado de um ponto de vista ao mesmo tempo mais simples e mais geral do que a perspectiva das páginas anteriores. O critério de classificação das posições filosóficas aqui não é mais a atitude relativa aos arranjos básicos de uma sociedade e de uma cultura. É a atitude relativa à realidade e à autoridade da diferença – diferenças entre as coisas e entre as pessoas.

Na história da filosofia, existiu uma visão dominante; na verdade, tão dominante que somente ela mereceu um rótulo cunhado por Leibniz – a filosofia perene. No entanto, essa opinião foi rejeitada com um fervor cada vez mais intenso pelas vozes mais importantes da filosofia no Ocidente. Em sua maior parte, a filosofia ocidental foi uma dissidência de uma concepção que prevaleceu, fora do Ocidente, em muitas tradições de pensamento. Essa dissidência ocidental ainda precisa encontrar uma base segura porque nunca confrontou sua rebelião contra a visão dominante com força suficiente. Uma maneira de definir a tarefa de um pragmatismo radicalizado consiste em dizer que ele é a radicalização dessa dissidência.

As visões dominante e dissidente são definidas por suas concepções metafísicas – em particular, sua compreensão da realidade de mudança e distinção, tal como as encontramos no mundo fenomenal. Cada uma delas também implica uma abordagem distinta para com os problemas de política e moral. Nesse sentido, o conjunto de opções intelectuais explorado nas páginas a seguir contém dentro de si mesmo, como uma parte de um todo mais amplo, as posições alternativas em relação à ordem social e cultural discutidas nas páginas precedentes.

Uma doutrina única sobre a diferença e o ser prevaleceu na história mundial do pensamento. Segundo essa visão hegemônica, o mundo manifesto de distinção e mudança é uma ilusão ou, se não simplesmente uma ilusão, seria uma expressão rasa e efêmera de uma unidade do ser mais real. A diversidade dentro da qual tudo parece ser o que é e ser diferente de tudo não é a realidade final. O caráter ilusório ou a natureza superficial da diferença na diversidade se aplica igualmente às diferenças de maior e mais urgente significado para nós: as diferenças entre as pessoas. A filosofia perene descarta essas diferenças como enganosas.

A realidade final é uma força singular – energia, espírito, ser – que se apresenta a nós sob o disfarce da divisão, da diferença e da distinção. No entanto, tais separações, culminando na individualidade das pessoas, são – se não ilusórias – epifenomenais. Indicam como nós comumente confrontamos e percebemos o mundo, não como o mundo realmente é. Na melhor das hipóteses, são transitórias e superficiais. Não conseguem chegar até as raízes do ser.

Na medida em que representamos o mundo na forma dessa diversidade diferenciada, não o percebemos pelo que ele é em última análise: uma unidade acima de toda diferença. E na medida em que nossos anseios permanecem engajados nesse domínio de distinção e diferença, somos condenados ao desapontamento e ao sofrimento. Por um lado, nos encontramos aprisionados no corpo, em sua dor e em sua lenta ruína. Por outro lado, somos forçados a escolher a cada momento entre a frustração e o tédio. Quando momentaneamente escapamos à pressão do desejo não realizado, nos encontramos encurralados em situações que não fazem justiça aos nossos poderes.

Segundo a filosofia perene, a percepção da realidade nos permite libertar nossa mente e vontade da tirania de distinção e mudança ilusória ou superficial, e das falsidades, dos equívocos e desapontamentos aos quais essa tirania nos submete. Participamos nos atributos da divindade – a realidade impessoal e final: unidade, independência e inação. Essa realidade reside além do tempo, bem como da diferença. É um presente eterno aos quais nossos julgamentos causais, predicados que estão na sequência temporal, não conseguem se aplicar.

Uma versão dessa filosofia perene difere da outra em sua avaliação da relação entre o ser fundamental e a diferença aparente. Algumas versões apresentam esta como ilusão sem substância. Outras lhe atribuem uma realidade menor, mas rasa e fugaz. Estas, por sua vez, variam em sua representação da gênese da diferença passageira a partir de um ser único e permanente.

A tentativa de libertar tanto a imaginação como a vontade das amarras da diferença manifesta aponta para uma solução particular para os problemas da existência. A solução é a imitação da divindade impessoal e o domínio de seus atributos de inatividade e indiferença, livres de toda inquietação. Se a meta é a absorção na realidade final além da diferença superficial e efêmera e, portanto, além dos limites do corpo e de sua situação no espaço social e no tempo histórico, então a marca do sucesso é a serenidade. Podemos ser felizes nos tornando indiferentes aos desapontamentos e sofrimentos que resultam do nosso enredamento no mundo da diferença obscura e da mudança não substancial.

Conquistamos essa felicidade a partir da iluminação do verdadeiro caráter da relação entre o espírito final e universal e a diversidade aparente e diferenciada. Em virtude de tal iluminação, compartilhamos a qualidade da divindade e escapamos às prisões de nossa corporificação física e social. A arte, por representar o mundo para nós livre dos grilhões do desejo e da repulsa, pode nos oferecer um antegosto de tal iluminação e de tal felicidade.

O HOMEM DESPERTADO

Essa filosofia perene e o ideal de felicidade por meio da invulnerabilidade que ela ajuda a apoiar exercem o seu apelo porque ajudam a responder a algumas das contradições básicas da existência. Todos nós temos uma experiência da consciência, que é também uma experiência do infinito. Entendemos acontecimentos particulares e o estado das coisas apreendendo-os como instâncias de tipos repetitivos de ideias gerais; assim, mesmo nossa percepção do particular se refere implicitamente a um horizonte que se estende indefinidamente além dele.

Mesmo em nossos mais consumados exercícios de análise, como na matemática e na lógica, nunca podemos reduzir nossas percepções a ideias que possam ser justificadas e geradas por um conjunto fechado de axiomas; nossos poderes perceptivos ultrapassam nossas capacidades de prova. Nossa capacidade de dominar a linguagem se caracteriza por uma habilidade recursiva – um poder de alinhar palavras e frases em combinações intermináveis, mas significativas –, um poder ao qual os linguistas deram o nome de "infinitude discreta". Na vida do desejo, verificamos a cada momento que nossos anseios, nossas ligações e nossos vícios mais intensos constantemente transcendem seus objetos imediatos. Exigimos mais um do outro do que qualquer pessoa é capaz de dar à outra: não apenas respeito, admiração, ou amor, mas algum sinal confiável de que existe um lugar para nós no mundo. E buscamos objetos e satisfações materiais particulares com um zelo que eles não podem e, no fim, não conseguem sustentar. Tendo buscado incansavelmente esses objetos, nós nos afastamos deles, desapontados e descontentes, assim que chegam ao nosso alcance. Apenas o além nos interessa, em última análise.

A sensação de um poder permanente de transcendência acima de todos os limites – de abertura para o infinito – é assim inseparável da experiência da consciência. No entanto, essa sensação é contraposta por duas outras circunstâncias que atuam conjuntamente para moldar nossa experiência: a antecipação da morte e a impenetrabilidade da existência. Se, por um lado, fôssemos imortais, embora incapazes de decifrar o sentido de nossa existência, ou pelo menos o seu lugar na história do universo, o mistério de nossa vida perderia algo do seu terror. Haveria sempre para cada um de nós um amanhã, outra oportunidade de descobrir parte da verdade de nossa situação ou de nos consolar, a partir de alguma diversão, pela inacessibilidade daquela verdade. Se, por outro lado, embora estejamos condenados, entendemos por que o mundo existe e por que ocupamos nele o lugar que ocupamos, teríamos acesso a uma fonte de direção. Por mais limitada em escopo e indeterminada em implicação, aquela orientação mesmo assim seria confiável em autoridade.

Não podemos, porém, contar com nenhuma dessas duas variedades de alívio. Ao contrário, a inevitabilidade da morte e o mistério da existência aumentam incomensuravelmente os terrores de cada um, fechando toda saída para a fuga ou o consolo. Juntas, elas imprimem em nossa vida o caráter de uma correria insana de um enigma para outro, aparentemente interminável e aberta no início, depois espantosamente breve quando revista na memória perto do fim. Tudo nessa combinação de mortalidade e impenetrabilidade sublinha nosso aprisionamento dentro das particularidades por demais finitas do corpo decadente e de nosso lugar acidental na sociedade e na história.

Essa experiência de aprisionamento desmente o impulso de transcendência intrínseco à consciência e característico de todas as nossas atividades de investigação, fala e desejo. A filosofia perene extrai sua inspiração da ânsia de confrontar esse intolerável contraste entre o impulso transcendente de consciência e nosso aprisionamento na mortalidade e no mistério. A natureza da sua reação consiste em redefinir nossa situação de modo a reafirmar, na presença de circunstâncias que parecem negá-las, as prerrogativas do espírito que transcende o contexto.

A filosofia perene só faz isso, porém, negando a realidade final das percepções de distinção e mudança que determinam nossa visão do mundo e da vida em sociedade. Essa negação acaba cobrando um preço mais terrível do que os sofrimentos dos quais nos pouparia.

O HOMEM DESPERTADO

A relação dessa filosofia – e sua aspiração de ser impessoal e intemporal – com as preocupações práticas do pensamento moral e político é frouxa, mas poderosa. Se a filosofia perene é, na história mundial do pensamento fora do Ocidente, a metafísica predominante, uma visão particular do paralelismo de ordem moral e política, também tem sido a fórmula predominante da teoria política e moral por meio daquela história. Segundo essa visão, a sociedade bem organizada é aquela em que cada grupo ocupa seu lugar e desempenha seu papel dentro de uma visão predeterminada de trabalho. Alguns dominam e pensam; outros combatem; outros compram e vendem; outros ainda semeiam e colhem. A hierarquia social reflete – e deve ser refletida por – uma hierarquia moral, uma ordenação das faculdades da alma: razão ou espírito sobre a vontade; a vontade sobre o apetite.

A desordem na sociedade e a desordem na alma se alimentam uma da outra. E têm o mesmo caráter: transgressão ou confusão dos papéis morais e sociais especializados sobre os quais a ordem depende. A ordem externa da sociedade e a ordem interna da personalidade se reforçam mutuamente; cada uma começa a desagregar se não for apoiada pela outra. A desordem, começando numa das duas metades, logo se alastra pela outra metade.

A ligação da filosofia perene com essa doutrina de ordem hierárquica na alma e na sociedade não é imediatamente aparente. Além do mais, embora os dois conjuntos de opinião – o metafísico e o prático – tenham às vezes sido formulados pelos mesmos filósofos, foram muito mais frequentemente difundidos por diferentes pensadores e diferentes escolas de pensamento. No entanto, mesmo levando vidas separadas, os dois corpos de crença coexistiram regularmente numa ampla extensão de civilizações e períodos históricos. Tudo acontece como se, apesar da sua aparente distância e até mesmo contradição recíproca, estivessem na verdade aliados. Qual é o significado dessa parceria de trabalho entre parceiros com motivações, ambições e princípios tão amplamente diferentes?

A FILOSOFIA PERENE E SEU INIMIGO

O mundo pode ser conflito e ilusão, mas seus problemas, sofrimentos e perigos não se dissipam simplesmente porque lhes foram negados solidez e valor. Uma vez desvalorizado, o mundo – especialmente o mundo social – ainda deve ser administrado. Devemos impedir o pior de acontecer. Aqueles capazes de apreender a verdade da situação, adivinhando o ser final sob as sombras da diferença mendaz, e a permanência sob a aparência de mudança, são uns poucos eleitos. Sua retirada da responsabilidade social em nome de uma ética da serenidade contemplativa, inação e absorção na realidade do Uno fracassa na solução dos problemas práticos da ordem social. Ao contrário, tal recuo ameaça deixar um desastre em seu rastro: a calamidade de um vácuo de iniciativa e crença. Esse vácuo é ocupado pela doutrina da especialização hierárquica na alma e na sociedade.

Vista através das lentes aguçadas e seletivas da filosofia perene, essa doutrina pode não passar de uma operação de arrendamento, tão inexorável em suas reivindicações sobre aqueles que devem governar a sociedade como carente de base em sua justificação metafísica. Não há, portanto, surpresa em vê-la mais frequentemente representada por tradições de pensamento diferentes daquelas que aderiram à filosofia perene.

Alguns na história mundial do pensamento, porém, alegaram ter discernido uma conexão mais íntima entre a doutrina da ordem e a filosofia perene. Se a realidade final é o espírito que reside em todas as particularidades aparentes, e mais especialmente nos seres vivos, então a identificação com o espírito universal também cria uma base para a solidariedade ou a compaixão universal. A mesma compaixão pode então reaparecer num lugar predominante entre as faculdades mais elevadas da alma. Pode, portanto, ser também mais intimamente identificada com governantes e sacerdotes. Os elos de reciprocidade, de fidelidade e devoção mútuas, entre superiores e subalternos, bem como entre iguais, podem ser fundados na expressão e na adoração do espírito universal, manifestas entre nós como compaixão e solidariedade.

É uma crença que encontramos articulada em ensinamentos filosóficos e religiosos tão diferentes como aqueles de Buda e Confúcio. Reaparece naquela declaração ocidental única e inflexível da instância de outra forma não ocidental da filosofia perene que é o ensinamento de Arthur Schopenhauer. Essa crença transforma a doutrina de ordem social e moral em algo mais do que um esforço para conter a calamidade e a selvageria nesse vale de lágrimas e ilusões: um esforço conjugado para suavizar o terror da vida social, encurtando a distância entre o ser supremo e a experiência cotidiana.

A filosofia perene sofre, assim, tanto de um defeito cognitivo como existencial. O primeiro se manifesta na sua visão do mundo, o segundo na sua busca da felicidade por meio da serenidade, e da serenidade a partir da invulnerabilidade e do distanciamento.

Sua falha cognitiva é seu fracasso em reconhecer o quão completa e irreparavelmente estamos de fato corporificados e situados. Não só nossos sofrimentos e nossas alegrias, mas também nossas perspectivas de ação e descoberta estão engajados na realidade e na transformação da diferença: as diferenças entre os fenômenos e entre as pessoas. Entender um estado de coisas, seja na natureza, seja na ciência, é apreender o que ele poderia se tornar ao ser submetido a diferentes direções e variedades de pressão. Nossa imaginação desses próximos passos – dessas metamorfoses da realidade – é o sinal indispensável de um avanço na percepção. Quando negamos a realidade – pelo menos a realidade final – das diferenças, cortamos o elo vital entre a percepção da transformação experimentada real e daquela imaginada.

O fracasso existencial da filosofia perene é a vingança dessa realidade negada e liberada contra a esperança de que nos tornaríamos mais livres e mais felizes se apenas conseguíssemos enxergar através das ilusões da mudança e da distinção. A ideia de enxergar através dessas ilusões seria supostamente uma maior liberdade baseada no entendimento mais verdadeiro.

No entanto, a consequência da necessária negação da realidade das particularidades pode ser o inverso da libertação que ela promete.

A FILOSOFIA PERENE E SEU INIMIGO

Tendo declarado independência na mente e cessado a guerra contra as realidades ao nosso redor, nós nos encontramos confinados dentro de um espaço que se estreita. Em nome da liberdade, nos tornamos mais dependentes e mais escravizados.

Podemos lançar sobre nós mesmos um encanto temporário para aquietar nosso esforço incansável. No entanto, ao fazer isso, negamos a nós mesmos instrumentos com os quais explorar o mundo real. Antecipamos os meios pelos quais veríamos como tudo nele pode se tornar outra coisa quando colocado sob resistência. Por isso mesmo, perdemos as ferramentas com as quais fortalecer nossos poderes práticos. Passamos a ser excêntricos, escravos e fantasistas sob o pretexto de nos tornar homens e mulheres livres. É verdade que sempre haverá momentos em que podemos nos transportar, por meio de tal autoencantamento, a um domínio em que as particularidades do mundo e do corpo, às quais negamos a realidade final, cessam de nos sobrecarregar. No entanto, não podemos viver em tal mundo; nossos momentos de suposta libertação não podem sobreviver às rotinas e responsabilidades da vida prática.

A aliança da filosofia perene com a doutrina prática da especialização hierárquica da alma e da sociedade tem sido a posição predominante na história mundial do pensamento especulativo. Seu maior oponente tem sido uma direção de pensamento que, embora excepcional no contexto da história mundial, tem sido a principal visão na filosofia ocidental. A expressão dessa visão em textos filosóficos, porém, é secundária à sua articulação mais ampla na religião, na literatura e na arte. Não é apenas o artefato de uma tradição em teorização especulativa; é a viga mestra de uma civilização, embora uma viga mestra que representa um desvio radical e intransigente daquilo que tinha sido em outros lugares a concepção dominante. Hoje, esse desvio se tornou a posse comum da humanidade graças à propagação global de suas ideias tanto pela cultura ocidental erudita como pela popular. Suas pressuposições, mesmo assim, permanecem não explicitadas, e sua relação com a representação da natureza na ciência não é clara. Tornar esse desvio ocidental da filosofia perene tão compreensível como intransigente é uma parte importante no trabalho no sentido de um pragmatismo radicalizado.

A marca registrada do desvio é a crença na realidade do tempo, bem como na realidade das diferenças em torno das quais nossa experiência é organizada: na primeira instância, a realidade da pessoa individual e das diferenças entre as pessoas; na segunda, a estrutura discreta do mundo que percebemos e habitamos. É a visão da personalidade individual que é mais central para esse sistema de crença; tudo mais segue como consequência.

O indivíduo, seu caráter e seu destino são reais. Cada indivíduo é diferente de cada outro indivíduo que já viveu ou que virá a viver. Uma vida humana é um movimento dramático e irreversível do nascimento até a morte, cercado por mistério e ofuscado pelo acaso.

O que os indivíduos podem fazer com suas vidas depende da maneira como a sociedade é organizada e de seu lugar dentro da ordem social, bem como sua capacidade de realização e sorte. O que acontece no tempo biográfico se volta em grande parte para aquilo que acontece no tempo histórico. Justamente por esse motivo, a história é um cenário de ação decisiva, e tudo que tem lugar nela é, como a própria individualidade, verdadeiro, não epifenômenos ilusórios ou distrativos que obscurecem uma realidade atemporal. A história não é cíclica, mas se assemelha mais à vida individual por ser unilinear e irreversível. As instituições e as crenças que desenvolvemos no tempo histórico podem expandir ou diminuir as oportunidades de vida do indivíduo, incluindo seu poder relativo de desafiá-las e mudá-las no curso de suas atividades.

A realidade da diferença e da transformação, enraizada nos fatos básicos da experiência individual, torna-se então o modelo sobre o qual vemos e confrontamos todo o mundo. Nada é mais crucial para a definição de tal abordagem do mundo do que a sua maneira de representar a relação entre sua visão da humanidade e sua visão da natureza. Tal representação está sujeita a três afirmações errôneas que estreitam o alcance e enfraquecem a força da alternativa que ela oferece à filosofia perene. No processo de criticar e rejeitar essas alternativas, chegamos a enxergar com mais nitidez justamente o que está em jogo no avanço dessa concepção alternativa. Muitas das posições mais influentes na história da filosofia ocidental – incluindo as "opções rejeitadas" discutidas na seção anterior – representam variações dessas versões qualificadas e inadequadas da alternativa.

Proponho chamar tais afirmações errôneas da rebelião ocidental contra a filosofia perene de fenomenalismo, naturalismo e perfeccionismo democrático. O fenomenalismo e o naturalismo apareceram em outros cenários como variações de posições recorrentes na história da metafísica, sem levar em conta o embate entre a filosofia perene e seu inimigo. O perfeccionismo democrático é uma heresia moderna, e só faz sentido sobre o contexto da apostasia ocidental.

O erro de rumo mais simples – e o mais fácil de ser descartado – é o fenomenalismo. Por fenomenalismo refiro-me à crença de que as distinções manifestas do mundo, tais como as percebemos, são verdadeiras – representam a realidade sobre a qual nos sentimos mais inclinados a depender. O fenomenalismo só seria defensível se tivéssemos poderes divinos e pudéssemos legitimamente identificar as diferenças que percebemos com as distinções que de fato existem.

Nosso aparato perceptual é muito limitado, construído na escala das ações que um organismo como o nosso, sem a ajuda de ferramentas que magnifiquem seus poderes e ampliem o teatro de suas atividades, poderia empreender. Podemos ultrapassar esse aparato construindo instrumentos e máquinas – as ferramentas da ciência – e colocando nossas percepções interpretadas sob a luz de teorias alternativas. Só podemos entender as diferenças que integram o mundo passando através das diferenças que percebemos. Essas diferenças percebidas, no entanto, não são realidade; são apenas nosso primeiro portal para a realidade. O fenomenalismo nos recompensaria pela estipulação da percepção que podemos atingir apenas a partir do esforço, provisoriamente, falível e cumulativamente. É uma alucinação pela qual confundimos nossas percepções falhas e falíveis com a própria realidade.

O HOMEM DESPERTADO

A rebelião incompleta mais influente contra a filosofia perene poderia ser rotulada de naturalismo. Sob uma forma ou outra, tem sido a visão dominante na história da metafísica europeia. Sua influência é tão ampla, e foi tomada como certa por tanto tempo, que se fez sentir com igual força nas tradições racionalista e empírica.

O naturalismo continua a sublinhar os mais ambiciosos projetos metafísicos de filosofia analítica. Sustenta a realidade da diferença na natureza, na história e na personalidade. Encara a metafísica como uma extensão ao território mais perigoso dos mesmos impulsos de compreensão e controle que animam nossos esforços científicos e políticos. Suas implicações sobre como deveríamos viver nossas vidas podem ser indeterminadas, mas, se não apenas por essa razão – entronizadas na suposta distinção entre fato e valor –, não oferecem nenhum apoio à ética de serenidade por meio da indiferença à mudança e distinção. Em todos esses aspectos, o naturalismo rompe decisivamente com a filosofia perene. Ele o faz, no entanto, sob a influência de falsas ideias.

Para entender o cerne ideológico do naturalismo, imaginem dois domínios de realidade e, em seguida, um ponto de vista de compreensão do lado de fora deles. O primeiro domínio é o amplo círculo da natureza, estudado pela ciência natural. A metafísica explora as implicações, pressuposições e limitações da imagem científica da natureza. A natureza é povoada por diferentes tipos de seres. É também governada por regularidades ou leis. Como seres naturais, com vidas mortais e limitado aparato perceptual, participamos desse mundo natural. Como o fazemos e quais aspectos de nossa experiência resistem a ser entendidos como meros incidentes da natureza representam tópicos comuns de discussão nessa tradição intelectual.

Dentro da natureza há um segundo e menor círculo concêntrico de existência consciente. Ele é envelopado pela natureza e sujeito a suas leis. No entanto, tem feições especiais. Desenvolve um tempo histórico irreversível, marcado por acontecimentos e personalidades singulares pelos quais as leis gerais, sejam da natureza ou da própria sociedade, não são plenamente responsáveis. Além do mais, é organizado em torno de experiências da consciência, da ação intencional, e da agência, que não podem ser plenamente entendidas como meras extensões da natureza. Esse é o domínio explorado pelas ciências sociais e pelas humanidades, e pertinente mais diretamente a nossas preocupações humanas. A experiência da personalidade e o conhecimento do lado pessoal podem resistir à completa assimilação à natureza e à ciência natural. Podem até, em alguns casos, expressar nossa participação numa ordem de ser totalmente diferente – o domínio do espírito. Encarados objetivamente, porém, do exterior, não chegam a formar mais do que uma pequena e frágil parte da natureza.

Se, como cientistas e filósofos, somos capazes de assim representar a relação entre a natureza e a sociedade, é porque ocupamos, em nossos projetos de investigação, um terceiro lugar. O terceiro lugar é a posição de uma mente divina. Dessa posição podemos olhar do alto para os domínios da natureza e da sociedade, e entender a sociedade como uma parte pequena e excepcional da natureza. Desse ponto de vista imaginário, o mundo humano pode parecer menos inteligível do que o natural porque está menos evidentemente sujeito às regularidades que se assemelham a leis que alegamos discernir a partir da posição divina.

No entanto, esse quadro é apenas uma ilusão pela qual nós nos lisonjeamos ao imaginar que possuímos uma medida de independência da qual de fato não gozamos – não, pelo menos, sem um longo e interrompido combate. Não estamos numa posição divina, equidistante da natureza e da sociedade. Estamos bem no meio da experiência do pessoal e do social. É deste mundo apenas – o mundo que fazemos e refazemos – que podemos esperar ter um conhecimento mais íntimo e mais confiável.

Ao olharmos deste mundo para a natureza – ou até para nós mesmos como seres naturais –, somos exigidos a ultrapassar, com a ajuda de dispositivos mecânicos e teorias especulativas, nossa experiência

O HOMEM DESPERTADO

imediata ou relembrada. Olhamos do único lugar sobre o qual podemos realmente nos situar – um lugar humano particular – para a escuridão maior de uma realidade mais ampla. A compreensão, agora relativamente desligada da ação e da analogia, se torna distante e incerta.

O erro do naturalismo não é supor que estejamos totalmente dentro da natureza. Nós estamos: mesmo nossas características mais distintivas – incluindo o que depois chamarei as características totalizadoras, surpreendentes e transcendentes da mente – são elas mesmas naturais e resultantes de uma história natural.

O erro do naturalismo está em fazer uma promessa que ele não pode manter: que uma mente corporificada num organismo que vai morrer veja o mundo como se aquela mente fosse um espírito universal; que ela vá apreender o mundo como o mundo realmente é, por meio da convergência progressiva até a verdade; e que a recompensa do seu desinteresse será sua penetração na natureza interna da realidade, não imediatamente, por certo, mas lenta e cumulativamente. Nesse sentido, o naturalismo moderno é uma tentativa de reverter o resultado da revolução filosófica de Kant – sua ideia de que nossa compreensão da natureza é sempre mediada pelas pressuposições impostas sobre nós por nossa constituição natural. Segundo a mensagem daquela revolução, nunca somos definitiva e completamente capazes de escapar àquelas pressuposições. Do ponto de vista do erro naturalista, nossas ideias inevitavelmente controvertidas sobre sociedade e cultura parecem ser menos confiáveis e menos penetrantes do que nossas ideias desinteressadas na ciência sobre a natureza e o universo, impelidas por nossas teorias, desenvolvidas com nossos instrumentos e reivindicadas por nossos experimentos.

Ao nos agarrarmos à fantasia da visão de Alfa-Orion, do ponto de vista privilegiado a partir do qual a sociedade aparece como um canto mais ou menos excepcional da natureza – mais intrigante porque mais sem leis, em vez de mais compreensível porque mais imediato –, nós enfraquecemos a força da rebelião contra a filosofia perene. Do lugar divino acima tanto da sociedade como da natureza, formulamos uma visão unificada dos mundos natural e social. O naturalismo atribui a essa imagem uma aquisição da realidade maior do que aquela que podemos esperar atingir, sem prerrogativa divina, de dentro de nossa situação.

Naturalismo e fenomenalismo reconhecem a realidade do mundo de mudança e distinção, que a filosofia perene negaria. No entanto, deixam de levar em conta como nossa existência é misteriosa e quão impenetrável o mundo permanece à mente. Dessa maneira, eles se resguardam da rejeição da filosofia perene, oferecendo-nos uma forma menor da consolação ilusória que a filosofia perene oferece; imaginam, falsamente, que o mundo nessas diferenças e transformações nas quais estamos fatalmente emaranhados é um mundo que podemos em princípio entender. O fenomenalismo nega o fato e as implicações da impenetrabilidade do mundo ingenuamente, identificando a realidade com nossas percepções. O naturalismo nega o fato e as implicações da impenetrabilidade do mundo mais sutilmente, examinando o mundo humano com distanciamento, distanciamento do lugar divino a partir do qual os afazeres humanos nos parecem uma pequena parcela do grande mapa da natureza: mais familiares, porém menos presos a regras e, portanto, menos inteligíveis.

Existe um terceiro caminho, ao lado do fenomenalismo e do naturalismo, no qual o pensamento ocidental insistiu na realidade da distinção e da mudança enquanto amenizava seus terrores descaracterizando sua força. Chamo essa terceira rebelião inacabada contra a filosofia perene de perfeccionismo democrático. Por perfeccionismo democrático não me refiro à afirmação metafísica e moral de que existe um ideal bem definido ao qual uma pessoa, e na verdade todo tipo de ser, tende, segundo sua natureza – a doutrina à qual o rótulo "perfeccionismo" tem sido tradicionalmente aplicado. Refiro-me à crença de que uma sociedade democrática tem uma forma institucional única e indispensável. Uma vez assegurada essa forma, ela cria uma moldura dentro da qual cada indivíduo que não careça de sorte pode se elevar para a liberdade, virtude e felicidade. Não só ele pode alcançar por

O HOMEM DESPERTADO

seus próprios esforços uma modesta prosperidade e independência; a partir da mesma autoajuda ele pode aperfeiçoar suas próprias faculdades físicas, intelectuais e morais. Pode coroar-se um pequeno rei, tendo sucesso nesse mundo obscuro de mudança e distinção do qual a filosofia perene havia injustificada e desnecessariamente prometido libertação.

O perfeccionismo democrático encontrou seu lar no país que mais ardentemente repudiou tudo a que estava associada a filosofia perene e sua ética de serenidade, o mesmo país que adotou o pragmatismo como sua filosofia nacional: os Estados Unidos. Uma primeira marca distintiva do perfeccionismo é a crença de que uma sociedade livre tem uma fórmula institucional que, uma vez descoberta (como supostamente o foi pelos fundadores da República Americana e pelos criadores de sua Constituição), precisa ser ajustada somente em raros momentos de crise nacional e mundial, e, ainda assim, apenas adaptar suas verdades duradouras a circunstâncias modificadas. Esse dogmatismo institucional, negando a verdade de que as promessas da democracia só podem ser mantidas pela renovação experimental incessante de seus veículos institucionais, equivale a uma espécie de idolatria. Ela craveja nossos interesses, ideais e autoentendimentos coletivos na cruz de instituições contingentes, restritas no tempo.

Uma segunda ideia básica do perfeccionismo democrático é a crença de que, excluindo os extremos de infortúnio e opressão, o indivíduo pode se soerguer física, intelectual e espiritualmente. Uma vez que a planta baixa institucional predeterminada de uma sociedade democrática livre seja estabelecida, as instâncias de azar e injustiça que bloqueiam o caminho para a autoajuda eficaz serão, segundo essa visão, infrequentes. Tais circunstâncias extraordinárias justificarão remédios extraordinários.

Cada indivíduo vai ter ao seu alcance um atributo de divindade: a autossuficiência. O acúmulo de propriedade e a profusão de coisas consumidas ou acumuladas se tornam uma alternativa para a dependência em relação a outras pessoas. A elevação do indivíduo por si mesmo, atingida finalmente numa medida de autossuficiência, é a melhor coisa depois da vitória sobre a morte que ele não pode esperar alcançar.

Assim, o dogma institucional que macula o perfeccionismo democrático prepara o cenário para o culto da autossuficiência. Ele o faz de duas maneiras distintas.

Primeiro, o fracasso de fazer vingar nossos ideais democráticos a partir da experimentação com a sua expressão institucional nos encoraja a naturalizar o cenário social de nossa existência individual. Em consequência, perdemos o sentido de como nossa experiência privada, mesmo em seus recessos mais íntimos, persiste refém do modo como a sociedade é organizada. Nenhuma parte de nossa experiência depende mais diretamente da sociedade e de sua organização do que o equipamento e as oportunidades a nossa disposição para o desenvolvimento de nossa própria personalidade.

Por outro lado, a fórmula institucional do perfeccionismo democrático, com seu apego às concepções do século XIX relativas à propriedade e ao contrato, se encaixa com a ideia de autossuficiência. Essa ideia minimiza as reivindicações de interdependência social. A negação da dependência e da interdependência substitui a negação da morte, como se pudéssemos gozar da autossuficiência da imortalidade até morrermos.

Vivemos entre particularidades, mas sempre queremos e vemos algo mais do que qualquer particularidade pode dar ou revelar – daí nossa inquietação, ou tédio, e nosso sofrimento. Vamos morrer com toda certeza, embora encontremos em nós mesmos sinais de espírito imorredouro – o que explica nossa sensação de vivermos sob a pressão de uma contradição intolerável entre nossa experiência do eu e nosso reconhecimento dos limites inexoráveis que a natureza impõe a nossa existência. Só podemos enxergar vagamente além dos limites do mundo social que nós mesmos criamos – daí nossa confusão ou incapacidade de situar nosso sofrimento inegável e nossas conquistas aparentes dentro de um contexto de todos os contextos que os manteria seguros da dúvida e da difamação.

O HOMEM DESPERTADO

A filosofia perene responde a esses fatos negando a realidade – pelo menos a realidade final – do mundo em que encontramos diferença e transformação. Ela nos concita a reagir, distanciando-nos das ilusões e dos enredamentos deste mundo. O fim da distinção e da mudança supostamente anunciaria o fim tanto do sofrimento como da ilusão. No entanto, o mundo diferenciado e mutante, embora relativamente impenetrável à mente, é ainda assim o único mundo em que temos razão de acreditar. Tentando fugir dele, mais provavelmente nos diminuiremos em vez de nos tornarmos mais livres.

Rejeitando a filosofia perene, o fenomenalismo, o naturalismo e o perfeccionismo democrático reconhecem a realidade deste mundo. Ao fazerem isso, porém, minimizam algum aspecto dos fatos básicos de nossa existência – fatos aos quais a filosofia perene, com seu foco no ser final e unificado – além da diferença e da transformação – oferece uma resposta errônea. O fenomenalismo e o naturalismo pressupõem que o mundo é mais manifesto à mente do que de fato é, ou pode ser. O perfeccionismo democrático erroneamente vê na autoajuda individual um caminho para a autossuficiência em face da mortalidade.

Nossa tarefa, porém, é afirmar a realidade da diferença e da transformação, aceitando, ao mesmo tempo, a força dos fatos básicos aos quais tanto a filosofia perene como suas principais rivais na história do pensamento obedecem – a desproporção entre nossos anseios universalizantes e nossas circunstâncias particulares; a fraqueza comparativa de qualquer compreensão que possamos alcançar no mundo não humano; a impossibilidade de encontrar um contexto de todos os contextos – um padrão de referência indiscutível e invariável –, que imprimiria sentido e direção a nossa experiência; e a certeza de que vamos morrer como seres naturais efêmeros, apesar do caráter orientado ao infinito de nossos desejos e pensamentos.

A filosofia melhor e mais verdadeira seria aquela que fizesse justiça aos fatos. Reconhecer a realidade da distinção e da mudança, assim como a importância decisiva do que acontece na história, colocaria suas descobertas a serviço de nosso engrandecimento.

# 4. O pragmatismo resgatado

## O pragmatismo como um ponto de partida

Alguns objetarão que o argumento apresentado neste livro não tem uma relação única com a tradição filosófica do pragmatismo. Ele poderia começar a partir de agendas, concepções e vocabulários de várias outras tradições de pensamento, recentes ou muito remotas. O que importa, insistirão, é o conteúdo das ideias.

Terão razão. As ideias expostas aqui podem ser desenvolvidas com o material de outras tradições de pensamento. Essas ideias não têm nenhuma relação exclusiva com o pragmatismo, nem sequer com qualquer outra escola credenciada de doutrina filosófica. A questão é, na verdade, não resgatar, mas sim reinventar o pragmatismo. É nos situarmos, agora que não podemos mais compartilhar as ambições ilusórias da metafísica clássica, ou nos resignarmos com os dogmas e as práticas das formas especializadas de investigação que se encontram ao nosso alcance. É criarmos um mundo de ideias sobre a mente e a natureza, o eu e a sociedade, reivindicando a grande tentativa revolucionária de casar a ciência e a democracia, o experimentalismo e a emancipação, a humanização da sociedade e a divinização da humanidade.

O HOMEM DESPERTADO

A ideia singular que ressoa em cada página deste livro é a ideia da infinidade do espírito humano, no indivíduo singular, bem como na humanidade. É uma visão da maravilhosa e terrível desproporção daquele espírito em relação a tudo que o conteria e diminuiria, do despertar para sua própria natureza por meio de seu confronto com a realidade da coerção e com a perspectiva da morte, do seu terror diante da indiferença e vastidão da natureza ao seu redor, de sua descoberta de que o que mais compartilha com todo o universo é a ruína causada pelo tempo, de seu reconhecimento subsequente de que o tempo é o cerne da realidade, se algum existe, de sua escravização às ordens da sociedade e da cultura que as diminuem, da sua necessidade de criar um mundo, um mundo humano, em que possa ser e tornar-se si mesmo, ainda que para fazê-lo deva, todavia, rebelar-se contra cada dogma, cada costume e cada império, e do seu poder de realizar esse programa aparentemente impossível e paradoxal identificando, em cada situação intelectual e política, os passos seguintes.

Numa era de democracia e de comunhão pacífica ou bélica entre todas as partes da humanidade, a filosofia, como a poesia e a política, deve ser profética. O conteúdo de sua profecia é uma visão de como podemos responder, agora mesmo e com os instrumentos à mão, à experiência de estarmos perdidos num vazio, que é feito de tempo, cujo começo e fim não podemos enxergar, e indiferente a nossas preocupações. É uma profecia do caminho de nossa libertação dos grilhões e de nossa ascensão num mundo do tempo, em que sempre permaneceremos acorrentados à morte e teremos sempre negado o entendimento da natureza final da realidade.

Nenhum filósofo ou tradição filosófica nos últimos dois séculos teve um monopólio dessa profecia. Ela está por toda parte.

Ao resgatar e desenvolver essa visão, não há nenhum lugar por onde começar; há muitos lugares. Fiel à doutrina deste livro, preocupo-me menos com o ponto de partida do que de que deva existir um; que alcancemos nitidez quanto à direção; e, conhecendo o ponto de partida e a direção, que possamos identificar os passos seguintes.

Que o pragmatismo tem sido a filosofia nacional do que é hoje a potência dominante no mundo torna o rótulo suspeito. Pois o que poderia ser mais suspeito como uma fonte de entendimento filosófico do que a aparente lisonja dos poderosos? Ainda assim, existem razões pragmáticas para usar o rótulo "pragmatismo" e para pilhar a tradição pragmática em busca de algumas das ideias de que mais precisamos agora.

A primeira razão é que a tradição do pragmatismo contém em forma distorcida ou truncada muitas das concepções de que mais necessitamos se quisermos avançar e reconciliar os dois projetos que gozam – e merecem gozar – a maior autoridade no mundo: o fortalecimento do indivíduo – vale dizer, sua elevação a um poder divino e à liberdade – e o aprofundamento da democracia – ou seja, a criação de formas de vida social que reconheçam e alimentem os poderes divinos da humanidade comum, por mais que esteja presa a corpos decadentes e grilhões sociais.

A fonte principal de atração dessas ideias reside em seu foco num quadro do agente humano. Segundo esse quadro, o agente humano é irredutível a qualquer conjunto de influências causais que lhe possam pesar. É incapaz de ser plenamente contido e governado pelas ordens sociais e culturais que desenvolve e de que participa. Em tal quadro, a profecia fala mais alto do que a memória, e o indivíduo vive para o futuro a fim de viver mais livre e plenamente o presente. Orientação para o futuro é apenas outra maneira de descrever as estruturas, de organização e de consciência, capazes de definir um presente que nos fornece os instrumentos para a sua superação.

Esses temas, mais explorados nas páginas seguintes, não bastam para justificar a imposição do rótulo "pragmatismo", pois podem ser também encontrados em outras tradições intelectuais – cristãs, românticas ou historicistas. Hegel ou Bergson poderiam, nessas bases, ocupar o lugar de James e Dewey. Minha linha de argumentação aqui não está mais distante do alemão e do francês do que dos dois norte-americanos. (Na verdade, o filósofo com cujos ensinamentos as ideias deste livro possuem, em certos aspectos, o maior parentesco não foi um pragmático nem meu contemporâneo próximo. Ele é Nicolau de Cusa, que viveu de 1401 a 1461).

A apropriação do rótulo "pragmatismo" repousa, porém, em duas razões adicionais. Uma razão adicional é que o pragmatismo, embora diminuído e domesticado, representa a filosofia mais viva hoje em dia. Ela não vive entre os professores, mas no mundo. Além do mais, permanece a filosofia mais característica do que é hoje, em toda dimensão, o poder dominante. O uso do rótulo "pragmatismo" é, portanto, acompanhado pelo perigo da adoração do poder: o perigo de tornar-se uma genuflexão à filosofia nacional de uma democracia imperial. A única coisa capaz de salvar tal rebaixamento é a natureza radical da mudança de direção proposta: uma mudança de direção não só nas doutrinas e nos métodos associados com os pragmáticos norte-americanos, mas também em formas mais amplas de consciência que estão se propagando pelo mundo sob o patrocínio da potência principal.

O mundo precisa do desenvolvimento pleno e intransigente do que caracterizei na seção precedente como a principal alternativa à filosofia perene. Precisa desenvolver essa alternativa para ajudar seus compromissos com a radicalização da democracia e com a divinização da pessoa. Os ensinamentos dos pragmáticos norte-americanos são uma versão dessa alternativa. No entanto, são uma versão inadequada, truncada, que sacrifica os temas centrais a uma margem de concessões custosas e desnecessárias, especialmente concessões para com a visão que chamamos de naturalismo. Por outro lado, as formas de consciência mais intimamente associadas com a cultura nacional norte-americana, e agora propagadas pelo mundo inteiro, exercem influência em todo mundo. Correspondem a versões distorcidas e desorientadas de crenças que deveriam ser caras a democracias experimentalistas que sejam favoráveis ao fortalecimento e à transcendência do indivíduo.

É importante que o rótulo "pragmatismo" descreva a filosofia nacional característica da potência dominante, modeladora da globalização. É importante porque a luta pela direção dessa filosofia, e pelas formas de crença e sensibilidade que ela representa, torna-se então uma competição pelo futuro de todo mundo, bem como pelo conteúdo de uma alternativa para a filosofia perene.

Outra razão adicional para usar o nome "pragmatismo" é que uma luta pelo significado e valor do pragmatismo hoje em dia logo se torna um embate sobre como deveríamos relacionar o futuro da filosofia com o futuro da sociedade. A filosofia importa por dois motivos. Primeiramente, importa porque é como a política: não trata de nada em particular, mas refere-se a tudo. O outro motivo é porque ela é como nós: não cabe num esquema; ela é o resíduo em pensamento do que não pode ser contido em disciplinas particulares ou ser trazido sob o controle de métodos específicos.

Como na lógica e na matemática, nossas capacidades de inferência e invenção ultrapassam o que qualquer sistema fechado de axiomas é capaz de justificar sem contradição; como na ciência natural, nossos poderes de descoberta e teorização vão além do que qualquer compreensão antecedente de nossas crenças científicas pode acomodar, e acabam exigindo revisão retrospectiva sobre como nós entendemos a prática, bem como o conteúdo da ciência; como na cosmologia, mais claramente, mas em todas as suas ciências irmãs em geral, nosso pensamento sobre a estrutura e a história do universo remodela nosso entendimento das categorias modais, supostamente invariantes, da possibilidade, de necessidade e da contingência, em vez de tomar essas categorias como dados imutáveis – por isso, na filosofia, adotamos uma forma de pensamento que tem como seu sujeito os limites de todos os outros sujeitos. Dessa maneira, confirmamos o poder de agir e pensar além de limites reguladores, e então, depois do fato, a reposição desses limites, como uma característica definidora de nossa humanidade e de nossos intelectos.

A filosofia é um desdobramento concentrado das faculdades transgressoras da mente. Esse fato está na raiz da relação especial entre as reivindicações doutrinais ou argumentos de um sistema filosófico e sua orientação ou intenção temática. Revela também um nível oculto e vital do nosso pensamento: concepções que fincam raízes numa experiência do mundo que, uma vez traduzida em ideias distintas, pode ser acessada, desafiada e revista.

É precisamente nesse espírito que abordo o pragmatismo e justifico meu uso do seu nome. Vamos tratar as reivindicações doutrinais-chave do pragmatismo norte-americano como uma representação insatisfatória de temas que merecem mais atenção do que os conceitos técnicos e argumentos por meio dos quais os conhecemos. Vamos abordar esses temas como uma expressão no domínio do pensamento de uma tendência importante na consciência e na cultura nacional do povo norte-americano. Vamos ver essa tendência como uma versão distorcida e incompleta de um programa político e intelectual que oferece um interesse imenso para toda a humanidade. Vamos reconhecer esse programa como uma resposta à variedade de interesses humanos em jogo num esforço que visa desenvolver uma alternativa para a filosofia perene.

Usar o nome do pragmatismo é afirmar que uma discussão em torno do curso futuro das ideias e atitudes historicamente associadas com a tradição pragmática são úteis nesse momento para alcançar essas metas. Vou proceder em três passos: primeiro, distanciando o argumento deste livro de algumas concepções que eram centrais às ideias dos pragmáticos norte-americanos; depois, explicando como o meu argumento está, mesmo assim, intimamente ligado a temas – atitudes, gestos, esperanças – nos quais o pragmatismo norte-americano, como muitas outras tradições filosóficas modernas, investiu muito, mas às quais suas postulações filosóficas mais distintas não conseguiram fazer justiça; e, finalmente, discutindo como esses temas foram desorientados numa cultura nacional que hoje goza de influência mundial.

### Três ideias dos pragmatistas

Considerem três das ideias mais características dos pragmáticos norte-americanos: a abordagem ao significado dos conceitos, de Charles Peirce; a teoria da verdade, de William James; e a doutrina da experiência, de John Dewey. Nenhuma dessas ideias está imune a objeções decisivas. Todas são expressões inadequadas e equivocadas dos temas mais amplos, não plenamente desenvolvidos, que fazem do pragmatismo um tema de interesse contínuo. O que é mais valioso em cada uma delas se reporta, no fim, a algo negativo: o modo como cada uma dissipa uma superstição escravizadora da mente.

Que o significado de um conceito reside na diferença que o conceito faz – vale dizer, em seu uso em nossas práticas e no seu efeito sobre elas – é uma rejeição salutar de cada tentativa de separar a fabricação de significados do seu contexto prático. Nossos movimentos em cada contexto são guiados por adivinhações em relação ao futuro que também são, invariavelmente, propostas para o futuro. É uma conclusão com a qual muitos dos maiores filósofos do século passado concordaram.

O que essa abordagem ao significado dos conceitos deixa de tratar, porém, é a distinção, bem como a relação, entre a diferença que um conceito faz para um entendimento de parte da realidade e a diferença que faz para nossos esforços no sentido de dominar e mudar nossa situação – entre nossas práticas teóricas ou contemplativas e nossas práticas políticas ou reconstrutivas.

Uma tese central deste livro é que a conexão entre o pensamento e a prática se concretiza mais íntima e plenamente apenas quando nossas mentes estão focadas em nossos próprios afazeres – as preocupações da humanidade. Quando direcionamos nossos pensamentos para a natureza, ainda que seja para nos vermos como um acessório da natureza, afrouxamos a conexão entre pensamento e prática. E então somos tentados a assumir a postura que anteriormente chamei de naturalismo. Examinamos os mundos humano e não humano de uma distância supostamente divina. Tratamos a conquista de tal distanciamento como a realização de nosso anseio por transcendência.

Pensando dessa maneira, vemos a ciência natural, conduzida do ponto de vista das estrelas, como o pináculo do entendimento humano: o ponto em que a mente supera mais completamente a sua escravização

O HOMEM DESPERTADO

às circunstâncias imediatas e efêmeras. Em consequência, tratamos o enredamento recíproco de entendimento e resistência como um constrangimento intelectual.

Se essas crenças – marcas registradas do naturalismo – fornecem a base para a tese de que o uso de um conceito determina o seu significado, a tese pertence ao arsenal de forças a que um pragmatismo radicalizado deve se opor. A associação de tal visão sobre como os conceitos ganham significado com um entendimento, como a de Peirce, da objetividade no pensamento como uma convergência de crença por observadores ideais (ou observadores ideais sob condições ideais) reforça o viés naturalista.

Se, no entanto, nos livrarmos do viés naturalista, mudaremos nossa maneira de entender a tese de que os conceitos ganham seu significado a partir da diferença que eles fazem. Em nosso pensamento sobre nós mesmos, nossos conceitos são armas, ora ajudando a emprestar um falso semblante de naturalidade e necessidade aos cenários organizados de ação e pensamento, ora nos ajudando a nos tornar mestres do contexto. Em nosso pensamento sobre a natureza – ou sobre nós mesmos como entidades puramente naturais –, nossos conceitos são extrapolações e metáforas pelas quais tentamos ver e compreender um mundo externo às nossas vontades e imaginações: um mundo que não fizemos. Na primeira situação, o uso a partir do qual os conceitos ganham significado está no fazer, desfazer e refazer da sociedade e da cultura. Na segunda situação, está em nosso esforço para adquirir um sucedâneo para o conhecimento proibido – o conhecimento que poderíamos ter se não fôssemos espíritos corporificados ou organismos mortais, validando nossas alegações de entendimento somente a partir de nossos poderes de previsão e controle. Estamos acostumados a trazer essas duas situações sob a mesma rubrica de conhecimento. Deveríamos, em vez disso, reconhecer que são tão diferentes quanto olhar num espelho e espiar no escuro.

Uma segunda ideia característica do pragmatismo norte-americano é a teoria da verdade de William James. A teoria afirma que a representação da realidade e a experiência do desejo estão internamente relacionadas. Um elemento do que queremos que esteja em questão, própria e até inevitavelmente, entra em nosso julgamento do que estiver em questão.

A defesa dessa ideia por James contra a acusação de que não passava de uma filosofia centrada num anseio ilusório assumiu a forma de uma série de qualificações genéricas. Em vez de qualificá-la, porém, deveríamos reinterpretá-la e radicalizá-la. O agente – segundo as qualificações de James – pode preferir uma crença que satisfaça um "bem vital" à outra que não o satisfaça, se a escolha for momentânea ou urgente, se a prova for inconclusiva e o apelo do bem for predominante. Assim, uma doutrina corrosiva do naturalismo foi privada de sua força, tendo sido tornada plausível apenas pelo fato de se afirmar primeiro. O resultado foi desperdiçar uma oportunidade para desenvolver parte do aparato intelectual útil ao avanço de uma causa, ao mesmo tempo filosófica e política, com a qual James tinha toda razão para ser simpático.

O problema da relação entre o que queremos e o que julgamos ser o certo surge com urgência singular num contexto particular. Esse contexto é a relação entre o entendimento da realidade social e propostas para a reconstrução social. A relação é recíproca. A imaginação programática depende da compreensão da oportunidade transformadora. Sem tal compreensão, e privado de qualquer visão crível de como a mudança estrutural acontece, nos encontramos reduzidos à ideia de que o realismo significa simplesmente permanecer junto do que já existe.

Inversamente, apreender um estado de coisas, seja na natureza, seja na sociedade, é ver o que, sob diferentes condições, ele poderia se tornar. Na natureza, somos reduzidos a intervenções limitadas num mundo que mal controlamos ou entendemos. Na sociedade e na cultura, tudo que parece fixo não passa de política congelada ou de luta interrompida. As invenções, os conflitos e as conciliações, no pensamento e na prática, são tudo o que há; não existe nada mais. A penumbra dos passos seguintes, interagindo com nossas ideias mais gerais sobre o indivíduo e a sociedade, representa o resíduo prático da ideia do possível em nossa experiência social.

Todo mundo social deve ser normalizado para se tornar estável; seus arranjos, ainda que originados na violência ou no acaso, devem ser vistos como incorporando um conjunto de imagens possíveis e desejáveis da associação humana – retratos do que as relações entre as pessoas podem e deveriam ser em diferentes domínios da vida social. Contra o pano de fundo da relação em mão dupla entre a compreensão e a transformação, o imperativo para normalizar e moralizar transforma todas as nossas ideias sociais mais poderosas em profecias que se preenchem por si só. Atuando sobre essas noções, as pessoas remodelam o mundo social à ideia dessas imagens. No entanto, não o fazem livremente; elas esbarram com os "fatos teimosos": as restrições da escassez, da contradição entre os meios e os fins, e da mera ignorância e confusão.

Qualquer teoria social que escapasse às ilusões da falsa necessidade sem se render às fantasias de um utopismo incasto deve tirar partido desse choque entre as profecias autorrealizáveis e os fatos recalcitrantes. Em vez de qualificar a teoria de James sobre a verdade até a morte, como o próprio James, desencaminhado pelo naturalismo, acabou fazendo, deveríamos vê-la como a fórmula resumida de uma iluminação sobre o caráter da experiência social. Seu cenário mais pertinente é, portanto, nossa compreensão de nosso próprio ser individual e coletivo, de nossas sociedades e culturas. Transformado numa visão de tudo – numa versão da margem de manobra de que desfruta a mente em suas transações com o mundo não humano –, ela perde tanto sua inteligibilidade como seu rumo. Será então eviscerada para ser salva. O que restar dela talvez não valha a pena salvar.

A concepção da experiência formulada por Dewey – um terceiro ensinamento característico do pragmatismo norte-americano – oferece ainda outro exemplo da traição de uma visão radical por uma concessão naturalista. Duas ideias lutam pela supremacia nessa concepção; não podem coexistir em paz.

Uma ideia é a imagem do agente humano jogado num mundo constrangido, mas ainda assim um mundo aberto – um mundo em que tudo pode se tornar outra coisa, e nada é permanente. A característica mais importante desse mundo é que ele dá espaço para a novidade, para coisas realmente novas no sentido de que não tornam meramente real uma possibilidade que fora jogada para os bastidores do mundo real, aguardando os acontecimentos que serviriam como sua deixa para aparecer no palco da realidade.

A segunda ideia é a visão do indivíduo como um organismo pensante, lançado numa narrativa evolucionária da qual ele não é o mestre. Ideias e arranjos são ferramentas que lhe permitem lidar com sua situação; sua feição mais importante é seu caráter instrumental. Se vamos levar a sério a visão do homem como um organismo situado, o fabricante da ferramenta é ele mesmo uma ferramenta – uma ferramenta da evolução natural. Mesmo nas experiências mais agudamente sentidas de sua vida, ele será o joguete involuntário de forças impessoais indiferentes às suas preocupações e destrutoras delas. Em seu espírito, Arthur Schopenhauer apresenta nossa experiência sexual e romântica como o meio cruel pelo qual a natureza, antes de nos moer, nos obriga a servir aos seus propósitos. Nenhuma visão naturalista da humanidade e de sua dificuldade é coerente ou completa, a não ser que estejamos dispostos a empurrá-la até o amargo limite desse resultado perturbador.

Essas duas ideias não podem estar ambas certas. Suponhamos que a predominância final recaia na segunda ideia: o fabricante da ferramenta, que é ele próprio uma ferramenta, a mente feita para servir instrumentalmente os estratagemas do organismo agonizante, preso num mundo natural que não tem uso para suas preocupações. Então, a primeira ideia – o eu como um agente resistente, achando seu caminho através de um mar de contingências – não chegará a grande coisa. A naturalização do homem será sua desumanização. Os motivos que nos levaram a buscar consolo ou escape na filosofia perene ganharão nova força.

A concepção de Dewey da experiência, como toda a linha do pragmatismo histórico e suas contrapartes em outras tendências naturalistas da filosofia moderna, deixa essa ambiguidade insolúvel. Ao fazê-lo, enfraquece grandemente sua proposta mais fértil: a visão do agente lutando contra o constrangimento e contra a contingência, e usando a contingência para afrouxar o constrangimento.

Um pragmatismo radicalizado, mais fiel às suas próprias intenções, deve resolver essa ambiguidade decisivamente em favor do agente e de suas ambições. Mas como? A imagem naturalista do organismo confinado e agonizante contém uma verdade poderosa. Uma filosofia que se alia ao agente não deve negar sua verdade. Deve, porém, revelar como podemos redirecionar o pensamento e reorganizar a sociedade de modo que a visão do agente capaz de usar a contingência contra o constrangimento se torne mais real e a imagem do fabricante da ferramenta, transformado em ferramenta dos processos naturais, indiferentemente a suas preocupações, se torne menos real.

A questão não é qual das duas ideias contém mais da verdade hoje em dia. Mais do que isso, a questão é como a primeira ideia pode ser levada a conter mais da verdade do que a segunda ideia amanhã; como podemos fazer um amanhã em que a primeira ideia contenha mais verdade do que a segunda. É a competição pelo futuro que está em jogo na controvérsia em torno dessa visão da experiência.

A doutrina de Peirce de como dar significado aos conceitos, a teoria da verdade de James e a concepção da experiência de Dewey apresentam, todas elas, elementos em comum. Elas extraem seu interesse duradouro de motivações subjacentes que não chegam a explicitar e chegam até a trair. Em cada instância, uma visão da humanidade e do autoconhecimento é comprometida ao ser representada – precipitadamente – como uma afirmação a respeito do conhecimento e da natureza em geral. Cada uma dessas ideias deixa de reconhecer que, longe de ser um modelo para nosso conhecimento da humanidade, nosso conhecimento do mundo não humano só pode ser sua vaga extensão. Cada uma delas impõe sobre o pragmatismo uma camada de naturalismo. Filósofos para os quais a agência humana deveria ser tudo assumiram de novo a antiga e universal busca por um lugar acima tanto da realidade humana como da não humana. Eles deveriam ter, em vez disso, concordado em enxergar o mundo não humano como o único lugar que realmente possuímos – um lugar dentro do mundo humano.

Assim, as desventuras dessas três ideias características são sinais indicadores de um equívoco fundamental. O efeito desse equívoco é nos privar dos meios com os quais poderíamos servir melhor a causa do experimentalismo democrático e levar adiante a rebelião contra a filosofia perene.

## Temas centrais: agência, contingência, futuridade, experimentalismo

Essas ideias, de qualquer modo, extraem seu poder mal utilizado – seu resíduo de visão distorcida – da sua relação com quatro grandes temas que elas – e muitas das outras doutrinas às quais foram associadas – deixam de fazer justiça. Esses temas são: agência, contingência, futuridade e experimentalismo.

O primeiro tema é *agência*. O agente humano, moldado e algemado pelo contexto e pela tradição, por arranjos estabelecidos e dogmas encenados, atrelado a um corpo decadente, cercado no nascimento e na morte por enigmas que ele não pode afastar, desesperadamente desejando não sabe exatamente o quê, confundindo o ilimitado pelo qual anseia com uma série interminável de bens desprezíveis, exigindo anuência de outras pessoas e, no entanto, escondendo-se dentro de si mesmo e usando coisas como escudos contra os outros, sonambúlico a maior parte do tempo, mas às vezes energizado e sempre inexaurível, reconhecendo seu destino e lutando contra ele ainda quando pareça aceitá-lo, tentando reconciliar suas ambições contraditórias, mas

O HOMEM DESPERTADO

admitindo, no fim, ou bem no fundo, o tempo todo, que tal reconciliação não é possível ou, se possível, não é duradoura: esse é o único tópico do qual não há escapatória.

O conhecimento que podemos ter dele e de seus constrangimentos e construções é o conhecimento íntimo e penetrante que mais de perto se assemelha com o conhecimento que Deus pode ter de Sua criação. Tal conhecimento que podemos obter da natureza fora de nós mesmos, ou até de nós mesmos como entidades naturais fora do domínio da consciência – vale dizer, da vida teorizada –, será menos pleno e menos confiável. Estará aberto à contradição não, como estão nossos esforços humanos, no conteúdo de suas afirmações e seus empreendimentos, mas em seus procedimentos e conceitos mais básicos. As razões dessa fragilidade do nosso conhecimento da natureza são tanto naturais como preternaturais.

A razão natural dessa fragilidade é que não somos construídos como deuses, mas como seres naturais efêmeros, com um escopo finito de percepção e experiência. Quanto mais nos afastamos da área em que o pensamento ensombrece a ação e a ação corporifica o pensamento, mais precisamos deduzir a realidade não vista a partir de sinais ambíguos. O teste de sucesso então se torna prático até mesmo quando parece ser teórico: quando agimos sobre um pedaço da natureza com base em nossas deduções, o que acontece não é incompatível com o que havíamos conjeturado. No entanto, ao discutir os méritos de teorias rivais, embora possamos nos fantasiar como filósofos desfrutando a visão a partir das estrelas, somos na verdade advogados nos defrontando com uma ambiguidade irredutível e barrando soluções alternativas por necessidade prática: às vezes, a necessidade de atingir algum efeito na natureza; sempre e imediatamente a necessidade de colocar em uso nossos conceitos e instrumentos científicos para descrever como seria uma parte do mundo natural se aqueles instrumentos e conceitos fossem adequados para descrevê-la.

A razão preternatural da fragilidade é que o traço mais importante do agente – seu poder de derramar, e não preencher exatamente, de conter-se dentro de recursos irreprimíveis de transgressão e transcendência – produz resultados muito diferentes quando aplicado aos mundos humano e não humano. No mundo humano, ele torna a reconstrução possível, para melhor ou para pior. Os impulsos e interesses não permitidos pela presente ordem tornam-se sementes de outra ordem. E essa outra ordem pode diferir em qualidade, bem como em conteúdo, da ordem que substituiu: pode ter uma diferente relação com a liberdade construtiva dos agentes individuais ou coletivos que a conceberam.

Tudo no contexto – nosso contexto – pode ser mudado, ainda que a mudança seja parcelada. E a mudança, na forma de uma série interminável de passos seguintes, pode tomar uma direção, revelada, até mesmo guiada por ideias. Podemos aperfeiçoar práticas e instituições que multipliquem ocasiões para o nosso exercício de nossos poderes de resistência e reconstrução. Se o espírito é um nome para as faculdades resistentes e transcendentes do agente, podemos espiritualizar a sociedade. Podemos diminuir a distância entre quem somos e o que encontramos fora de nós mesmos.

No entanto, não podemos espiritualizar a natureza. Podemos escolher apenas entre fazer algo com ela ou deixá-la em paz. Ficamos restritos a essa escolha até mesmo em nossas maiores conquistas científicas. Aqui, em nossa relação com o mundo não humano, o significado de não nos encaixarmos permanece focado num único alvo intenso, mas estreito: nossa capacidade de conjeturar e experimentar além dos limites do que permitem as teorias prevalecentes e os métodos consagrados, e então, retrospectivamente, rever nossas pressuposições à luz de nossas descobertas. No fim, porém, não podemos ter esperança de que a natureza se transforme em nós.

O segundo tema é *contingência*. Quando aplicada ao mundo natural, as categorias modais de necessidade, possibilidade e contingência não têm nenhum significado independente de nossas ideias sobre como funciona a natureza. Um ramo da ciência natural, em particular – a cosmologia –, atua diretamente no sentido de que o necessário é necessário; o possível,

possível; e o contingente, contingente. Uma concepção particular da necessidade, possibilidade ou contingência é simplesmente uma alusão taquigrafada a uma teoria particular ou família de teorias.

Em qualquer corpo de ideias sobre a natureza, alguns estados de coisas serão representados como mais "necessários" do que outros no sentido de que sua disponibilidade depende de menor número de condições. No entanto, até mesmo o mais necessário dos eventos e das relações serão infectados por um elemento de artificialidade: de ser determinada maneira simplesmente porque o é. Nem sequer uma cosmologia "estável" pode explicar por que o universo, qualquer universo, deve ser desenhado de modo a ter a qualidade de autopropagação ou autossubsistência. Que o universo tenha se manifestado um, em vez de outro, é o elemento irredutível de contingência na cosmologia mais apoiadora da necessidade de relações constantes no universo. O sentido preciso em que essas relações são ou não são necessárias não pode ser deduzido de nenhum léxico independente-de-explicação de categorias modais. Esse sentido depende da substância e das implicações de nossas ideias em relação ao universo e a sua história – ou sua maneira de não ter uma história, de ser atemporal, se o tempo é uma ilusão.

Em nossa experiência humana da humanidade, porém, a contingência assume um significado especial. Tal significado é de importância central para uma filosofia que libertaria nosso entendimento dos grilhões do naturalismo. Essa contingência não é mera especulação ociosa; é um peso que exerce toda a sua força sobre nós. Lutamos em vão para negá-lo ou minimizá-lo. O peso é a combinação compactada de elementos distintos.

Nosso componente é o sentido irredutível – preservado sob a mais necessitária cosmologia – em que o universo e sua história – os cenários mais amplos de nossas vidas – estão simples e inexplicavelmente ali.

Um segundo constituinte é nossa incapacidade no estudo de qualquer parte da natureza a determinar, conclusiva e definitivamente, qual teoria é a certa. Não só nosso conhecimento é limitado, como nossos esforços para estabelecer premissas e métodos imutáveis são maculados por contradições insolúveis.

Uma terceira parte é o caráter fatídico de nossa luta histórica com a forma da sociedade e cultura. Mesmo os aspectos mais íntimos e básicos de nossa experiência são coloridos pelos dogmas da cultura e pelas instituições da sociedade. Não podemos rigidamente dividir nossa experiência entre o pessoal e o coletivo, o transitório e o permanente. O tempo histórico se infiltra no tempo biográfico.

Um quarto elemento é o papel da sorte e graça na vida humana: ter ou não ter golpes de sorte, receber ou não atos de reconhecimento e amor de outras pessoas. A fortuna cega que preside nosso nascimento – a partir das consequências do acoplamento acidental de nossos pais – nos persegue nas grandes coisas assim como nas pequenas.

A experiência da contingência resultando da combinação desses quatro fatos ameaça nos subjugar. Ela nos ofende e amedronta por causa de sua aparente irreconciliabilidade com nossa igualmente poderosa noção de sermos espíritos corpóreos que transcendem contextos. Entre os dispositivos que arregimentamos para combatê-la, o mais persistente na história tem sido a filosofia perene. Deveríamos desistir dessa luta contra a experiência da contingência: só podemos conduzi-la a um custo destrutivo de nossos poderes de autoconstrução, bem como de nossa nitidez de entendimento.

O terceiro tema é *futuridade*. Seja ou não o tempo real no vasto mundo da natureza, da qual nosso conhecimento permanece sempre simultaneamente remoto e contraditório, é um tema que sempre continuará a despertar controvérsia. Que o tempo seja real na existência humana não é, porém, uma tese especulativa; é uma pressão que enfrentamos com força crescente, enquanto ficarmos cônscios, e não iludidos, em nossa passagem do nascimento à morte. O caráter temporal da nossa existência é a consequência de nossa corporificação, o estigma de nossa finitude, e a condição que dá sentido à transcendência.

O HOMEM DESPERTADO

Não somos exauridos pelos mundos social e cultural que habitamos e construímos. Eles são finitos. Nós, em comparação, não o somos. Podemos ver, pensar, sentir, construir e conectar *em mais maneiras* do que eles podem permitir. É por isso que exigem que nos rebelemos contra eles: para levar adiante nossos interesses e ideais como hoje os entendemos, mas também para nos tornar nós mesmos, afirmando a polaridade que constitui a lei transgressora do nosso ser.

Procurar o que ultrapassa a estrutura estabelecida e por isso mesmo representa, por esse exato motivo, o possível começo de outra estrutura, mesmo de uma estrutura que organize sua própria reconstrução, é viver para o futuro. Viver para o futuro é uma maneira de viver no presente como um ser não totalmente determinado pelas condições presentes de sua existência. Nunca nos rendemos completamente. Levamos adiante nossas atividades de submissão passiva, de desespero sem voz, como se soubéssemos que a ordem estabelecida não fosse para sempre e não tivesse nenhum reclamo final sobre nossa postura. Orientação para o futuro – futuridade – é uma condição definidora da personalidade.

Tão fundamental é essa feição da nossa existência que ela também modela a experiência do pensar, mesmo quando nossos pensamentos são direcionados fora de nós mesmos para a natureza. Incessantemente reorganizando nossa experiência de particularidades sob cabeçalhos gerais, constantemente rompendo e refazendo essas denominações para controlar a experiência, intuindo num conjunto de relações conhecidas a existência de outra, próxima a ela ou oculta sob ela, e descobrindo na verdade o que nossas pressuposições ou métodos podem ter descartado como paradoxal, contraditório ou impossível, nós chegamos a vislumbrar os passos seguintes do pensamento – suas possibilidades, seu futuro – como o sentido de todo o passado do pensamento.

A futuridade deveria cessar de ser um obstáculo e se tornar um programa: deveríamos radicalizá-la para nos fortalecer. Essa é a razão para nos interessarmos por maneiras de organizar o pensamento e a sociedade que diminuam a influência do que aconteceu antes ou do que possa acontecer a seguir. Tais inovações intelectuais e institucionais tornam a mudança no pensamento menos dependente da pressão de anomalias incontroláveis e a mudança na sociedade menos dependente dos golpes de traumas inesperados. Em qualquer situação histórica dada, o esforço de viver para o futuro tem consequências sobre como ordenamos nossas ideias e nossas sociedades. Existe uma estrutura na revisão organizada das estruturas. Seus constituintes, porém, não são atemporais. Nós os juntamos numa colagem com os materiais encharcados pelo tempo que temos à mão.

O quarto tema é *experimentalismo*. É menos uma ideia separada do que a combinação das outras três. O que lhes é acrescentado é uma concepção do novo e de sua criação. Considerem o problema no contexto da produção e de sua relação com a ciência. Entender um estado de coisas é apreender suas possíveis transformações: o que ele poderia se tornar sob diferentes condições ou como o resultado de diferentes acontecimentos. Essas transformações da situação estabelecida – a penumbra dos passos seguintes – são o que nós pretendemos, ou deveríamos pretender, como o possível. Podemos transformar algumas dessas variações imaginadas em coisas. Então, a ciência se torna não a base da produção, mas a produção em si.

Uma maneira de acelerar a produção do novo é transformar o modo como as pessoas trabalham juntas numa corporificação social da imaginação: suas relações umas com as outras mimetizam os movimentos do pensamento experimental. Para esse fim, o primeiro requisito é que poupemos energia e tempo para tudo aquilo que não possa ainda ser repetido. Tudo aquilo que somos capazes de repetir nós o expressamos numa fórmula, e então incorporamos numa máquina. Assim, deslocamos o foco de energia e atenção para longe do já repetível, em direção do não ainda repetível.

Outras feições do trabalho como a inovação permanente são construídas sobre essa conquista básica. Repensamos e redesenhamos nossas tarefas produtivas no curso de sua execução. Consequentemente, não permitimos que se estabeleçam contrastes rígidos entre os papéis supervisores e executivos. As divisões entre aqueles que executam tarefas especializadas diferentes se tornam fluidas – o plano em marcha. Em vez de alocar competição e cooperação em diferentes compartimentos da vida humana, nós as juntamos nas mesmas práticas. E assim como revemos nossas tarefas no curso de sua execução, também, no curso das experiências engendradas por essa atividade produtiva, começamos a rever nossa compreensão de nossos interesses e até mesmo de nossas identidades. Dessa maneira, a forma de cooperação prática acaba refletindo a combinação de análise, síntese e do que Peirce chamou abdução: o salto da conjetura especulativa, mas informada. A organização do trabalho se torna razão prática a cavalo.

A política, especialmente a política democrática, leva o experimentalismo para outro nível. Ela faz mais do que organizar um domínio distinto da vida social, ao lado do domínio da produção. Estabelece os termos em que podemos mudar todos os outros domínios. O critério dominante pelo qual se mede nosso sucesso na abordagem de um ideal experimentalista na política é o sucesso ao tornar a mudança menos dependente da crise. Uma calamidade – geralmente na forma de colapso econômico ou conflito armado – pode romper qualquer ordem. Mesmo nas sociedades parcialmente democratizadas do mundo contemporâneo, aquelas que reformassem a ordem social estabelecida normalmente precisarão contar com a crise como sua aliada. Tornar a política experimental é abrir mão da necessidade dessa aliada. É organizar de tal maneira a luta pelo domínio e pelos usos do poder governamental que – e na verdade sobre todos os termos institucionalizados pelos quais podemos fazer reivindicações um do outro, que os arranjos e as práticas presentes multiplicam oportunidades para sua própria revisão. A mudança se torna interna.

Nossa aposta ao fazer a mudança endógena tem muitos lados. Por seu efeito direto, serve nossos interesses de sermos mestres no contexto parcial contingente dentro do qual operamos: em não termos esse contexto imposto sobre nós como um fato natural ou um destino irresistível. Por seus efeitos indiretos, ele adianta duas outras famílias de interesses. A primeira é o nosso interesse na subversão das divisões e hierarquias sociais entrincheiradas, que sempre repousam sobre instituições e crenças relativamente insuladas de ataque constante. A segunda é nosso interesse em acelerar o progresso prático aumentando nosso poder de recombinar pessoas, máquinas e ideias.

Assim, o experimentalismo na política é mais profundo em alcance e mais geral em escopo do que o experimentalismo na produção. No entanto, esse experimentalismo político é em si uma espécie de uma ideia ainda mais geral e de uma prática ainda mais ambiciosa: a ideia de nunca ficar confinado ao contexto presente, a prática de usar variações menores que estejam à mão para produzir variações maiores que ainda não existem. O experimentalismo é um esforço existencial; tem a ver com mudar o contexto do arranjo estabelecido e da crença assumida, pouco a pouco e passo a passo, à medida que vamos levando a vida.

Visto sob essa luz, o experimentalismo é a solução para um problema metafísico. O problema é que devemos organizar a experiência e a sociedade a fim de chegar a fazer qualquer coisa, mas nenhuma organização isolada da experiência e da sociedade faz justiça a nossos poderes de visão, invenção e conexão. A solução desse problema tem duas partes. A primeira parte é desenvolver uma maneira de se mover dentro do contexto estabelecido que nos permita antecipar dentro do contexto as oportunidades que ele ainda não percebe e talvez nem ao menos permita. A segunda parte é arranjar a sociedade e o pensamento de modo que a diferença entre reproduzir o presente e experimentar com o futuro diminua e se apague. O resultado é incorporar o impulso experimental numa forma de vida e pensamento que nos permita mais plenamente reconciliar o engajamento e a transcendência. Nós então nos tornamos mais humanos e mais divinizados.

O HOMEM DESPERTADO

## Duas leituras erradas do pragmatismo

Como filosofia, o pragmatismo deixou de fazer justiça aos temas de agência, contingência, futuridade e experimentalismo, que o inspiraram; a filosofia pragmática sacrificou-os ao naturalismo. (Como uma expressão da cultura nacional norte-americana, falhou em fazer justiça às possibilidades da vida sob a democracia; sacrificou-os ao perfeccionismo democrático.) Os equívocos da visão de Peirce sobre como determinar o significado dos conceitos, da teoria de James sobre a verdade e da doutrina de Dewey sobre a experiência ilustram formas características desse sacrifício da visão diante do preconceito.

A visão tomou o partido do agente humano, não resignado às circunstâncias comezinhas. O preconceito insistiu na tentativa equivocada de encontrar uma base para pensamento e julgamento mais elevada do que a perspectiva da humanidade. A consequência foi impedir o pragmatismo de viver à altura da sua visão e de incorporar uma alternativa mais intransigente e poderosa à filosofia perene.

Deveríamos resgatar a visão das concessões naturalistas que fizeram acomodações na história do pragmatismo norte-americano. Se escolheremos aplicar o rótulo pragmatismo ao produto desse resgate é uma questão em aberto. Proponho que respondamos a ela afirmativamente movidos por razões pragmatistas.

Tal redirecionamento do pragmatismo equivale à libertação de uma visão agrilhoada. Para rompermos suas correntes, devemos opor duas formas de entender a visão pragmática que recentemente entraram em ascensão: uma leitura deflacionária e uma leitura nostálgico-heroica. A primeira é anacrônica; a segunda é arcaica. Ambas são inimigas daquilo que mais valorizaríamos nessa tradição.

A leitura deflacionária vê o pragmatismo como um precursor do "pós-modernismo". Sua presunção característica é que todo cenário histórico tem sua própria lei. Submetê-lo a julgamento sob quaisquer outros termos que não o seu próprio termo seria reivindicar uma visão básica de superação de contexto que ninguém pode esperar alcançar.

Essa ideia representa uma confusão de uma boa ideia negativa – de que não há pontos fixos na história do conhecimento e da experiência – com uma ideia negativa má – que não podemos ver, pensar ou criar mais do que nos permite a estrutura estabelecida da sociedade. A ideia negativa má representa uma negação direta do tema da futuridade ou da transcendência. Equivale também à reivindicação-chave feita pela quarta das quatro opções rejeitadas exploradas anteriormente neste livro.

Uma maneira de contar que a ideia má é má está em que ela não faz sentido prático em seus próprios termos. Ela oferece um gesto vazio. A tese deflacionária implica que discursos sobre discursos – propostas de ordem maior sobre critérios, métodos e fundações – são um desperdício de tempo. O único metadiscurso justificável é aquele que proclama o caráter inútil e ilusório de todos os metadiscursos. O que importa é ter propostas da primeira ordem sobre a reconstrução de nossos arranjos e de nossas ideias.

A energia, a autoridade e a fecundidade com que delineamos propostas de primeira ordem dependem, no entanto, de nossa capacidade de enxergar além dos limites do contexto presente. Toda inovação importante no pensamento ou na sociedade tende a provocar uma pequena rebelião: uma compreensão antecipatória dentro do presente contexto das possibilidades – da percepção, da experiência, da conexão e da organização – que poderia ser mais plenamente entendida apenas através de uma mudança no contexto: vale dizer, nos arranjos institucionais e nos ideais encenados que a definem.

Assim, as iniciativas de primeira ordem que mais importam vêm impregnadas com futuros alternativos; são profecias, bem como reformas, e seus agentes e devotos não têm outra escolha a não ser declarar guerra contra tudo em sua situação que traia suas profecias. Tal prática equivale a uma refutação viva da ideia de que somos prisioneiros – felizes ou infelizes, seja qual for o caso – do mundo social e cultural em que nos encontramos.

As ideias que informam tais inovações inevitavelmente combinam em si elementos das propostas de primeira ordem e de ordem mais elevada. Se, por exemplo, são novas teorias numa ciência, podem implicar mudanças na prática e autoconcepção daquela ciência, bem como em suas pressuposições sobre necessidade, possibilidade e contingência. Se são reformas sociais, podem deixar uma marca no entendimento das pessoas sobre seus interesses, bem como sobre a organização institucional da sociedade. Em cada instância, uma iniciativa de primeira ordem virá adornada por uma reforma de ordem mais elevada de ideias e arranjos.

O que deveríamos repudiar, portanto, não é a ambição profética de um discurso de ordem mais elevada que demonstra seu poder pelo poder das propostas que ele informa. O que deveríamos rejeitar é o vazio empolado de um metadiscurso que revela sua esterilidade por meio do seu fracasso de realizar quaisquer dessas propostas.

A leitura deflacionária do pragmatismo é, por um aparente paradoxo, uma dessas evasões estéreis. Denuncia a ambição em nome da modéstia e rejeita o alcance em função do efeito. No entanto, seus defensores se distinguem de seus próprios heróis filosóficos por seu silêncio programático. Tendo concebido um discurso de ordem mais elevada que tem como única mensagem a inutilidade de todos os metadiscursos e o valor exclusivo de propostas de primeira ordem, eles então abandonam o campo, desarmados de tais propostas, para as forças dominantes da sociedade e do pensamento. Fracassando no reconhecimento da abertura da fronteira entre os projetos de primeira ordem e de ordem mais elevada.

A leitura nostálgico-heroica do pragmatismo procura defender a tradição pragmática contra o historicismo trivializante (ou "pós-modernismo") da leitura deflacionária. Sob o pretexto de venerar os clássicos pragmáticos norte-americanos, ela os representa como professores de filosofia preocupados com debates familiares sobre realismo, relativismo e objetividade. O resultado, no entanto, é produzir um fóssil que acentua seus erros de visão amarrados ao tempo, em vez de liberar para nosso uso nos dias de hoje os elementos mais inquietantes, desconcertantes e energizantes em sua doutrina.

Segundo tal visão, a tese central do pragmatismo era alguma coisa relacionada à última linha de defesa sustentável durante o longo recuo do pensamento ocidental da confiança arrogante em nosso poder de ver o mundo com os olhos de Deus. Existe, de fato, muito nos textos dos pragmáticos norte-americanos que se presta a tal interpretação. Essa, porém, é precisamente a parte mais viciada pelas ilusões do naturalismo.

O erro cometido por essa variedade do pragmatismo é a confusão de dois impulsos: um, a ser rejeitado; o outro, a ser preservado. O impulso a ser estimulado é de descartar os dualismos que continuam a assolar o pensamento especulativo: entre sujeito e objeto, entre liberdade e necessidade, entre espírito e natureza. Nossa experiência de ação e conexão dissolve esses dualismos.

Importa, porém, a direção que tomamos à medida que os dissolvemos: o que fazemos com nossas vidas e sociedades no dia a dia. Os dualismos são na verdade alucinações. Surgem de tentativas para escaparmos do domínio da ação e nos vermos do lado de fora, contemplativamente, em vez de do lado de fora, ativamente. Quase tudo que é mais valioso na filosofia dos últimos duzentos anos contribuiu, direta ou indiretamente, para a campanha contra eles.

O impulso de ser rejeitado é o impulso de contar uma história sobre a dissolução desses dualismos que é desligada de qualquer intenção ou projeto reconstrutivo particular. Tal história parecerá uma superciência. Explicará exatamente como os dualismos se dissolvem na natureza e como a experiência – nossa experiência – forma parte inseparável do mundo. Ao fazê-lo, ela repetirá, de um modo ou outro, a confusão exemplificada pela doutrina da experiência de Dewey: a confusão entre saber que somos seres naturais – como o somos – e tentar fornecer um relato pleno de nossa experiência humana em linguagem naturalista – o que não conseguimos. É como se pudéssemos dissipar a escuridão que cerca nosso conhecimento científico ao acender de repente as luzes, mas sem ter de fazer o trabalho da ciência natural e sem sermos limitados pelo caráter especializado, ferramental e, portanto, efêmero de toda conjectura científica.

Os filósofos pragmáticos clássicos, justamente como Hegel, Bergson ou qualquer número de seus outros pares, equivocadamente empurraram a dissolução dos dualismos para uma maneira de compreender e praticar a filosofia como uma superciência naturalista. A leitura nostálgico-heroica do pragmatismo transforma sua campanha contra o relativismo e o historicismo da leitura deflacionária numa comemoração daquele erro.

Em virtude desse erro, corremos o risco de uma perda dupla. Uma delas é a perda da nitidez em relação à nossa situação. Não decorre do nosso envolvimento dentro da natureza que possamos mapear esse envolvimento e descrever nossa situação vista pelo lado de fora como se não fôssemos quem de fato somos. Podemos estender, por meio de teorizações e fabricação de ferramentas, o escopo de um aparato para a percepção e o raciocínio que é construído na escala de um organismo efêmero e situado. No entanto, só podemos fazer isso a partir de passos localizados, mas cumulativos.

À medida que nossas opiniões deixam o terreno dos fenômenos que nos são manifestos, elas se transformam em alegoria, remotas de nosso entendimento intuitivo. Podemos justificá-las, na sua periferia de inferência e aplicação, pelos resultados práticos – os experimentos e as intenções – que somos capazes de produzir tomando-os por reais.

Nessa perda de nitidez sobre nossa situação, segue-se uma perda de direção em nossos atos. Não podemos ver o mundo com os olhos de Deus. Podemos, porém, mudar nossa situação – não apenas os elementos de nossa circunstância, mas a relação que temos com eles. Produzir uma forma de pensamento que possamos suportar e guiar uma ação transformadora enquanto dispensamos as ilusões de uma superciência naturalista são ambições de um pragmatismo radicalizado. E também a necessária sequência para os dualismos contra o quais a filosofia se rebelou.

## Descobertas pragmatistas e erros norte-americanos

O pragmatismo, porém, não é meramente uma doutrina exposta em livros. Ele é a filosofia mais característica do país que se tornou o poder dominante no mundo. Não é suficiente tomá-lo por sua palavra como uma série de propostas conceituais, desviada pelos preconceitos do naturalismo dos impulsos reconstrutivos que o animam. É também útil entendê-lo contra o cenário da experiência nacional e do projeto nacional ao qual ele deu uma voz filosófica.

Visto nessa perspectiva – como o tem sido no mundo mais amplo exterior à filosofia professoral –, o pragmatismo tem oferecido menos um grupo de teorias sobre significado, verdade e experiência do que um conjunto de atitudes em relação aos problemas da vida e da sociedade. Nesse contexto, a dificuldade com o pragmatismo não tem sido a tentação de confundir simpatia pela ciência com entrega ao naturalismo. Tem sido a tentação de permitir que o conteúdo do seu método fosse comprometido pelas falhas da cultura nacional em nome da qual o pragmatismo falou. O erro não tem sido o naturalismo; tem sido a visão que anteriormente rotulei de perfeccionismo democrático – juntamente com o fenomenalismo e o naturalismo, uma das principais maneiras pelas quais o pensamento moderno foi distraído e desviado em seu esforço de oferecer uma alternativa madura à filosofia perene.

Toda cultura deve traçar a fronteira entre as características alteráveis da vida social e o caráter duradouro da existência humana. Quando minimizamos a extensão em que toda a ordem da sociedade e da cultura representa uma política congelada – a contenção e interrupção da luta – nos tornamos escravos de nossas próprias criações irreconhecidas, às quais nos curvamos como se fossem naturais e até mesmo sagradas. Para substituir um vocabulário político por um teológico, cometemos então um pecado de idolatria, confinando o espírito infinito dentro do perímetro de suas construções finitas.

Se, por outro lado, negamos nossa própria ignorância e finitude e nos imaginamos capazes de escapar delas por atos de autoajuda ou

O HOMEM DESPERTADO

autoencantamento, corremos o risco de perder não só nossa inteligibilidade, mas a nós mesmos. Trocamos o poder reconstrutivo real por um pretexto que começa a nos aprisionar. A filosofia perene e, num menor grau, o fenomenalismo, o naturalismo e o perfeccionismo democrático como escapes incompletos dela são em si tais formas de falsa transcendência e libertação ilusória.

Um elemento primordial na cultura norte-americana minimiza a natureza mutável da vida social enquanto exagera a medida que o indivíduo pode escapar às consequências de sua mortalidade, sua fragilidade e sua ignorância quanto ao cenário final da vida humana.

A fonte da negativa de possibilidade de mudança da vida social é uma espécie de fetichismo institucional: a crença de que o gênio dos fundadores e o favor da Providência permitiram à República Americana atingir, na época da sua fundação, a fórmula definitiva de uma sociedade livre. O culto da Constituição é meramente o caso-limite dessa idealização abrangente de uma concepção abstrata do mercado, da democracia e da sociedade civil livre, injustificadamente identificada com um conjunto particular e contingente de arranjos institucionais. Essa estrutura supostamente só exige ajustamento em momentos extraordinários de crise nacional.

No entanto, ela é parte do projeto de fortalecimento e liberdade humanos para diminuir a dependência da mudança sobre a calamidade. Quanto maior essa dependência, menor será a nossa oportunidade de combinar o engajamento num mundo particular com a distância crítica de suas pressuposições. E quanto maior a probabilidade de que instituições e hábitos mantenham nossas oportunidades de cooperação prática e ligação passional reféns de um esquema de divisão e hierarquia social. Nessas duas maneiras, o fetichismo institucional nos deixará menos livres, menos divinizados, menos humanos. Só poderemos nos engajar se nos deixarmos ser marginalizados. Só conseguiremos nos ligar aos outros nos tornando mestres ou serviçais, e só afirmaremos nossa liberdade traindo nossas ligações.

O PRAGMATISMO RESGATADO

O fracasso de reconhecer adequadamente o caráter mutável da vida social coexiste nessa visão com uma ideia equivocada de nossa capacidade de lidar com a morte e a fraqueza. O indivíduo imagina que é capaz de se soerguer, sozinho, por meio de atos repetidos de autodependência e autoconstrução. Acumula coisas para depender menos das pessoas. Brinca e manipula práticas que, assim espera, o endureçam contra o destino e aquietem seus terrores. Ansioso para adquirir uma modesta prosperidade e independência, sonha sobre si mesmo no seu pequeno reino – seus negócios, sua propriedade, sua família –, um pequeno rei coroado e ungido por si mesmo. De todas essas maneiras, ele se esforça para se elevar sobre os perigos da vida e o medo da morte. O mundo histórico das instituições e práticas torna-se cenário para os ciclos da existência individual. É uma visão que subestima radical e perigosamente a extensão em que nossos esforços de autoconstrução estão à mercê da sorte cega, ou da ordem social, e do que os outros possam nos dar ou nos negar, em termos de graça intangível, bem como de ajuda tangível.

É verdade que na experiência norte-americana essa ideia de fazer-a-si-mesmo existe lado a lado com uma grande riqueza de formas de associação, de ação cooperativa voluntária, estendendo-se, por uma série de círculos concêntricos, ao redor do perímetro do indivíduo e de suas preocupações. No entanto, a associação voluntária é comparada a uma irradiação da energia e da magnanimidade dos indivíduos que mantêm pé firme no território da sua própria existência. É uma forma de consciência que vem e vai embora, tornando-se mais forte ou mais fraca. Toma por certo, como seu cenário, a estrutura da vida social estabelecida, naturalizada como uma parte intrínseca de um esquema de liberdade organizada. É um espírito, enchendo, ou deixando de encher, um vaso institucional que ele não precisa e não pode remodelar, e que é, por sua vez, impotente de preservá-lo.

Casado uma vez com o naturalismo como uma doutrina filosófica, o pragmatismo casou-se de novo com esse perfeccionismo democrático como a expressão de um conjunto de atitudes nacionais. O preço do primeiro casamento foi reduzir a força dos temas subjacentes de agência, transcendência, futuridade e experimentalismo combinando-os com ideias que lhes são antagônicas. O preço do segundo casamento foi corromper a expressão e a radicalização desses mesmos temas nas mãos do que é de fato uma heresia ocidental. É uma heresia no sentido de que desvia e corrompe, a partir do seu erro, ao traçar a fronteira entre as características mutáveis e imutáveis de nossa existência, uma maneira de pensar sobre a humanidade e a história que, durante os últimos duzentos anos, tomou o mundo de roldão.

Embrulhada na linguagem do atraente experimentalismo liberal que a filosofia pragmática oferece, essa forma de consciência confina as promessas de democracia e progresso econômico a uma fórmula institucional dogmática – uma versão institucional particular da democracia representativa, da economia de mercado e de uma sociedade civil livre. E equaciona o projeto de emancipação e autorrealização individuais a um programa moral que nega ou representa erroneamente a relação entre a autoajuda e a solidariedade.

Assim, a heresia está agora armada e identificada com o poder dos Estados Unidos. É do interesse da humanidade resistir a ela e negar a seus defensores as prerrogativas de Constantino.

Se o pragmatismo deve levar adiante seus próprios temas animados de agência, contingência, futuridade e experimentalismo, é preciso que se livre de sua parceria com esse perfeccionismo democrático sectário, bem como de sua associação com o naturalismo. O resultado pode não se aparentar com a filosofia pragmática que a história nos ofereceu. Ainda assim, merece o nome de pragmatismo, se algo o merece, porque ele fala ao que, desde o início, importava mais e tinha mais promessa, naquela tradição do pensamento.

# 5. A concepção central: cerceamento, incompletude, resistência, reinvenção

## Uma concepção de humanidade

O futuro da filosofia reside no desenvolvimento de uma inquietante concepção da humanidade – da ação, do pensamento e do potencial humanos. É inquietante tanto por contradizer muitas das nossas maneiras consagradas de pensamento como por implicar uma crítica radical da sociedade e da cultura na forma como estão hoje estabelecidas. Em outro sentido, porém, essa concepção também é ortodoxa: resulta da generalização e do aprofundamento de algumas das tendências mais características do pensamento nos últimos duzentos anos. Se a tradição pragmática tem alguma reivindicação especial de falar por essas tendências, essa autoridade reside na veemência com que atacou alguns dos obstáculos intelectuais ao seu avanço. O que está em jogo numa discussão sobre a radicalização do pragmatismo é, portanto, o futuro desses impulsos no pensamento e seu significado para a sociedade.

Não podemos apreender o caráter dessa visão da humanidade sem apreciar a reversão das prioridades intelectuais sobre as quais ela repousa. A filosofia dos antigos pressupunha a superioridade do impessoal sobre o pessoal. A realidade impessoal era tida como o tema de nosso conhecimento mais confiável e também a fonte de nossos valores mais fortes. O próprio divino era retratado segundo esse modelo de realidade impessoal, mas fundamental, e a representação antropomórfica de Deus era descartada com uma concessão ao vulgar.

Houve tempos em que a autoridade superior e a realidade do impessoal encontraram expressão em opiniões que afirmavam a realidade do mundo fenomenal, e em outras ocasiões em ideias que representavam os fenômenos como expressões diluídas de modelos mais ocultos e mais reais. Colocando, como o faziam, a realidade e o valor finais longe das preocupações imediatas do agente perturbado e empenhado, tais crenças desvalorizavam a transformação e a autotransformação por meio do embate. Buscavam para a mente e para o eu o distanciamento, a serenidade e a invulnerabilidade que associavam com o divino.

Os movimentos religiosos, morais e estéticos que modelaram nossa civilização e a partir dela colocaram o mundo em fogo reverteram totalmente essa prioridade. Eles têm afirmado a precedência – em fato, em conhecimento e em valor – do pessoal sobre o impessoal. É nosso próprio mundo – o mundo que criamos por meio da ação – que podemos entender mais íntima e confiantemente; o resto da realidade nós dominamos apenas por meio de um embuste que não podemos evitar e no qual não podemos confiar. Tendo feito nosso próprio mundo, nós não podemos refazê-lo. Podemos, como Marx disse, "fazer as circunstâncias dançarem cantando para elas sua própria melodia".

Essas mesmas tendências em nossa civilização repudiaram a ética de invulnerabilidade que forma o elemento mais constante e universal no reflexo moral das culturas elevadas através da história. Em seu lugar, elas colocaram a ideia, tão persistentemente explorada em algumas das literaturas mais características do Ocidente moderno (tal como o romance do século XIX), de que o indivíduo desenvolve uma personalidade forte e independente, eleva-se acima de si mesmo e se faz mais divino por meio do conflito com a sociedade e dentro de si mesmo. O caminho para a autopossessão e a autoconstrução passa através de um rebaixamento seletivo das defesas, a criação de zonas de vulnerabilidade recíproca exacerbada.

Um serviço não menos importante que a democracia presta à humanidade é criar um clima mais favorável a tal exploração. Ela o faz tanto por meio de seu assalto sobre as formas extremas e entrincheiradas de desigualdade como por abraçar a ideia da capacidade dos homens e mulheres comuns para a transformação e autotransformação.

Dentro daquela compreensão do mundo, do indivíduo, da sociedade e do pensamento, podemos desenvolver melhor esse impulso revolucionário em nossa civilização submetendo a teste suas credenciais e acompanhando suas consequências? O pragmatismo que vale a pena salvar e radicalizar é apenas outro nome para a filosofia que assume tal questão como sua.

O elemento mais perturbador na empreitada filosófica é o seu primeiríssimo lance: a afirmação da primazia do pessoal sobre o impessoal, a determinação de começarmos de onde estamos, em nosso mundo humano. Debates sobre o pragmatismo enfatizaram as disputas tradicionais sobre a objetividade do conhecimento e a autoridade da ciência natural. Abordaram os problemas levantados sobre a filosofia pragmática como se fossem meras variações sobre controvérsias familiares em relação ao ceticismo.

É menos nessas variações, porém, do que nas implicações da reivindicação da prioridade do pessoal sobre o impessoal que podemos encontrar tanto o que é mais intrigante quanto o que é mais promissor sobre o pragmatismo e ao seu significado e a suas bases, aos quais logo voltarei. Se apenas pudéssemos levar essa reivindicação até o fim, a relação do pragmatismo com o ceticismo apareceria sob outra luz. O ceticismo pode ser administrado por um conjunto de contralances testados pelo tempo. Uma vez radicalizado, porém, o pragmatismo só pode ser contido pela reversão da ascendência pagã do impessoal sobre o pessoal, uma ascendência que o Ocidente – e o mundo inteiro no seu rastro – vem há muito tempo tentando derrubar.

O HOMEM DESPERTADO

## Elementos de uma concepção

Três ideias sobre o eu e sobre a humanidade em sua relação com os cenários institucional e discursivo de ação são centrais para tal programa filosófico. Nós interpretamos mal essas ideias se não as conseguirmos ver em relação uma com a outra. Eu as reputo, cada uma delas, como concepções do eu individual e como visões de nossa humanidade.

A primeira ideia é que temos nosso ser no particular: corpos particulares, bem como sociedades e culturas particulares, modeladas por arranjos e crenças distintos. Não existe nenhuma forma natural e definitiva em nosso ser individual e social, nenhum espaço extrínseco até o qual, por um ato de transcendência intelectual e moral, pudéssemos viajar para fazer um melhor julgamento do particular. Num certo sentido, só existem as particularidades.

Nosso equipamento para cognição e ação está embebido em particularidade; ele é mais adequado para a escala temporal e espacial em que um ser mortal, corporificado, deve agir. É um fato natural em relação a nós que só enxergamos sem ajuda o que está ao nosso redor e sentimos mais prontamente o que nos ameaça ou deleita aqui e agora. A maioria dos nossos pensamentos está atrelada a nossas ações, precedendo-as como batedores ou seguindo-as como historiadores e juízes.

A segunda ideia é que os cenários habituais de ação e pensamento, especialmente como organizados pelas instituições da sociedade e pelas convenções da cultura, são incapazes de nos conter. Embora eles nos modelem, nunca nos modelam completamente. Mesmo quando não nos convidam a desafiá-los e a mudá-los, nós podemos, no entanto, desafiá-los e mudá-los. Sempre persiste em nós um resíduo ou um excesso de capacidade indomada e inexaurida.

Essa transcendência do eu sobre suas circunstâncias formativas ocorre em todo departamento da experiência humana. Num polo de um espectro de experiência possível, acontece em nossas ideias mais abstratas e gerais – na matemática, por exemplo, onde nossos poderes de descoberta e invenção ultrapassam nossa capacidade de colocar nossos conceitos sob o controle de um conjunto de axiomas fechado e completo. O outro polo daquele espectro ocorre em nossa vida social e cultural, quando, por exemplo, sob a égide de um regime particular de contrato e propriedade, criamos formas de cooperação que sugerem, antecipam ou até mesmo exigem um conjunto diferente de regras de contrato e propriedade.

O caráter impenetrável da mente e do eu individuais é repetido na experiência da humanidade como um todo. Nenhuma lista possível de ordens sociais e culturais exaure os poderes coletivos da espécie. A sucessão histórica de tais ordens nunca culmina numa reconciliação plena e definitiva entre o espírito e a circunstância.

O desajuste perpétuo entre nós e nossa situação é prefigurado nos fatos mais básicos de nossa constituição natural, a começar pela plasticidade do cérebro e pela relativa abertura e desorientação de nossos impulsos mais elementares. Ele ecoa através de todo nível de nossa experiência, incluindo nossos projetos mais ambiciosos no pensamento, na política e na arte. Sua expressão suprema no domínio das ideias é a noção do infinito. Que um ser falho e finito, levando uma vida efêmera em meio à ignorância impenetrável quanto ao sentido de sua existência e dos alcances exteriores da realidade, tivesse uma ideia do infinito em si como algo que o elevaria, que ele devesse transacionar com essa ideia em termos tensos, porém íntimos, que devesse experimentar sua relação com outros indivíduos como capaz e sendo transfigurada pelo anseio infinito, anseio que nada e ninguém pode aplacar – tudo isso testemunha o quanto o estigma de nossa humanidade nos marca.

A fina textura de nossa experiência lembra-nos a mesma verdade de nosso desajuste e mostra como esse desajuste pode se tornar uma fonte de poder. Temos de entregar muito de nossas vidas para a rotina e a repetição. Repetimos porque o tempo e a capacidade são escassos. Incorporamos em máquinas tudo aquilo que podemos repetir e submeter a uma fórmula. A repetição libera energia e tempo para aquilo que ainda não sabemos repetir. Facilita o avanço rumo à penumbra do novo. Nosso interesse é acelerar essa oscilação, usando o repetitivo para servir ao irrepetível.

Não aceleramos o tempo desse procedimento meramente em função de seus benefícios materiais e morais. Nós o aceleramos em função dele próprio, vale dizer, em função da experiência de domínio sobre os termos de nossa existência e da intimidade com o infinito que ela torna possível. O instrumento filosófico dessa aceleração é um pragmatismo radicalizado.

A terceira ideia é que podemos fazer mais do que inovar no conteúdo de nossos contextos social e cultural. Podemos inovar também no caráter de nossa relação com eles: podemos mudar a extensão em que nos aprisionam. Não só podemos fazer isso, mas precisamos fazê-lo se quisermos concretizar nossos mais poderosos interesses em progresso material, na liberação dos indivíduos de uma divisão e hierarquia social entrincheiradas e na criação de um mundo que seja capaz de nos reconhecer e apoiar como os agentes transcendentes do mundo que sabemos que somos.

Nossas atividades recaem em duas classes. Algumas atividades são realizadas dentro de uma estrutura de organização e crença que tomamos por dada. No limite, a estrutura permanece incontestada e até mesmo invisível. Nós a naturalizamos ou santificamos, tratando-a como fato natural ou imperativo sagrado o produto coletivo de nossas próprias mãos. Outras atividades são desafios à estrutura. Tais atividades modificam a estrutura da única maneira que pode ser comumente modificada: peça por peça e passo a passo.

A sociedade e o pensamento podem ser organizados para aumentar a distância entre os afazeres comuns que realizamos dentro dos limites estabelecidos e os atos especiais a partir dos quais redefinimos esses limites. Quando aumentamos essa distância, a transformação depende do trauma: a ruína se torna a condição de mudança. Alternativamente, a sociedade e o pensamento podem ser arranjados para encurtar essa distância. Nós encurtamos a distância arranjando nossas práticas sociais e discursivas de modo que a transformação das estruturas se torna uma extensão constante da maneira como conduzimos nossos afazeres comuns. A transformação se tornará menos dependente da crise. Será tornada banal e sugada para dentro de nossa experiência cotidiana.

Nós dividimos a diferença entre estarmos dentro de uma estrutura particular que decide por nós o que devemos fazer e estarmos fora de tal estrutura, forçados a decidir tudo por nós mesmos. É a segunda coisa mais próxima da divindade que nos é negada. Como não podemos habitar o contexto de todos os contextos, o espaço natural e definitivo da razão e da sociedade, podemos pelo menos criar uma estrutura que ajude a nos impulsionar para fora além de si mesma.

O encurtamento da distância entre as atividades preservadora-do-contexto e transformadora-do-contexto é o preço do progresso prático, incluindo o crescimento econômico e a inovação tecnológica. Cria-se um cenário em que a cooperação experimentalista pode florescer. Aumenta nossa liberdade de recombinar pessoas, máquinas e práticas à luz da oportunidade emergente. É um requisito para libertar o indivíduo de uma hierarquia e divisão fortemente arraigadas: qualquer esquema de papéis sociais rígidos depende, para a sua perpetuação, da naturalização ou da santificação dos arranjos que o reproduzem. E oferece uma oportunidade para uma experiência fundamental da liberdade e do fortalecimento: a experiência de não ter de escolher entre a fidelidade a nosso eu que transcende o contexto e o engajamento com um mundo particular.

Um pragmatismo radicalizado é a ideologia operacional do encurtamento da distância entre as atividades preservadora-de-contexto e transformadora-de-contexto. É assim um programa de revolução permanente – porém um programa concebido de tal maneira que a palavra "revolução" é roubada de toda sobrenaturalidade romântica, e reconciliada com a cotidianidade da vida como tal.

Nossos atos de ir além do contexto institucional ou discursivo estabelecidos a partir de nossos pensamentos e ações habituais nos deixa numa condição que pode ser descrita com igual justificação como estando perdida e sabendo mais claramente o que fazer. A naturalização dos arranjos e crenças formativos empresta à existência e ao pensamento comum uma qualidade de compulsão narcoléptica. Esquecemos os propósitos de nossas atividades e nos entregamos a elas como se fossem autodirecionáveis. As regras de engajamento e sucesso se tornam incorporadas à estrutura. Quando pensamos os pensamentos ou praticamos as ações que a estrutura não permite, demonstrando que existe sempre mais em nós do que pode existir no cenário organizado de nossa ação, nós privamos aquelas regras de um pouco de sua força.

Onde, nesse momento da transgressão, podemos encontrar orientação? A resposta é que nós a encontramos por meio de um lance duplo. Não podemos mais entender nossos interesses e ideais como os entendíamos quando estávamos agindo seguramente dentro da estrutura. Exploramos o que significam agora que mudamos algumas das pressuposições institucionais ou conceituais com base nas quais vínhamos agindo. Tentamos fazer o propósito sobreviver ao seu cenário familiar. No entanto, não podemos renovar sua vida sem reformar seu conteúdo. Ao mesmo tempo, deveríamos perguntar a nós mesmos o que fortaleceria mais nosso poder revisionista no pensamento e na sociedade.

As ideias no centro de um pragmatismo desacorrentado equivalem a uma maneira de pensar sobre nossa relação com todos os contextos habituais de nossa ação. Quando julgamos o valor de qualquer iniciativa, deveríamos levar em conta seu efeito sobre essa relação. Deveríamos perguntar se ela aperfeiçoa ou se mina nossos atributos de agência, transcendência, futuridade e experimentalismo.

Deixem-me dar um exemplo tirado da organização institucional da política democrática em vez de tirado da organização metodológica da ciência natural. É um exemplo apropriado a oferecer, dada a prioridade do pessoal e do social sobre o impessoal e o natural na definição de um pragmatismo radicalizado.

Considerem uma série de propostas interligadas para a reorganização da política democrática. Voltarei a essas propostas em maior detalhe mais tarde, como parte do programa de reconstrução social. Aqui eu as apresento como instâncias de uma prática revisionista que pode mudar cada aspecto de nossa circunstância, parte por parte. Elas não formam um sistema indivisível. Reforçam, porém, uma a outra.

A CONCEPÇÃO CENTRAL

Nascem de preocupações semelhantes. Podem ser implementadas parte por parte e passo a passo através de um processo de desenvolvimento combinado e irregular.

Primeiro, sustentamos o objetivo liberal de fragmentar o poder enquanto repudiamos o objetivo conservador de desacelerar a transformação política da sociedade. Se nos defrontamos com um regime presidencial ao estilo norte-americano, por exemplo, proporcionamos mecanismos que permitem que dois poderes paralisados do governo rompam o impasse convocando eleições antecipadas para ambos os poderes do governo. Para exercer esse direito, teriam de correr o risco eleitoral. A partir desse expediente simples, transformamos o regime presidencial num dispositivo para acelerar a política democrática.

Segundo, introduzimos uma série de reformas que têm como seu efeito combinado um aumento no nível da mobilização popular organizada na política: financiamento público das campanhas políticas, livre acesso dos partidos políticos e movimentos sociais aos meios de comunicação de massa, regimes eleitorais designados para fortalecer os partidos. Elevamos a temperatura da política sem abandonar o compromisso com a organização institucional. Fazemos isso convencidos de que existe uma relação entre a fecundidade estrutural de uma forma de vida política e seu nível de energia; no entanto, também sabemos que energia sem organização permanece tanto efêmera como perigosa.

Terceiro, estendemos a compreensão e a prática do federalismo como uma forma de experimentação. Por exemplo, encorajar o desenvolvimento em unidades ou setores territoriais particulares da economia e da sociedade de contramodelos das principais diretrizes e soluções institucionais adotados na política nacional. Sob certas condições designadas para impedir abuso e opressão, localidades ou grupos podem optar por sair do regime legal geral e produzir outro regime. É como se a sociedade, avançando ao longo de um determinado caminho, salvaguardasse suas escolhas.

Quarto, nós aprofundamos a concepção e fortalecemos as ferramentas dos direitos humanos básicos. Para progredir em meio à inovação

O HOMEM DESPERTADO

acelerada, o indivíduo deve estar e sentir-se seguro num abrigo de interesses e capacidades vitais protegidos. Deve gozar de uma herança social de recursos básicos aos quais recorrerá em momentos decisivos de sua vida. As pessoas às vezes se encontram emaranhadas em formas localizadas de desvantagem e exclusão das quais são incapazes de escapar pelos dispositivos normais de ação individual. O Estado, agindo por intermédio de um poder separado do governo, especialmente organizado e equipado para esse propósito, deve ser capaz de intervir na prática ou organização particular, restaurando suas vítimas a uma condição de agência efetiva.

Mesmo a implementação parcial de um projeto definido por seu comprometimento com esses quatro grupos de reformas alteraria nossas concepções preexistentes de liberdade e igualdade políticas no processo de a elas recorrermos. No entanto, também alcançaria algo de sua autoridade e de sua orientação do serviço que prestaria a uma concepção de nossa humanidade – a própria concepção definida pelas três ideias que acabamos de discutir. Tal concepção não é em si constante. Tem uma vida e uma história, mas nenhuma essência permanente. Tira sentido e força das maneiras pelas quais a concretizamos na vida e no pensamento.

A filosofia do futuro é uma filosofia de como criamos futuros, futuros diferentes. A reorganização da política democrática é um exemplo da revisão de uma prática – um exemplo de um interesse sem paralelo porque lida com os termos de uma prática que estabelece os termos sobre os quais inovamos em muitas outras práticas. Nós nos fazemos mais divinos sem pretender escapar às circunstâncias definidoras de finitude e mortalidade.

## Atitudes filosóficas associadas com essas ideias

Essas ideias sobre humanidade implicam três atitudes filosóficas. Juntamente com as ideias, as atitudes formam o cerne do programa para o pensamento explorado neste livro.

## A CONCEPÇÃO CENTRAL

A primeira atitude é o comprometimento com o casamento da teoria e da ação. Nossas opiniões sobre o indivíduo (eu) e a sociedade – as opiniões que estão no centro do pragmatismo radicalizado – nunca são mais do que um aprofundamento das ideias de um agente comum na vida comum. Afrouxamos os laços que unem as ideias à ação e lhes damos maior generalidade, mas não chegamos a desatar esses laços. Não existe diferença fundamental entre a qualidade da autorreflexão no seio da atividade e o caráter de nossa especulação quando refletimos sem o imperativo da ação. O filósofo é o mestre dos segredos proibidos ao agente.

A continuidade de reflexão no contexto com a teoria contra o contexto não exime a atividade especulativa de uma pressão singular. É a tentação perene do pensamento especializado em identificar as rotinas de uma sociedade e as convenções de uma cultura com o modo como as coisas são correta ou necessariamente. Crises inesperadas nos refreiam, revelando o particular e o contingente pelo que são, privando-os da pátina da autoridade e da necessidade. Não deveríamos, porém, ficar à espera de sermos sacudidos para nos libertarmos de nossas superstições. Em vez de esperar, podemos imaginar. A imaginação faz o trabalho da crise sem a crise.

A segunda atitude é a rejeição da ideia espectral da possibilidade. Pensamos que antes que algo se tornasse concreto isso era possível. Como uma possibilidade ainda não concretizada, esperava como uma espécie de fantasma aguardando a deixa que o permitisse ingressar no palco da realidade.

Juntamente com essa visão espectral da possibilidade caminha a noção de que podemos pelo menos em princípio ser capazes de demarcar o horizonte externo dos possíveis estados de coisas dos mundos possíveis. O que quer que aconteça de fato em nosso mundo equivale a um subconjunto dessa realidade maior.

Do ponto de vista privilegiado da ação reflexiva, porém, o possível não é o antecedente do real, mas sua consequência. Algo novo emergiu no mundo, algo que podemos ter criado. Pode ter surgido em violação às regras da possibilidade e propriedade codificadas nos regimes preexistentes da sociedade ou do pensamento. Então rearranjamos nossa visão das restrições à transformação de certas peças do mundo. Esse rearranjo é a nossa imagem do possível. Corretamente entendido, é um resplendor que nós agora confundimos com uma luz anterior.

Assim, não podemos saber a partir de qualquer ponto da experiência histórica ou biográfica quais são os limites externos das formas de organização social e experiência pessoal. Se houver limites, provavelmente serão móveis. Para dar sentido à realidade do cerceamento, precisamos dar crédito ao poder da sequência e compreender as limitações impostas pela nossa constituição natural e pela nossa situação histórica. No entanto, não precisamos recorrer à ideia de um horizonte fixo de possibilidades.

Nossas ideias mais gerais sobre o eu e a sociedade surgem da extensão de nossa experiência local mais vívida, corrigida por uma lembrança estudada dos acontecimentos passados e da imaginação de uma direção futura. Tal imaginação nos mostra como podemos transformar o que temos em algo diferente e no que podemos transformá-lo: memória em profecia.

A ideia espectral da possibilidade resulta da antipatia para com o novo. O novo, segundo aquela ideia, não é completamente novo porque já se aproximava silenciosamente do mundo como o possível. É somente quando divorciamos o pensamento da ação que uma visão tão estranha à experiência do engajamento e da ação começa a se impor sobre nós como se fornecesse um antídoto às inevitáveis ilusões de um eu corporificado.

A terceira atitude filosófica é a desnaturalização dos objetos mais importantes – os materiais de que fazemos nosso mundo humano de sociedade e cultura. As estruturas institucionais e ideológicas que formam esse mundo não estão ali como objetos naturais com um único e invariável modo de ser. Elas existem mais ou menos. Sua qualidade de "coisa" – sua apresentação a nós como fatos naturais ou até como destino inescapável – é uma consequência de seu insulamento relativo contra o desafio e a mudança.

## A CONCEPÇÃO CENTRAL

Ao contrário de fatos naturais, esses fatos humanos podem existir mais ou menos. Quanto maior a distância entre nossas atividades preservadoras-de-contexto ou nossas atividades transformadoras-de--contexto, mais forte será o sentido de sua existência. Elas existem mais fortemente porque agimos e pensamos mais fracamente. A força sugada para fora de nós é injetada nelas. Quanto menor a distância entre nossas atividades preservadora-de-contexto e transformadora--de-contexto, menos claramente esses fatos estruturais existem. Somos fortalecidos porque eles são enfraquecidos.

A naturalização do mundo social é, portanto, uma alucinação que constantemente se transforma num aprisionamento. Não podemos escapar à prisão simplesmente pensando de modo diferente. Temos de reorganizar a sociedade e a cultura para nos tornarmos mais livres. Entretanto, pensar de modo diferente dissipa algumas das ilusões que nos mantinham escravizados.

As três atitudes filosóficas que invoquei e defendi têm o seu lar no mundo humano. Não podemos carregá-las para dentro de nosso pensamento sobre o mundo não humano ao nosso redor. Nossa incapacidade de fazê-lo é a fonte das antinomias do impessoal, consideradas mais adiante neste livro.

No mundo não humano, devemos divorciar a teoria da prática, com resultados que mergulham nosso pensamento em antinomias insolúveis. Através do experimento guiado pela teoria, podemos aliviar as consequências desse divórcio. Assim, produzimos na ciência natural uma representação pálida, mas poderosa, do vínculo íntimo entre reflexão e ação. '

Nesse mundo natural nos encontramos num domínio em que não podemos nem abarcar nem descartar a ideia espectral da possibilidade sem envenenar nossas ideias com confusão e contradição. Podemos tentar fazer sentido do mundo como uma realidade que é, em última análise, atemporal e, portanto, governada por leis a-históricas. Assim nos impomos o esforço desesperado de demarcar as fronteiras do possível. Embaraçados pelos paradoxos a que esse esforço nos impele, tentamos dispensar a ideia do possível como o nebuloso precursor do real, somente para descobrir que, ao fazer isso, fatalmente enfraquecemos as concepções de um universo em forma de lei. Voltando nossos pensamentos para a natureza, nos encontramos incapazes de dissolver as coisas nas ações das quais elas nasceram e, portanto, incapazes de distinguir entre os graus do ser.

As estruturas da sociedade e da cultura estão lutando, transformadas em pedra; elas são o que ganha existência à medida que interrompemos nossos embates práticos e ideológicos sobre a organização da vida na sociedade. Quando a luta entra em nova escalada, as estruturas se dissolvem na ação coletiva e na imaginação de onde nasceram. Quando criamos estruturas designadas para convidar sua própria reconstrução, nós os tornamos tanto instrumentos superiores de nosso poder como reflexos mais fiéis de nossa humanidade.

Encontramos na natureza paralelos a esse nascimento de estrutura a partir da ação destruidora e criadora das forças naturais. Aos poucos, aumentamos nosso domínio sobre essas forças. No entanto, quando as coisas na natureza se dissolvem, mesmo em virtude de nossa intervenção, não é em nós ou para nós que se dissolvem. Permanecem tão estranhas e alheias a nós quando despidas de forma como eram quando formadas.

# 6. Tempo e experiência: antinomias do impessoal

## A fonte das antinomias

O único mundo que podemos conhecer com imediação confiável é o nosso próprio mundo. Em relação a ele, ficamos, coletiva, embora não individualmente, na posição de Deus, o Criador. Suas estruturas imóveis são simplesmente os resíduos do que pode uma vez mais se tornar, a qualquer momento, nossas relações liberadas de um para com o outro. A partir dessa massa desimpedida de intersubjetividade, de testes recíprocos através das barreiras de corpos distintos e de consciências separadas, surgem as instituições da sociedade e os dogmas da cultura.

Nosso equipamento cognitivo é designado na escala deste mundo e do seu cenário natural imediato. No entanto, por ser marcado pelo atributo preeminente de plasticidade, de relativa indefinição funcional, de permanente inquietação diante da tensão entre o contexto limitado e o anseio ilimitado, de contenda inacabada, de capacidade exaurível apenas pela morte, nós avançamos além de nossos cenários imediatos.

O HOMEM DESPERTADO

Esse avanço – transcendência num vocabulário teológico – está implícito até mesmo em nossas experiências mais banais do entendimento e do desejo. Relacionamos detalhes a protótipos, e tentamos capturar o máximo possível de sua particularidade acumulando ou combinando esses protótipos. Com esses protótipos – nossos conceitos sobre tipos de coisas ou acontecimentos – nós extraímos o máximo possível da particularidade dos dados e eventos. No entanto, algo da particularidade não é capturado; não podemos dizer quanto. É por isso que chamamos os particulares de inefáveis. Esse horizonte cada vez menor dos detalhes, à medida que são perscrutados pelo entendimento, relembra a estrutura geral de nossa situação. Nossa relação com nossos próprios contextos de ação e pensamento organizados é análoga a essa relação dos particulares com o entendimento. Em nós, como nos particulares que o entendimento busca apreender, existe um resíduo inexaurível. Uma situação similar surge em nossas relações com outras pessoas. Tratamos a aceitação e o reconhecimento pela outra pessoa como um símbolo de garantia definitiva quanto ao nosso lugar no mundo, uma garantia que o outro nunca é capaz de prover. Exigimos o ilimitado do limitado.

Ao nos afastarmos desse teatro humano e voltarmos nossas mentes para a natureza distante, nossas ideias caem em contradições. Essas contradições são as antinomias da experiência. Não podemos resolvê-las. Nem, no entanto, somos inteiramente impotentes para lidar com elas. Podemos diminuir as restrições sob as quais elas colocam nosso insight e nosso poder, e restabelecer, em nossas formas de lidar com a natureza, uma versão mais pálida do conhecimento mais íntimo e completo que podemos obter de nosso próprio mundo. Essa operação de resgate torna a ciência natural possível.

A ciência natural, portanto, nos fornece um conhecimento menos perfeito do que o conhecimento que podemos ter de nossas próprias construções sociais e culturais, ou conhecimento de um do outro, ou de nós mesmos como refletidos no espelho da outra pessoa. No entanto, podemos diminuir sua imperfeição e aumentar seu poder por meio de certos expedientes contemporizadores. Em consequência, reduzimos a força das antinomias, embora não possamos sobrepujá-las.

Todas as antinomias do impessoal podem ser reduzidas a duas: a antinomia do tempo e a antinomia da objetividade.

## O impessoal e o pessoal

O entendimento das antinomias do tempo e da objetividade repousa em certa visão da relação entre nossa experiência de nós mesmos e nosso insight sobre a natureza. A tendência filosófica que anteriormente rotulei de naturalismo partilha com a filosofia perene a opinião de que o impessoal tem valor mais elevado – e permite um conhecimento mais seguro – do que o pessoal. Em certos aspectos importantes, o argumento deste livro, fiel a muito do que é mais distintivo e desconcertante na cultura do Ocidente moderno, qualifica e até mesmo inverte essa hierarquia de valor e insight. Agora é a hora de definir mais clara e precisamente o conteúdo e a base para esta qualificação ou inversão.

Nada nessa linha de raciocínio nega que somos parte da natureza. Nada nela faz apelo à existência de uma substância espiritual evanescente isenta da natureza e de suas leis. A questão é como abordar, da melhor maneira, a relação entre a natureza dentro de nós, quando a encontramos dentro de um mundo de iniciativa e conexão humana, e a natureza fora de nós, quando lidamos com ela além das fronteiras do nosso engajamento com os outros e com nós mesmos. Ao explorar essa relação, não contrastamos o humano com o natural; contrastamos a experiência natural da humanidade com a experiência humana da natureza.

Dois fatos – fatos naturais – desempenham um papel de comando em modelar a experiência natural da humanidade. Em virtude dos primeiros desses dois fatos, nosso conhecimento orientado pela ação tem uma vantagem sobre o conhecimento dissociado da ação. Em

O HOMEM DESPERTADO

virtude do segundo fato natural, a parte do conhecimento orientado pela ação que se dirige a nosso próprio mundo – o mundo humano – é capaz de conseguir uma penetração que nenhuma outra parte do nosso conhecimento pode alcançar. Juntos, esses dois fatos naturais sugerem razões para rejeitar a ideia de que o conhecimento mais confiável é o conhecimento do impessoal. Ao fazê-lo, eles contribuem também para o contexto das crenças que suportam o valor preeminente do pessoal.

O primeiro desses fatos naturais tem a ver com o caráter da mente como um dispositivo solucionador de problemas, construído na escala de um organismo agonizante. Nossas ideias obscurecem nossas ações, e nossas ações são comumente tomadas para aproveitar oportunidades e evitar perigos. Nessa escala humana, o pensamento enfrenta incessantemente a resistência imposta pela natureza que nos cerca e está incorporada em nós.

Não encontramos este mundo imediatamente, porque não somos um espírito incorpóreo e universal. Só o encontramos dentro do mundo brilhante de nossas percepções. E assim a filosofia debate se os pronunciamentos da percepção são símbolos confiáveis da natureza real do mundo ou apenas uma alucinação, exercendo autoridade pelo peso de sua própria consistência.

No entanto, nós prosseguimos, apoiando-nos num princípio de eficácia. Somos como pessoas cegas segurando bengalas para perceber os obstáculos à nossa frente. Nossas conjeturas bem-sucedidas são recompensadas ao não sofrer choques ou quedas e seguindo em frente até nosso desejado destino. Se a mensagem dos sentidos revela ou não a realidade, encontramos orientação e correção na resistência que a natureza impõe a nossas vontades – mas só no pequeno teatro em que somos capazes de atuar.

A mente não seria capaz de resolver problemas da maneira que a distingue se deixasse de ter os atributos que fazem dela uma atividade solucionadora de problemas tão diferente daqueles de uma máquina ou de um zumbi. Para resolver problemas a sua maneira, a mente deve ser capaz de representar uma situação como um todo; deve ser

TEMPO E EXPERIÊNCIA

totalizadora. Esse impulso de totalização é o que faz da consciência o que ela é. E como cada representação totalizadora dessas é incompleta e contestável – boa para algumas coisas e não para outras –, a mente, enquanto consciência, deve se confrontar sempre com um conflito de representações: com ambiguidade, dúvida e escuridão.

Para resolver problemas da maneira como os resolve, a mente deve também ser capaz de fazer movimentos que nunca fez antes, segundo regras que pode formular, se for o caso, somente depois de executá-los. Deve, em outras palavras, ser capaz de não se repetir. Esse impulso de surpresa, invenção e transcendência, quando combinado com o impulso totalizador, transforma a consciência no que chamamos de imaginação. Conta muito para que o poder da mente se dirija aos problemas da experiência orientada pela ação.

O segundo fato natural tem a ver com uma espécie de nosso conhecimento orientado pela ação: o conhecimento de nosso próprio mundo, da sociedade e da cultura. Deste mundo, podemos esperar um conhecimento que é diverso de qualquer outro porque é o conhecimento que o criador tem de sua criação. Tal conhecimento se conforma com um princípio de construção: podemos chegar a conhecer, com uma transparência sem rival em qualquer parte de nossa experiência, o que nós fizemos. Aqui, e somente aqui, podemos esperar abrir mão da bengala dos cegos e enxergar de olhos bem abertos.

A perspectiva divina que tanto a filosofia perene como o naturalismo moderno atribuem, em suas diferentes maneiras, a nosso conhecimento desinteressado da ordem natural se aplica, com muito mais propriedade, a nosso conhecimento humano do mundo humano. No entanto, ela não o faz automática ou regularmente; sua crescente aplicabilidade é o resultado de uma transformação bem-sucedida da vida social e cultural numa direção específica.

Os arranjos da sociedade e da cultura lutam petrificados; sobrevivem na interrupção ou na contenção do conflito prático e visionário. Quanto mais a sociedade e a cultura são organizadas para aumentar a distância entre nossas atividades preservadora-de-contexto e transformadora-de-contexto, tanto mais esses arranjos assumem a aparência de fatos naturais. Aparecem a nós como dados incontestáveis, como nosso destino coletivo. Na verdade, isso é o que, em certo sentido, eles então se tornam.

É só a partir de uma longa luta, ocupando grande parte da história da humanidade, que reformamos a sociedade e a cultura para diminuir a distância entre os movimentos comuns que tomamos por certos e os movimentos extraordinários pelos quais remodelamos aquele cenário, peça por peça e passo a passo. Um sinal do nosso sucesso é aquela mudança que se torna menos dependente da calamidade, e mais capaz de surgir de dentro para fora, como uma extensão de nossas atividades comuns.

Em alguma medida, a imaginação pode antecipar o movimento nessa direção e fazer o trabalho da crise sem a crise. Naquela medida, pode desnaturalizar as falsas necessidades da sociedade e da cultura, apresentando-as como as construções que elas são. Neste esforço, porém, não pode esperar que seja inteiramente bem-sucedida. A transmutação de nossas pressuposições institucionais e ideológicas em falsos fatos da natureza não é meramente uma peça de falsa consciência, capaz de ser dissipada por um ato de iluminação. É um fato real, produzido por instituições e práticas que permanecem entrincheiradas contra o desafio e a mudança, exceto quando forçadas por trauma externo ou por conflito comum, agravado até que escapa ao nosso controle. Os arranjos naturalizados da sociedade e da cultura são sempre parcialmente opacos – não só porque assumem a semelhança mendaz da natureza e representam o curso acidental de um conflito como racional e necessário, mas também porque exibem e facilitam o império dos mortos sobre os vivos.

Ao reformar a sociedade e a cultura para colocá-las mais plenamente dentro do controle da vontade transformadora, nós também as colocamos mais completamente dentro do alcance da imaginação transformadora. Na medida em que obtivermos sucesso – e só conseguimos sucesso intermitente e relativamente –, o princípio da construção – o conhecimento que o fabricante pode ter do seu arte-fato – se aplica com força maior. Nós nos tornamos maiores e mais livres, e gozamos de um insight mais profundo num mundo de nossa própria confecção.

A contrapartida ao princípio de construção em nossa consciência moral é o impulso da iconoclastia: recusando realidade incondicional e valor aos mundos contingente e falho que nós construímos, e afir-mando que existe sempre mais em nós, individual e coletivamente, do que poderá jamais haver neles. A expressão mais completa desse compromisso iconoclasta é o desenvolvimento de formas de vida e consciência que nos fornecem os meios e as oportunidades para resistir e reformá-las. Dessa maneira, eles nos livram de ter de escolher entre nos engajar sinceramente e manter a última palavra, de resistência e transcendência, para nós mesmos.

A criação de tais sociedades e culturas é uma conquista que se recomenda por seu poder de promover nossos interesses mais fun-damentais: não só nosso interesse no domínio sobre o contexto, do qual é a manifestação mais direta, mas também nosso interesse na recombinação experimental de pessoas e recursos em função do crescimento econômico, e nosso interesse na subversão permanente de todos os esquemas entrincheirados de divisão social e hierarquia, em benefício de nossa capacidade de nos darmos uns aos outros, como os originais radicais que todos acreditamos ser, em última análise, em vez dos ocupantes de um lugar reservado em qualquer desses esquemas.

A penetração que resulta menos plenamente do princípio de solucionar problemas e mais plenamente do princípio de cons-trução tem um custo. O custo é que o conhecimento prometido pela solução de problemas e construção é, para o bem ou para o mal, interessado. À medida que a penetração aumenta enquanto nos movemos do primeiro princípio para o segundo – do uso da bengala pelo cego para o insight que um criador humano pode ter de sua criação social e cultural –, assim também o significado do interesse aumenta com este mesmo movimento: o resíduo pragmático em nosso pensamento cresce. O que conhecemos acaba sendo contaminado pelo que queremos.

Nossas conjeturas solucionadoras de problemas, na escala em que o pensamento é capaz de acompanhar a ação, só têm o resíduo pragmático da bengala do cego: nós as julgamos por seu uso quando nos permitem seguir em frente sem sermos derrubados. As resistências que encontramos podem sustentar conjeturas alternativas, e a superioridade de algumas dessas conjeturas sobre outras pode mudar à medida que redirecionamos nossos esforços.

Nossas concepções de humanidade e sociedade contêm um resíduo pragmático num sentido muito mais radical. Não só nós as usamos como armas numa competição de interesses enredados em visões, mas também somos incapazes de expungir delas a qualidade de profecias autoexecutoras. Tomá-las como guias é dar-lhes algum grau de poder transformador. Esse poder não será ilimitado – os cerceamentos não reconhecidos dentro e ao redor de nós não se dissolverão sob a pressão de nossos desejos idealizados –, mas será real. Ele resulta de muitas fontes: que a ideia da sociedade – até mesmo a ideia de uma sociedade livre, baseada na cooperação entre indivíduos aos quais são garantidos a igualdade de oportunidade e o respeito – não tem nenhuma tradução singular e incontrovertida numa organização particular da vida humana; que nosso entendimento de interesses e ideais é relativo às práticas e instituições nas quais os imaginamos capazes de ser concretizados, de modo que há uma relação interna entre nosso pensamento sobre aqueles ideais e interesses e nosso pensamento sobre essas instituições e práticas; que a consciência é sempre individual e corporificada num organismo individual enquanto a sociedade e a cultura são construções coletivas, não imediatamente sob o controle da vontade e da imaginação individual; e, acima de tudo, que nenhuma de nossas formas de vida na sociedade e cultura exaure nossos recursos de insight e experiência, que sempre as transcendem.

## TEMPO E EXPERIÊNCIA

Por todas essas razões, nosso pensamento sobre o mundo que fazemos permanece para sempre mergulhado nas sombras da ambiguidade, da projeção, do engano e da autoilusão, a vontade mascarando-se como insight, a ideia esperando se tornar realidade. No entanto, todas essas máculas são menos a exceção à penetração especial que nós gozamos no domínio ao qual o princípio de construção se aplica do que o preço que temos de pagar para o exercício desse poder.

Suponham que deixemos o domínio de nosso conhecimento do nosso mundo fabricado, em que o princípio de construção, com sua promessa de insight vindo de dentro, é válido na medida em que conseguimos criar sociedades e culturas que nos dão os meios com os quais desafiá-las e mudá-las. Suponham que, tendo deixado esse refúgio da imaginação transformado em suas próprias criações coletivas, nós então continuemos viajando para longe do cenário de nossa experiência interior até atravessarmos as fronteiras de nosso conhecimento daquela parte do mundo natural em que nossos pensamentos continuam a obscurecer nossas ações. Finalmente, nos voltamos para fora em direção das realidades microscópicas ou macroscópicas que estão além do nosso alcance imediato. Esse é o território da ciência.

Devemos agora reproduzir as condições que nos permitem formar conjeturas confiáveis no mundo que possamos alcançar. Fazemos isso estendendo a bengala do cego pelas ferramentas ou instrumentos do cientista. Fazemos isso também realizando testes que simulam a experiência do cego quando toca obstáculos com sua bengala ou encontra seu caminho aberto formulando hipóteses segundo sua experiência de resistência ou avanço.

Antes que se possa tornar uma doutrina da filosofia natural ou uma hipótese de trabalho da ciência natural, nossa ideia de que toda a realidade é governada por uma trama de conexões causais representa um ato de fé. É um ato de fé em nossa capacidade de fazer sentido de toda a realidade de um modo que permanece em comunhão com aquelas experiências elementares de encontrarmos nosso caminho, com a bengala dos sentidos, em nosso mundo adjacente. Assim como o cego é recompensado ao alcançar o seu destino se fizer o melhor uso da sua bengala, o cientista é recompensado ao atingir resultados experimentais se souber como obter o máximo daquilo que suas ferramentas lhe permitem hipotetizar.

Quanto mais nos afastamos da atividade da vontade e da imaginação direcionada ao mundo humano que construímos, e então nos distanciamos até das partes da natureza que podemos tocar diretamente, apoiando-nos em ferramentas para estender o alcance de nossos sentidos e experimentos para ampliar o escopo de nossas colisões com a natureza, tanto maior será a probabilidade de que tal conhecimento, como somos capazes de atingir, seja contaminado por um inerradicável revestimento metafórico. A mais fundamental dessas metáforas será a ideia de uma causação universal em si, seguida por outras ideias familiares e gerais como força, matéria e energia. E assim como o resíduo pragmático que compromete a convergência ou objetividade do pensamento é maior precisamente onde podemos esperar ganhar o conhecimento mais incisivo – insight sobre os mundos social e cultural que coletivamente construímos –, também o revestimento metafórico é mais pesado quando nosso pensamento sobre a natureza é mais universal e ambicioso, porque mais distanciado de nós mesmos.

Essa contaminação do conhecimento pela metáfora, porém, será compensada por um desinteresse que é o lado reverso do interesse subjacente à existência do resíduo pragmático em nossas ideias sobre nós mesmos. Evidência e experimento podem ainda suportar representações, conjecturas e teorias alternativas. No entanto, nossa escolha entre elas será menos distraída por nossa aposta em fazer o mundo – nosso mundo – de um modo e não do outro. Podemos muito bem fazer essa aposta por causa de nossas pressuposições metodológicas, metafísicas ou teológicas, mas ela será mais fraca e menos evidente. Os critérios de sucesso serão simplificados. A convergência de um tipo que não podemos esperar em nossas crenças sobre a sociedade e sobre a humanidade será viável. (Somente quando, em rebelião contra o caráter fragmentário do conhecimento científico, insistirmos em buscar uma explicação para tudo e descobrirmos o que essa explicação significa para o nosso lugar no mundo é que emergirá o problema do resíduo pragmático com uma vingança dentro da própria ciência. Ao se tornarem mais abrangentes e menos tolhidas pela evidência e pelo experimento, nossas ideias sobre a natureza deixarão de ser projetos separáveis de nós mesmos.)

Podemos ser tentados a interpretar equivocadamente nosso sucesso limitado e distinto em previsão científica e controle tecnológico como um sinal de que vemos o mundo como ele realmente é. Podemos tentar esquecer que o vemos aprisionado na visão do organismo moribundo e alegar que o vemos com os olhos de Deus. Podemos então começar a tratar nosso conhecimento do mundo humano como uma forma mais nebulosa, mais controvertida de nosso modo de conhecimento mais confiável, convergente e progressivo da natureza e do universo.

A filosofia perene cometeu esse erro de uma forma. O naturalismo moderno a comete de outra forma. Chega a ser um equívoco delirante da nossa situação. Nosso desinteresse é o outro lado de nosso afastamento; vemos uma realidade distante através de um vidro escuro, incorporada em organismos moribundos, usando e abusando de poderes totalizadores e transcendentais da consciência, estendendo nossos sentidos através de ferramentas e de nossas experiências a partir de experimentos. Só podemos esperar descrever e explicar aquela realidade recorrendo a ideias que requerem muitas camadas de tradução numa linguagem que podemos usar para descrever o que encontramos no mundo próximo a nós: o mundo em que o pensamento permanece unido à ação.

Contra essa alucinação precisamos nos proteger com uma humildade que serve de contrapartida, em nossas ideias sobre a natureza e o universo, à iconoclastia que deveria inspirar nossas crenças sobre a sociedade e a cultura.

O HOMEM DESPERTADO

## A antinomia do tempo

A antinomia do tempo revela o conflito entre a realidade do tempo – o caráter histórico do universo – e a imagem causal do mundo. Suponha que o tempo seja uma ilusão, uma criação epifenomenal da subjetividade humana em vez de um atributo objetivo da natureza. Então não podemos, sem nos iludir, fazer julgamentos causais ou fornecer explicações causais de eventos. Pois todas as relações serão simultâneas. A verdadeira estrutura do mundo será uma grade de constrangimentos recíprocos simultâneos. Se chamarmos essa grade de causalidade, estaremos brincando com as palavras. O mundo verdadeiramente visto será uma multiplicidade eterna que só uma mente divina, livre das labutas da mortalidade e da finitude, poderá registrar. Pois não é apenas a causalidade que seria deixada sem fundamento; a própria vida, como a experimentamos – nossa passagem aterrorizada e ofuscada do nascimento à morte –, seria uma alucinação.

Vamos supor, no entanto, que o tempo é real, percorrendo todo o caminho até a organização final da natureza. Então poderemos fazer julgamentos causais apenas num sentido muito limitado e revisto. O universo não terá leis permanentes para informar tais julgamentos. As regularidades semelhantes a leis sobre as quais baseamos nossos relatos serão só relatos aproximados e provisórios de certos estados do universo. Esses estados serão limitados no tempo, ainda que durante um tempo muito longo. Houve um tempo em que essas leis não se aplicavam, nem ao menos aproximativamente, e haverá outro tempo em que elas não se sustentarão mais.

Se afirmarmos que leis de ordem superior governam a sucessão de estados do mundo e suas leis transitórias, invocaremos a existência de outra realidade acima do universo atual. Imaginamos que essa realidade superior não está envolvida no tempo.

Quando aceitamos a noção de que o tempo cumpre o seu percurso até o fim e que não há nada que ele não invada e devaste, não excluímos o direito de fornecer explicações causais num sentido drasticamente revisto. Generalizamos analogicamente a partir de estados particulares do universo, localizados no tempo. Dizemos que enquanto certas características definidoras desses estados permanecem estáveis, certas regularidades com aspecto de lei se impõem. No entanto, percebemos que, mesmo quando invocamos tais regularidades a fim de estabelecer uma base para nossas explanações causais, elas podem estar no processo de serem desfeitas.

Uma ordem econômica e social, uma vez estabilizada pela interrupção do conflito em torno de suas fundações institucionais e ideológicas, exibe relações regulares. Se permitirmos que essa ordem seja naturalizada e se perdermos de vista nosso poder de desafiá-la e modificá-la, podemos ser tentados a confundir suas rotinas com as leis universais e eternas da organização social e econômica. Quando repudiamos tal mistificação, só podemos pensar na transformação ou na sucessão das ordens por inferência do registro da experiência passada e pela intimação profética da oportunidade transformadora não realizada. Tal é também o caráter que o nosso pensamento sobre a natureza deve assumir – embora com menos intimidade e confiança do que nosso pensamento sobre a humanidade – se o tempo cumpre realmente o seu percurso até o fim.

Nossa visão convencional da causação, portanto, não faz sentido. Pois ou a causalidade é, como o tempo em si, uma ilusão, ou, devido à realidade do tempo, carece de um chão além do tempo. Pensar causalmente deve ser então, na melhor das hipóteses, pensar através de uma série de círculos concêntricos, de ondulações que se espraiam, ao redor de nossa experiência imediata. O terreno intermediário em que o tempo existe, mas não demais – em que ele é mais do que ilusão, mas menos do que um mestre – quando não apenas um desejo. É um desejo de escapar à tirania do tempo sobre o pensamento, uma vez que não podemos escapar à sua tirania sobre a vida.

No mundo humano, nós podemos e, de fato, resolvemos a antinomia do tempo nos agarrando ao seu outro lado. A história da teoria social demonstra que até mesmo em nosso pensamento sobre a sociedade e o

O HOMEM DESPERTADO

eu nós não chegamos facilmente a essa aceitação do caráter histórico do nosso ser. Mas chegamos a ele, de qualquer modo.

Não podemos resolver a antinomia do tempo enquanto ele infecta nosso entendimento da natureza. No entanto, podemos atenuar sua força desenvolvendo numa ciência natural uma contrapartida diluída ao nosso entendimento histórico da humanidade. É um acidente do desenvolvimento histórico da ciência moderna, mais do que uma revelação de qualquer característica profunda e persistente da ciência, que a quantificação de Galileu Galilei e a mecânica newtoniana precederam a história natural darwiniana. Então a cosmologia começou a nos acostumar à ideia de que o universo em si tem uma história. O fracasso de aceitar plenamente essa ideia da história natural do universo permite que nos agarremos ao preconceito de que uma física não histórica pode lançar as fundações do conhecimento científico.

Se o universo teve um começo, em que ponto as leis que agora associamos à sua operação entraram em vigência? Salvar a atemporalidade do tempo recorrendo à concepção de leis de ordens mais elevadas é compor o preconceito com uma defesa especial. Pois como podemos inferir as supostas leis de todos os mundos possíveis exceto por extensão do mundo que de fato existe?

Levar a ideia da história natural até o fundo, expandindo seu escopo da história da vida à história do universo, equivale a enfraquecer as barreiras entre nosso pensamento sobre a natureza e nosso pensamento sobre nós mesmos. É o mesmo que trazer o primeiro para mais perto do segundo, e a vê-lo na forma de conhecimento mais transigente e obscura que de fato é.

## A antinomia da objetividade

A segunda antinomia da qual nossa experiência do impessoal se torna vítima é a antinomia da objetividade. A força dessa antinomia

TEMPO E EXPERIÊNCIA

mina nossa confiança na capacidade de tomar nossa percepção do mundo como uma representação da realidade. É para a definição e possível resolução dessa antinomia que se dedicou muito da filosofia ocidental, desde David Hume e Kant. Eu o reafirmo aqui, com o propósito de explorar mais as implicações da visão de que nosso conhecimento da natureza se torna mais confiável somente à medida que vem compartilhar alguns dos atributos de nosso conhecimento da humanidade.

Se pensarmos nas implicações de nossas ideias causais sobre o mundo, nos veremos levados à conclusão de que o mundo como o enxergamos e experimentamos é apenas o mundo transmitido a nós por nosso aparato neurológico e perceptual. É um fantasma interno fornecido a nós pelo mundo em si – o mundo como Deus o veria e conheceria. Não só enxergamos de um ponto para o exterior em direção a uma escuridão crescente, mas também nos encontramos aprisionados em corpos frágeis e mortais, dotados de um equipamento perceptivo construído na escala de nossa ação. Podemos estender o alcance desse equipamento através de maquinaria (as ferramentas da investigação científica), mas não podemos saltar para fora de nós mesmos.

No entanto, atuando e vivendo, abraçamos esse fantasma como uma manifestação da realidade do mundo. Creditamos a resistência que encontramos em nossas ações como uma verificação contínua da realidade. As ansiedades despertadas em nossas mentes pela suspeita do fantasma também nos parecem fantasmas, trazidos até nós por um esforço equivocado de chegar além de nós mesmos e de equacionar o acesso à realidade objetiva com a liberdade da condição de um ser corpóreo. Não podemos simultaneamente nos desligar dessa superação nem suportar suas implicações.

O medo do fantasma nos é imposto por nosso pensamento causal sobre a maneira como a realidade é traduzida na experiência de um ser corpóreo limitado – cada um de nós. Descrevemos a sombra lançada pela realidade sobre a subjetividade de um organismo. Só podemos comparar sombras a sombras. Assim, o mesmo pensamento causal pode ser parte do fantasma em que somos incapazes de confiar como uma revelação da realidade.

Agindo e vivendo, devemos depender da mensagem dos sentidos, administrada e corrigida por nossos experimentos interpretados. No entanto, a suspeita do fantasma é um evento que tem lugar dentro desse agir e viver. É uma consequência da consciência, não um delírio metafísico. Pois nossa consciência inclui o reconhecimento de nosso próprio estado corpóreo, uma conscientização de que não somos Deus. A ideia da objetividade ou realidade – a objetividade disponível a um ser corpóreo e finito, não a objetividade disponível a Deus – permanece dividida contra si mesma.

No mundo humano, resolvemos a antinomia da objetividade em favor da ação e da vida. O mundo fora de nós não é o mundo divisado do ponto de vista privilegiado das estrelas, mas o mundo visto da perspectiva de outras pessoas. Essa realidade externa, mas, mesmo assim, humana assume duas formas: a intersubjetividade – as relações entre as mentes – e a estrutura institucional ou ideológica – arranjos compartilhados e pressuposições com base nas quais tais relações têm lugar. Uma é a forma de vida social líquida, e a outra a forma sólida.

Essas formas gêmeas do mundo humano podem ser separadas de nós, ou nós podemos ser separados delas. Ainda assim, cada uma delas vem de nós e volta para nós: de e para o "nós coletivo", quando não para o "nós individual". Ao confrontá-las, nós não confrontamos uma realidade puramente externa à qual a antinomia da objetividade poderia se aplicar.

Vivemos refletidos na consciência e no reconhecimento uns dos outros, descobrindo-nos e aperfeiçoando-nos graças ao encontro com os outros. Nossa consciência de nós mesmos permanece vazia até que é preenchida pela memória de tais encontros. A intersubjetividade é interna à subjetividade.

As estruturas institucionais e ideológicas da sociedade são simplesmente os restos petrificados de nossas aventuras em associação e os monumentos de nossos embates temporariamente interrompidos. Então se tornam também os modelos dentro dos quais nossas atividades práticas rotineiras e discursivas se desenrolam. Podemos conhecê-las mais íntima e confiavelmente do que jamais poderemos conhecer coisas e acontecimentos na natureza; são os resíduos ejetados de nossos eus coletivos.

Essas estruturas podem vestir o aspecto ilusório da naturalidade. No entanto, podemos desnaturalizá-las. Podemos fazê-lo de uma maneira, intensificando e ampliando os conflitos que são interrompidos quando essas estruturas são construídas. E podemos consegui-lo de outra maneira: reorganizar as estruturas para que facilitem sua própria revisão, fortalecendo assim nosso poder sobre elas e através delas, e trazendo-as mais para perto de nós.

Nossas relações com esses esquemas institucionais e ideológicos organizados da vida e do pensamento normais geralmente passam por três estágios. No primeiro estágio há uma explosão de conflito e invenção. Esses são os momentos fundamentais da história, as épocas de reimaginação e reconstrução. Eles estabelecem para nós uma direção, uma agenda, uma visão de um futuro digno de se ter e da melhor maneira de alcançá-lo.

Esses não são momentos de revolução no sentido sonhador do século XIX – a substituição violenta e súbita, por atacado, de uma forma inteira de pensamento e vida por outra. São episódios de reforma revolucionária. Parte da estrutura estabelecida de arranjos e ideias é modificada. A mudança, porém, é suficiente para exigir um realinhamento de todas as partes não modificadas.

No segundo estágio, os conflitos fundamentais diminuem e as estruturas institucionais e ideológicas resultantes se apaziguam. Nesse período de luz e calor decrescentes, a tarefa das ideias gerais não é apenas organizar sistematicamente as implicações da agenda fundacional, mas prolongar sua vida e sua força na ausência dos

O HOMEM DESPERTADO

compromissos e dos conflitos a partir dos quais surgiu a agenda. Assim é, por exemplo, que uma teoria da justiça apoiada em termos aparentemente abstratos e não históricos poderá, na verdade, fornecer uma pátina de justificativa às realidades simples das reformas revolucionárias que trouxeram o acordo social-democrata da metade do século XX, com seu engajamento na redistribuição compensatória por meio de impostos e transferências e com seu abandono de tentativas mais radicais de reorganizar tanto a política como a produção. Tais teorias tentam fazer luz sem calor.

No terceiro estágio, o momento fundacional se afasta a uma grande distância da experiência presente para dirigir-se a ela com transparência e autoridade. Não pode mais falar eficazmente sequer através do veículo das doutrinas que trariam os mortos de volta à vida. Assim, as pessoas brigam, sem orientação, ou ficam à espera de que outra crise coletiva possa salvá-las da pequenez e da confusão.

Nenhum conjunto de inovações sociais e culturais é mais importante do que aquele que nos permite apressar a sucessão desses estágios, compactando-os um no outro. O domínio do contexto nos torna mais divinos e cria um cenário favorável ao avanço tanto de nosso interesse material na novidade prática como nosso interesse moral pela emancipação individual.

Esse relato da genealogia das estruturas sugere por comparação o sentido e a extensão em que podemos conter o fardo colocado pela antinomia da objetividade sobre nosso conhecimento do mundo natural. À medida que as doutrinas dos ideólogos revivem, no estágio do resfriamento, a radiância de uma agenda sombria da vida social e cultural, as práticas experimentais, ferramentas e ideias da ciência natural nos permitem levar ao nosso conhecimento da natureza traços do imediatismo e da intimidade de nosso conhecimento da humanidade.

Pois o traço característico da ciência experimental é combinar ferramentas e ideias de formas que nos permitam alargar o teatro do entendimento e da ação com que enfrentamos o mundo. Um

## TEMPO E EXPERIÊNCIA

experimento é uma intervenção nas transmutações da natureza para descobrir como as coisas funcionam, verificando no que elas se transformam sob várias condições de pressão. Mas somos nós que efetuamos a intervenção. Uma ideia experimental é a extensão especulativa de tal intervenção prática. Casando experimento com especulação, nós nos colocamos numa versão mais turva da circunstância do Criador. Nós refazemos a natureza ou a imaginamos refeita. Por esse expediente nos libertamos, ainda que de maneira parcial e tentadora, da suspeita de nossas crenças, e vivemos, uma vez mais, sem medo, à luz do real.

# 7. A realidade do tempo: a transformação da transformação

## O tempo é real

Não há verdade mais importante a reconhecer se queremos entender nós mesmos e nosso lugar no mundo.

A realidade do tempo não é uma platitude sem sentido; é uma proposição revolucionária, incompatível com muito da ciência e da filosofia tradicionais. Em particular, é um anátema para a filosofia perene, que toma como um princípio essencial a irrealidade do tempo. Para o ser divino e final, e para a mente na medida em que a mente participa de tal ser, todos os acontecimentos no mundo são, segundo aquela filosofia, simultâneos. Só existe um eterno agora.

No entanto, não é apenas a filosofia perene que resiste ao reconhecimento da realidade do tempo. As relações lógicas ou matemáticas entre proposições, ainda quando se referem a eventos que parecem ter lugar no tempo, parecem atemporais. Assim, depois de nos livrarmos da influência da filosofia perene, podemos continuar a encontrar uma conspiração contra o reconhecimento da realidade do tempo estabelecida na cidadela interior de nossa vida mental.

As implicações dessa divisão de nossa experiência não se limitam a nosso raciocínio lógico e matemático; elas se estendem também a nossas práticas da explicação causal. Desse fato, surge o que chamei antes de antinomia do tempo. Se o tempo for até os últimos limites, não existem leis atemporais da natureza. Cada lei tem uma história; cada uma delas muda. Assim, porém, nossos julgamentos causais são tornados instáveis e inseguros porque não existem leis permanentes que os endossem.

De certo modo que ainda resta explicar, as leis e os fenômenos podem mudar juntos. No entanto, não mudam miraculosamente, mas por um motivo. Por outro lado, se a realidade do tempo é superficial, se não vai até o fim, então a explicação causal deve ser limitada em seu alcance no mesmo grau e no mesmo sentido. Onde o tempo falha, a causalidade falha, e a simultaneidade assume.

Se o tempo fosse irreal, porém, nada em nossa situação seria o que parece ser. Pois cada faceta de nossa vida está encharcada no tempo. Agência, contingência, futuridade e experimentalismo não fariam nenhum sentido como aspectos importantes de nossa experiência. Nossas vidas seriam túneis de ilusão dos quais só poderíamos escapar, como recomenda a filosofia perene, identificando-nos com uma realidade oculta atemporal.

Se, no entanto, a resistência ao pleno reconhecimento da realidade do tempo tiver um apoio na natureza do nosso pensamento, pelo menos de nosso raciocínio lógico e matemático, mais do que apenas numa tradição filosófica que temos a liberdade de repudiar, encontraremos nossa experiência dividida contra si mesma. Como podemos entender essa divisão e dominá-la? Afirmar a realidade do tempo e apreender o que essa afirmação implica equivale a encontrar outro ponto de partida para o desenvolvimento de uma alternativa para a filosofia perene. Tal alternativa ficaria bem no quadro de um eu real, lutando pelo futuro num mundo real, um mundo de tempo, que ele não controla e mal chega a entender. Desenvolvo, sob a forma de cinco teses, uma visão da realidade do tempo e das consequências dessa realidade para nós.

A REALIDADE DO TEMPO

## A tese de que o tempo é a transformação da transformação

O tempo é o contraste entre o que muda e o que não muda. Mais precisamente é o contraste entre o que muda de uma maneira particular e o que não muda, ou o que muda de alguma outra maneira. O tempo é uma característica real do mundo porque esse contraste entre o que muda e o que não muda é uma parte importante do modo como o mundo é.

O tempo é, portanto, um produto de uma relação. O tempo é a relatividade da mudança: de alguma mudança relativa a outra mudança, ou à ausência de mudança. Segundo outra tese deste capítulo, tudo muda mais cedo ou mais tarde, mas não ao mesmo tempo ou na mesma direção, nem da mesma maneira. Numa definição equivalente àquela que define o tempo como o contraste entre o que muda e o que não muda, o tempo é, portanto, a desigualdade ou a heterogeneidade da mudança – dos seus índices, bem como de seu escopo e direção. Ao falar num contraste de índices relativos de mudança, no entanto, essa definição alternativa cai na circularidade; ela depende de uma concepção do tempo para definir a natureza do tempo.

Se o tempo é o contraste entre o que muda e o que não muda, como podemos medi-lo por relógios? Relógios são apenas dispositivos pelos quais marcamos intervalos num processo de mudança, relativamente a alguma ausência de mudança ou a alguma mudança de um tipo diferente.

Se o tempo é o contraste entre o que muda e o que não muda, ele é também a transformação da transformação. Se a mudança fosse uniforme em ritmo, escopo e direção, e tivesse desfecho predeterminado, não seria mudança. Não poderíamos cronometrar uma série de mudanças em relação à outra. O tempo não existiria, ou existiria num sentido vastamente diminuído.

Suponham que os progressos dos acontecimentos no mundo fossem governados por um conjunto único e imutável de leis. Suponham que aquela variedade em ritmo, escopo, direção e resultado fosse em si sempre governada por uma lei. Suponham ainda que as leis da natureza minuciosamente determinavam tudo que acontecia, ou aconteceria, até o fim dos tempos. Não haveria nenhuma subdeterminação dos acontecimentos e dos fenômenos pelas leis: as leis modelariam detalhadamente todos os detalhes. Acaso e catástrofe – incluindo a produção de vastas reversões a partir de perturbações relativamente pequenas – seriam excluídos.

Num universo desse tipo, o tempo seria muito menos real do que é num universo em que as leis da natureza têm uma história, modificando a mudança. Sob tal regime laplaceano, nós poderíamos prever o fim de todas as coisas no começo de todas as coisas, não só como seres que podem ser mais feitos à imagem divina, mas como seres capazes de atingir o discernimento de Deus. Para tal mente em tal mundo, a diferença entre a sequência causal dos acontecimentos e as relações matemáticas ou lógicas entre os conceitos se encolheria: a relação das consequências para com suas causas em nosso entendimento da natureza se assemelharia de perto à relação das conclusões de suas premissas em pensamento lógico e matemático. Sob certas interpretações dessas circunstâncias, ainda se poderia dizer que o tempo existia, mas muito precariamente. No entanto, aquele mundo não é o mundo real, e aquela mente não é a nossa mente.

Será que a realidade do tempo pressupõe a realidade do espaço ou de qualquer ontologia particular? Ela pressupõe apenas três proposições sobre o que existe: que não exista nada – o postulado da realidade; que só exista uma coisa – o postulado da pluralidade; e que as coisas que constituem a diversidade da realidade estejam em certa relação umas com as outras – o postulado da conexão. Os postulados da pluralidade e da conexão requerem maior elucidação.

Pode parecer, inicialmente, que se só houvesse uma coisa, essa coisa única poderia mudar sem prejuízo de sua unicidade. Haveria então o tempo. No entanto, a mudança não poderia ocorrer sem que ocorresse em partes específicas da unidade, e sem mudar a relação

A REALIDADE DO TEMPO

entre todas as suas partes. Assim, a pluralidade emergiria dentro da unidade; a unidade não seria mais, se chegou algum dia a sê-lo, simplesmente una.

Dos três postulados da realidade do tempo, o mais suspeito é o postulado da pluralidade. No entanto, não pode haver transformação da transformação se as coisas não estiverem de certa forma conectadas. O termo crucial aqui não é "conectadas"; é "de certa forma". Se o tempo for até o fim, as conexões existentes podem ter sua natureza mudada; na verdade, se a experiência e a ciência servem, elas mudarão. Não podemos prospectivamente demarcar o horizonte exterior dessas mudanças. O que parece ser uma desconexão na realidade natural, como na experiência social e mental, pode ser simplesmente prelúdio de conexão na nova forma. Nunca houve uma visão humana do mundo que dispensasse o postulado da conexão, nem – dada a qualidade totalizante da consciência, seu impulso de representar mundos – parece que jamais poderia haver. Mesmo sob uma interpretação simplificada e radicalizada da monadologia de Leibniz, por exemplo, as mônadas se conectam, se não por ação e reação direta, então por sua participação conjunta e organizada na inteligência divina.

Se o espaço é a organização da pluralidade, que é o significado do postulado da conexão, então o tempo pressupõe o espaço, mas o refaz continuamente. A física do século XX representou a espacialização do tempo. Poderia ter chegado mais perto da verdade sobre o mundo se tivesse explorado a temporalização do espaço. Seria, portanto, equivocado descrever o espaço e o tempo como sendo fundamentais no mesmo sentido ou no mesmo grau.

A ideia de que o tempo é fundamental – de que ele vai até o extremo final – seria equivocada se a entendêssemos como se significasse que o tempo é um demiurgo que cria algo a partir de nada. No entanto, o tempo não é um demiurgo; na verdade, não é uma coisa ou sequer um ser. A multiplicidade definida pelos postulados de realidade, pluralidade e conexão é ao mesmo tempo a condição do espaço e a condição do tempo. Ela é tempo-espaço.

O HOMEM DESPERTADO

Uma vez que nos guardemos contra o equívoco do tempo como uma coisa mais poderosa ou mais básica do que o espaço, podemos definir mais precisamente o significado da ideia de que o tempo vai até o fim. É simplesmente isto: não existe nada que não mude, incluindo a organização da conexão, que é espaço, e incluindo a própria mudança, e quaisquer leis que a possam governar. Essa ideia pode parecer inicialmente inatacável. Levá-la a sério, porém, equivale a exigir a rebelião contra algumas das pressuposições mais entrincheiradas sobre a ciência e sobre nós mesmos.

A mudança poderia abolir a si mesma. O mundo então pararia por algum tempo – o tempo suspenso –, mas só até que mudasse de novo num mundo cambiante. Em tal mundo não haveria vida e, portanto, mente. Sua imutabilidade, além de ser temporária, seria desconhecida.

Os três postulados – de realidade, pluralidade e conexão – podem inicialmente parecer constituir uma proto-ontologia, como se equivalessem a uma versão minimalista de um ensinamento como a metafísica do ser, de Aristóteles. Na verdade, porém, só são o prelúdio de uma ontologia quando lidos equivocadamente contra o contexto da história da metafísica clássica ocidental. Tudo o que dizem é: algo acontece.

A tese da realidade do tempo requer rejeição de todo o projeto de ontologia. O sucessor legítimo da ontologia é uma história da natureza, historicizando as leis da natureza, bem como os tipos de coisas e de relações que surgem no curso dessa história. O esforço para desenvolver uma teoria dos tipos de ser que existem em geral, não apenas num momento particular, trai a resistência ao reconhecimento da realidade do tempo.

Rejeitar um projeto de tal ontologia atemporal é negar que existe algo – tipos básicos ou espécies naturais de ser que escapam ao tempo. Não, nada escapa ao tempo, conforme sustenta a tese seguinte; nada é imutável e, portanto, atemporal. É nesse sentido que o tempo vai até o fim.

A REALIDADE DO TEMPO

No entanto, afirmar que o tempo vai até o fim não é desconsiderar a facticidade bruta do mundo. O tempo em si não poderia ter produzido nenhum dos três fatos – de realidade, pluralidade e conexão –, pressupostos pela tese de que o tempo é a transformação da transformação. Um mundo governado pelo tempo, entendido no sentido dessa tese, é um mundo de realidade, pluralidade e conexão, cheio de particulares que têm uma história particular porque são de um jeito e não de outro, e são o que são por causa da história de que resultaram. É também um mundo ao qual a ideia espectral da possibilidade deixa de fazer justiça.

Nesse mundo, é verdade que entendemos fenômenos ou estados de coisas somente imaginando as condições sob as quais podem se tornar outra coisa além do que são agora. No entanto, é também verdade que uma imensa distância separa o possível real, adjacente – que parte do mundo, ou o mundo como um todo, pode vir a seguir – de duas ficções intimamente relacionadas uma com a outra, que depreciam ou descontam a realidade do mundo.

Uma dessas ficções é a ideia espectral da possibilidade, com sua visão de mundos possíveis e de estados de coisas possíveis. Segundo essa visão, tais mundos e estados de coisas gozam de todo atributo do ser real, exceto a existência real. A outra ficção é a ontologia dos mundos possíveis, com sua afirmação de que o mundo real – o universo ou os universos que existem, existiram ou vão existir – é exatamente como aquelas entidades fantasmagóricas – os possíveis espectrais, não atualizados –, com a exceção de que ele veste por algum tempo a roupa da realidade.

Essas reflexões mostram que a afirmação da realidade do tempo faz causa comum com a afirmação da realidade do mundo. A realidade do tempo e a realidade do mundo – e seus atributos de pluralidade e conexão – são dois lados da mesma verdade.

Ao pensar sobre o tempo, inevitavelmente confundimos o tempo como uma experiência de progressão rumo à morte em nossas vidas finitas com o tempo como uma característica objetiva da realidade. A visão de que o tempo é a transformação da transformação pode ser mal orientada porque pode parecer desconectada com o que o tempo representa para nós. No entanto, podemos tirar sentido de nossa experiência encharcada no tempo e reivindicar a visão do eu e do seu lugar no mundo delineada nas páginas precedentes, somente se tratarmos a investigação sobre o tempo como uma investigação sobre o mundo, bem como sobre nós. Se a humanidade não existisse, o tempo existiria mesmo assim.

A insistência salutar na compreensão do tempo como uma característica da realidade, em vez de meramente um atributo de nossa experiência, prepara o palco para complicação e confusão. Precisamos apreender a conexão entre o tempo como parte da realidade externa e o tempo como parte da experiência interna.

## A tese de que o tempo rege tudo

Tudo muda mais cedo ou mais tarde. Essa proposição significa que as leis da natureza também mudam.

Algumas observações sobre a história da ciência moderna podem ajudar a explicar o conteúdo e o alcance dessa tese. A física do século XX derrubou a distinção entre os fenômenos do mundo natural e um cenário imutável de espaço e tempo contra o qual esses fenômenos ocorrem. O cenário tornou-se parte dos fenômenos.

Ao minar essa distinção, porém, a física do século passado sustentou o contraste entre um cenário invariável de leis naturais e um mundo físico em mudança. Para que a tese de que tudo muda mais cedo ou mais tarde se sustentasse, o que o pensamento fez em relação ao cenário ele deveria fazer agora com as leis imutáveis. Deve ser o caso de que as próprias leis mudem e que elas de certa forma mudem juntamente com os fenômenos que governam.

Essa ideia é desconcertante, mas não é desprovida de sentido. Que não seja desprovida de sentido fica demonstrado pelo fato de que já aprendemos a pensar dessa maneira sobre a história (na teoria social) e até mesmo sobre a vida (na biologia). Considerem um dos movimentos básicos feitos pelas teorias sociais clássicas do século XIX: a tentativa de reinterpretar como leis de um tipo particular de organização econômica e social aquelas que eram falsamente encaradas como leis universais da sociedade e da economia. Assim, Karl Marx atacou os economistas políticos ingleses por terem representado como universais e atemporais leis da economia que são de fato leis do capitalismo.

Ora, é verdade que na teoria social de Marx existem leis de ordem mais elevada supostamente governando a sucessão de sistemas econômicos e sociais e, portanto, governando também a sucessão das leis especiais que se aplicam a cada um desses sistemas. No entanto, aquela ideia de ordens mais elevadas é a primeira parte da teoria social de Marx abandonada por seus sucessores mais recentes. O marxista moderado que abriu mão da crença nas leis de ordem mais elevada, mas se apega à ideia de que diferentes ordens econômicas e sociais têm suas leis distintivas de operação e transformação, se encontra precisamente na circunstância intelectual que podemos ser tentados a considerar sem sentido, quando na verdade é meramente desconcertante.

A história do pensamento biológico moderno nos acostumou também a considerar que os fenômenos e as leis que os governam se desenvolveram ao mesmo tempo. Os fenômenos da vida e as leis que governam a vida são coevos. Antes de haver vida, nada havia ao que as leis pudessem se aplicar.

Vale a pena generalizar essa questão. A história da ciência moderna desenvolveu-se de tal maneira que inspirou um preconceito poderoso. A mecânica newtoniana e a quantificação de Galileu vieram primeiro e proporcionaram o modelo para o pensamento mais ambicioso e rigoroso. A biologia e a história natural passaram a ser vistas como uma física debilitada, e a ciência social como uma biologia debilitada. Essa história contingente das ideias ajuda a dar conta da facilidade com que abraçamos como preeminente e até mesmo universal uma visão do reino de leis atemporais que foi de fato meramente uma doutrina de um estilo de pensamento científico.

Não vamos substituir um dogma por outro: a visão da biologia como uma física debilitada e da história como uma biologia debilitada pela visão oposta da física como uma biologia crua e da biologia como uma história crua. Nossa atitude para com a relação entre os fenômenos e suas leis de reprodução ou transformação, e de ambas para com o tempo, deveria permanecer, na medida do possível, livre de influência pela história acidental do pensamento. Livres da sombra desta história, seremos então capazes de considerar sem preconceito a ideia de que as leis da natureza têm uma história.

Dizer que as leis têm uma história equivale a dizer que se desenvolvem juntamente com os fenômenos que governam. Não podemos colocá-las além do tempo; elas estão lá embaixo, no meio dos acontecimentos. As leis subscrevem conexões causais. O caráter dessas conexões, bem como seu conteúdo específico, muda juntamente com a mudança nas leis. Uma mudança de longo alcance e persistente o bastante não apenas substituirá uma causa por outra; ela alterará o modo e o sentido em que uma causa provoca o seu efeito.

Como tudo no mundo muda mais cedo ou mais tarde, inclusive as leis que governam a mudança, a natureza de contingência e necessidade também é suscetível à revisão. Estamos familiarizados com a ideia de que aquilo que significamos pela necessidade das relações mais necessárias varia segundo nossa visão de como a natureza funciona. Entre essas visões, nossas crenças sobre a história do universo têm importância especial. No entanto, não é apenas nossa compreensão da necessidade das relações mais necessárias que muda de acordo com nossas ideias sobre o funcionamento da natureza. É também a natureza dessa necessidade das relações mais necessárias que muda segundo as mudanças na maneira como o mundo realmente funciona.

O movimento de um conjunto de leis e fenômenos para outro não é imotivado e miraculoso simplesmente porque nenhum conjunto mais

A REALIDADE DO TEMPO

elevado ou eterno de leis paira acima dele, comandando, de uma vez por todas, a sua direção. No entanto, se o tempo for até o fundo, a natureza dá leis a si mesma à medida que avança. O caráter de toda conexão causal, elaborado no tempo, muda em conformidade.

Se a mudança das leis não ocorre por acaso, se não é miraculosa, não seria causada? E se é causada, não deve ter sido causada pelo que aconteceu antes? Uma mente penetrante e abrangente o suficiente anteciparia, juntamente com a transformação dos fenômenos, a transformação das leis. Teríamos resgatado algo da ideia das leis atemporais. O tempo, se não derrotado, seria pelo menos contido.

Esse quadro apresentaria uma visão muito empobrecida da natureza, porém. A natureza pode se desenvolver de uma maneira que uma estrutura surja, inicialmente por acaso, dentro dos limites impostos pela realidade preexistente, que então torna possíveis formas de autotransformação que não podem ser reduzidas aos simples opostos de necessidade e acaso. Tal evento na história do mundo foi o surgimento da vida. Se aconteceu dessa forma, que está próxima a nós e a nossas preocupações, quem irá dizer que não aconteceu e que não acontecerá de novo, em formas que seríamos incapazes de antecipar ou até mesmo descrever?

Essas ideias sobre a inclusividade do tempo são consistentes. Sua aparência de paradoxo desaparece assim que deixamos de lado os preconceitos que nos são sugeridos pelo modo como a ciência moderna parece ter-se desenvolvido. Mas são essas ideias verdadeiras? Elas são pelo menos tão compatíveis com nosso insight presente sobre a natureza quanto as crenças que limitariam o alcance do tempo e estabeleceriam um local para leis atemporais. Temos uma razão para preferi-las e, ao preferi-las, agir sobre elas – descrevem um mundo que é menos alheio a nós do que o mundo de outro modo seria, um mundo encharcado no tempo como nós, os destinados à morte, o somos. Além do mais, embora não possamos submeter essas ideias diretamente a um teste empírico, elas podem informar agendas de pensamento científico

O HOMEM DESPERTADO

sujeitas a tal investigação. Pela mesma razão, elas podem ajudar a inspirar conjeturas particulares em ciências particulares.

Por exemplo, uma característica intrigante do universo é a existência de certas constantes ou parâmetros com valores precisos, mas aparentemente arbitrários. Entre esses parâmetros arbitrários na física contemporânea estão as massas (e a proporção das massas) das partículas elementares, a potência das diferentes forças ou interações, a constante cosmológica (a densidade de energia do espaço), a velocidade da luz, a constante de Planck e a constante gravitacional de Newton. Esses valores, nas visões atuais, são arbitrários no sentido de que têm desafiado todas as tentativas de ser justificados com base nas leis da natureza que podemos hoje discernir. Não poderíamos supor que são os vestígios de estágios anteriores do mundo em que outras leis imperavam? Seriam então comparáveis aos monumentos de uma civilização morta, escritos nos hieróglifos de uma linguagem que ainda não aprendemos a decifrar.

Três desses parâmetros inexplicados – a constante gravitacional de Newton, a constante de Planck e a velocidade da luz – são intrinsecamente dimensionais: na medida em que deixam de variar, podemos tomá-los como definindo as unidades pelas quais medimos tudo mais – inclusive o tempo, a massa e a energia. Sua função como parte do equipamento pelo qual medimos o mundo poderá dar-lhes alguma isenção da questão importuna sobre por que cada um deles tem um valor em vez de outro.

No entanto, o enigma da facticidade bruta e irredutível então fica atado ainda mais fortemente aos demais parâmetros inexplicados. Esses parâmetros residuais são proporções sem unidades ou dimensões. O mistério de possuírem um valor em vez de outro acaba por nos encarar. (Se os parâmetros dimensionais variam, então as proporções de seus valores em diferentes ocasiões são também números sem dimensão, com o resultado de que o mistério se aplica a elas também.)

O enigma dos parâmetros inexplicados exemplifica um problema recorrente mais geral na história da ciência moderna: fenômenos indeterminados pelas leis da natureza, tal como podemos entender essas

A REALIDADE DO TEMPO

leis. Testemunhamos essa subdeterminação dos fenômenos pelas leis em muitos aspectos da ciência do nosso próprio tempo: por exemplo, na proliferação das "teorias em cadeia" na física das partículas. Um vasto número de tais teorias é compatível com fenômenos conhecidos e experimentos plausíveis.

Em geral, para tais problemas de subdeterminação existem três classes de soluções aparentes: a dialética do acaso e da necessidade; a inclusão do mundo real sob um leque de mundos possíveis; e o reconhecimento de que as leis da natureza mudam, com o correr do tempo, juntamente com os fenômenos que governam. A terceira classe de solução é meramente subdesenvolvida; as duas primeiras são radicalmente inadequadas. A falha que compartilham é sua incapacidade de lidar com a realidade e a inclusividade do tempo.

O que parece ser indeterminado pode ser atribuído à probabilidade: o rolar dos dados cósmicos. É uma solução que se torna cada vez menos satisfatória à medida que expandimos o escopo do trabalho explanatório que esperamos que ela realize. Essa solução pode ter uma inegável capacidade de ajudar a explicar eventos físicos e biológicos particulares. Expandida, porém, numa tese cosmológica, capaz de elucidar o valor inexplicado dos parâmetros aparentemente arbitrários, ela é tão incompleta que acaba se tornando inutilizável. É a metade, mais do que o todo de uma resposta, e faz pouco sentido sem a metade que falta.

Para justificar a metáfora dos dados, precisamos ser capazes de dizer como esses dados são ajuntados e rolados, e em que cenário de imutabilidade ou realidade cambiante a jogatina cósmica se desenrola. Nenhuma aposta estabelece seus próprios termos; uma explicação probabilística pode funcionar quando opera dentro de uma moldura determinada de outra maneira, não quando é usada para justificar a moldura mais geral de eventos naturais. Nessa vasta escala, fazer uso do pensamento probabilístico é substituir um mistério por outro.

O apelo a mundos possíveis apresenta nosso mundo real, governado pelas leis que conseguimos descobrir, como simplesmente um de um número indefinidamente grande de mundos possíveis. Tais mundos estão supostamente sempre entrando, ou saindo, de existência, sucessiva ou simultaneamente. Dessa visão surgem duas abordagens distintas ao entendimento do resíduo factual inexplicado ou subdeterminado.

Uma abordagem consiste em empurrar as leis da natureza muitos níveis para cima, atribuindo-lhes o papel de governar o que é comum aos muitos indefinidamente possíveis mundos em vez do que é peculiar ao mundo real em que nos encontramos. Sua relação com os fenômenos inexplicados seria então como a relação dos constrangimentos bioquímicos básicos e regularidades com os detalhes acidentais da história natural.

A abordagem alternativa consiste em empurrar a ideia dos mundos possíveis muitos níveis para baixo, na multiplicação de muitas maneiras diferentes em que os constituintes da matéria podem interagir. O modo como interagem em nosso mundo será então explicado por uma de tais possibilidades: a possibilidade que é consistente com nossa própria emergência. Leremos então as constantes aparentemente arbitrárias em nosso próprio mundo como parte do contexto indispensável para nossa emergência – convertendo assim, para nossa satisfação, a arbitrariedade em providência.

Em qualquer um desses dois modos, a invocação de mundos possíveis equivale a uma evasão, mais do que uma explanação do resíduo factual enigmático, incluindo os parâmetros misteriosos. Ela redescreve, em vez de resolver, o problema apresentado por aquela sobra e por aquelas constantes. Não fornece nenhum relato sobre por que alguns mundos possíveis, em vez de outros – em larga ou pequena escala – se tornam reais: o "princípio antrópico", que apresenta os valores dos parâmetros de trás para diante como parte da condição de nossa ascensão, se expõe a uma explicação ausente. O pecado intelectual dessa perspectiva latitudinária é a transmutação de um enigma científico em uma fantasia ontológica: a visão dos mundos possíveis. Sob o peso dessa transmutação, a ciência afunda na alegoria; o mundo real assume um pouco da não realidade dos mundos possíveis de modo que os mundos possíveis possam tomar emprestado um pouco da realidade do mundo real.

O resultado equivale a roubar o mundo daquilo que, para a ciência, bem como para a arte, deve ser seu atributo mais importante: que em toda a sua particularidade presente, passada e futura, ele é o que é, ou foi, ou será, dada sua história totalmente decisiva. O mundo real é o que é, não outra coisa. Quanto mais claramente aceitamos esse atributo, mais profundo ele se torna, em nossas ideias sobre o mundo, o abismo separando o ser do não ser. Os mundos possíveis da alegoria rejeitada forneceriam o tertius entre o não ser e o ser, e tornariam menos absoluto o contraste entre eles.

O fracasso dessas duas maneiras de lidar com o resíduo factual – a dialética da necessidade e do acaso e a inclusão do mundo real sob um agrupamento de mundos possíveis – nos leva a uma terceira posição. Segundo essa terceira tese, há facticidade porque há história, porque o tempo vai até o fundo e domina sobre tudo. Os fenômenos mudam, e assim as leis. Os parâmetros que observamos no mundo – alguns deles inexplicados pelas leis conhecidas do mundo observado – podem, segundo uma conjectura sugerida por tal visão, ser explicados pelas leis de um estado prévio do mundo.

Na analogia com o direito consuetudinário na história humana, algo da mudança natural é governado por leis, e algo é modificador das leis. Na analogia com uma maneira de pensar bem-estabelecida em certas tradições da teoria social, embora menos familiar na ciência natural, uma mudança descontínua pode resultar, nos pontos de ruptura de tal mudança, em leis modificadas.

Que as leis da natureza deveriam ser mutáveis, em vez de uma cortina de fundo atemporal para fenômenos imersos no tempo, é um fato que complica nosso entendimento da causação. As visões que se equivocam com a realidade do tempo, eximindo parte da natureza, se não apenas as leis que a governam, do alcance do tempo, tornam a ideia da causação incoerente, conforme minha discussão anterior da antinomia do tempo demonstrou. Em contraste, uma doutrina que reconhece as leis da natureza permanecendo dentro do tempo, em vez de fora dele, resulta em complicação, mas não em incoerência, para nossa noção de causalidade. Ao contrário, ela nos dá esperança de que possamos fazer sentido dessa noção e aperfeiçoá-la.

Um objetivo da argumentação deste livro é sugerir uma base sobre a qual consideremos a realidade do tempo, em todo nosso pensamento e ação, incluindo nossa prática científica. Temos uma aposta na generalização de tal visão: um dos resultados dessa generalização é mitigar a estranheza da natureza para com nossas preocupações humanas e experiência. Como nós, o mundo é aberto porque, como nós, ele não apresenta nenhum aspecto que o tempo não mude.

## A tese de que não há horizonte fechado de mundos possíveis

Não existe nenhum horizonte fechado de mundos possíveis, de estados de coisas possíveis, dentro dos quais possamos confiavelmente colocar o mundo real ou o atual estado de coisas. Os possíveis estados de coisas não são um antecedente atemporal do estado de coisas real; eles são simplesmente uma penumbra em torno do real.

São uma penumbra em dois diferentes sentidos: um, antropocêntrico, tendo a ver conosco; o outro, impessoal, tendo a ver com a natureza sem nós. O sentido antropocêntrico do possível é ser o que nós podemos chegar a ser, individual ou coletivamente, de onde estamos, com os instrumentos à nossa disposição. O possível é então o prenúncio de uma revolução grande ou pequena a ser operada por nós. É somente nesse sentido antropocêntrico que o possível tem um significado claro; um significado dentro do espaço estreito e iluminado daquilo que podemos ver porque pertence a nós.

O sentido impessoal do possível é aquilo que pode acontecer a seguir, dadas as leis que agora governam a natureza, mas dada também a maneira como as transformações governadas por essas leis podem

A REALIDADE DO TEMPO

resultar em mudanças nas próprias leis, diretamente, fazendo com que ocorram ou lhes permitindo ocorrer. Essa noção impessoal do possível é muito menos clara do que a noção antropocêntrica. É muito menos clara porque nós somos impotentes para perscrutar além do véu do tempo, até um começo e um fim, e traçar os limites ou a lógica dessa autotransformação das leis que tem lugar juntamente com a transformação dos fenômenos.

Segundo essa visão, as metamorfoses da realidade não acontecem dentro de um espaço de configuração fechado, um horizonte circunscrevendo possíveis estados de coisas. Aquela é parte do que significa para o tempo ser real e para ir até o fundo. É outra maneira de negar a ideia espectral da possibilidade: a ideia do possível como um fantasma à espreita do mundo e esperando por uma deixa para pisar no palco da realidade. É outro meio de afirmar que algo pode ser realmente novo, que o novo não é apenas a materialização do possível fantasmagórico.

A ideia de um espaço de configuração fechada está tão bem entrincheirada em nossa mente que pode parecer uma pressuposição de qualquer tentativa de fazer sentido da natureza em termos causais. Que ela não merece tal honra é mostrado pelo papel muito mais limitado e contestado que desempenha na história natural ou na biologia evolucionária, em contraste com a física moderna (na medida em que até hoje a física fracassou em levar plenamente a sério a ideia de que o universo e suas leis têm uma história). É também mostrado pelo fracasso de cada tentativa de basear a análise social e histórica na ideia de um espaço organizado de possibilidade humana. A mais notável dessas tentativas foi o apelo à ideia de uma estrutura profunda, apoiando uma narrativa magistral de evolução histórica. Suas afirmações características eram uma crença numa lista fechada de tipos alternativos de organização social e econômica, na unidade indivisível de cada um desses tipos e em forças com aparência de leis empurrando sua sucessão na história.

A ausência de um horizonte fechado de possíveis estados de coisas, em combinação com uma feição característica de nosso pensamento, produz um enigma relativo à explanação contrafactual. Esse enigma mostra uma vez mais quão confusas e equivocadas são nossas ideias familiares em relação à causação.

Se existisse um horizonte fechado de mundos possíveis, mudanças teriam lugar segundo um simples modelo de obediência a leis que distinguiria claramente entre as regras e os atos sob as regras. As regras seriam as leis imutáveis da natureza e os atos sob as regras seriam os fenômenos que as leis governam.

Como não existe tal horizonte fechado de mundos possíveis, a mudança ocorre segundo um modelo mais sutil: como no direito consuetudinário, em vez do direito estatutário. Sob esse modelo de direito consuetudinário, não existe distinção clara entre as regras e o comportamento a que elas se aplicam. Todo novo ato que se põe em cena definindo o que as regras são, ao mesmo tempo, ou vai se adequar a elas ou desafia aquilo que, em seu estado preexistente, tais regras eram compreendidas como sendo. A mudança modifica a mudança, e o faz de forma tanto contínua como descontínua, vale dizer, de formas que são em si suscetíveis a mudanças.

Para entender algo, precisamos imaginá-lo não só ausente, mas também transformado. Uma visão de como um fenômeno se comportaria, ou o que ele se tornaria, sob várias condições – é isso o que significa o entendimento dele. Conjectura causal contrafactual é assim indispensável para o aprofundamento do insight do mundo. É, no entanto, maculado por uma falha. Nós não podemos cancelar essa falha; ela está embutida nas condições do nosso entendimento. Só podemos revelá-la – e, ao revelá-la, conter seus perigos.

Entender algo é imaginá-lo mudado, vendo como e quando poderia mudar. No entanto, todas essas mudanças podem resultar numa mudança nas maneiras como as coisas influenciam umas às outras: elas podem mudar as leis. O erro comum da análise contrafactual construída sobre a explicação causal é supor que, quando mudamos parte do mundo – ou imaginamos a mudança –, tudo no mundo modificado continua operando pelas mesmas leis como antes. É como se suspendêssemos e substituíssemos parte da realidade, mas mantivéssemos todo o regime sob o qual a realidade funciona. Na verdade, o regime não pode ser mantido.

Para saber com certeza como o regime mudou, seriam necessárias regras de ordem mais elevada governando a mudança de regime, e assim por diante, para sempre, em regressão infinita. Se o tempo é radicalmente real, contudo, não há tais regras de ordem mais elevada, ou a certa altura elas deixam de prevalecer. O sistema não consegue fechar no topo, ou no exterior; não é, portanto, estritamente falando, sistema algum. O curso da investigação não para aí; ele continua, ainda assim, num território mais obscuro e acidentado.

Aqui confrontamos pela segunda vez o caráter paradoxal do pensamento causal sobre o qual precisamos nos apoiar para formar um quadro do mundo. A ideia comum, espectral, da possibilidade à qual regularmente apelamos no curso de nosso pensamento está em equívoco com o tempo. Se o tempo fosse ilusório, todos os fenômenos ou eventos seriam simultâneos. Causação e explicação causal se resumiriam, portanto, a ficções ou ilusões.

A ideia de um horizonte fechado de possíveis estados de coisas e a ideia espectral da possibilidade (estados de coisas como fantasmas espreitando o mundo, esperando a chamada para se tornarem reais), com a qual está intimamente relacionada, são tentativas de admitir que o tempo é real, mas apenas mal e escassamente. O mundo testemunharia transformação, mas não a transformação da transformação – pelo menos não no nível mais inferior. O tempo deixaria de ir até o fundo.

No entanto, esse princípio metafísico, embora possa ganhar o dia para nossa ideia equivocada da causalidade, parece cada vez menos compatível com o que descobrimos, apesar de nossas confusões causais, sobre a natureza. Como veremos em breve, ele contradiz as características mais notáveis e salientes de nossa experiência temporal. Ameaça até mesmo

O HOMEM DESPERTADO

ajudar a nos desarmar em nossos esforços no sentido de fazer um mundo para nós mesmos diante da natureza indiferente.

Considerar o tempo, porém, como plenamente real, rejeitando a noção espectral de possibilidade e a ideia do horizonte fechado de possíveis estados de coisas, é reconhecer que não existem leis atemporais para sustentar nossas explanações causais. Equivale a admitir que as conjecturas contrafactuais com as quais tais explicações devem funcionar nos negam qualquer terreno que não trema. É afirmar que o projeto de uma teoria causal unificada de tudo está equivocado, em princípio. Equivale a concluir que, embora possamos controlar as confusões de nossa visão comum da causalidade e de nossas práticas familiares de explicação causal, não podemos definitivamente dissipar aquelas confusões.

Deveríamos creditar essas confusões a uma tensão inescapável entre a realidade do tempo – mais real do que estamos dispostos a admitir – e a visão da conexão e inferência à qual somos levados por um inimigo nascido do tempo: nosso pensamento matemático e lógico.

## A tese de que a matemática resiste ao reconhecimento do tempo

A matemática – e todos os aspectos de nosso pensamento que participam de sua natureza – nos sugere perpetuamente a concepção de um mundo sem tempo. As relações entre nossas noções matemáticas são atemporais, mesmo quando usamos tais noções para representar os eventos no tempo.

O desenvolvimento das ideias sumarizadas nas teses da realidade do tempo, da inclusividade do tempo e da ausência de um horizonte atemporal e fechado de possibilidade em torno do mundo real encontra uma fonte de resistência na mais íntima e poderosa expressão da mente: nosso raciocínio matemático. Entender como e por que encontramos essa resistência do interior da mente ao reconhecimento da realidade do tempo é descobrir o que está em jogo na afirmação daquela realidade.

Vista como o produto de sua história natural, a mente é uma máquina para solucionar problemas. Para solucionar problemas, no entanto, ela deve ser mais do que apenas uma máquina. Seu aspecto estereotipado e modular deve coincidir com seu aspecto plástico, surpreendente e transcendente. Esses dois aspectos se encontram na necessidade de explorar uma situação como um todo e relacionar suas partes uma com a outra. Uma capacidade de apreender estruturas e relações é a precondição crucial de nossa capacidade de resolver problemas. Para desfrutar dessa capacidade, não podemos simplesmente pensar segundo fórmulas estabelecidas, como se fôssemos máquinas. Temos de ser capazes de pensar mais do que qualquer fórmula preexistente, e então precisamos estabelecer as fórmulas que fazem sentido de nossos insights após primeiro termos feito nossas descobertas que romperam fórmulas. Temos de ser capazes de construir novas maneiras de entender, de explicar, de ver o que está diante de nós, na cena da ação iminente ou imaginada, como um todo ordenado ou como um conjunto de relações.

Esse poder da mente pode ser inseparável da precisa constituição do cérebro. Suas raízes históricas podem, portanto, residir na história natural daquele cérebro e do seu desenvolvimento, sob pressão seletiva, como um dispositivo de solucionar problemas. Ainda assim, uma vez estabelecida, essa faculdade de representar a cena da ação como totalidades estruturadas e feixes de relações ultrapassa as ocasiões naturais para sua emergência. Torna-se um princípio revolucionário para ver o mundo como um todo. Associa nosso interesse em entender o mundo manifesto à nossa aposta em desvalorizar o real, ou pelo menos qualquer maneira dada de representar o real, insistindo em outras possibilidades de transformação e de visão.

A expressão suprema desse poder é a matemática. Visto superficialmente, o caráter de nosso raciocínio matemático pode parecer plenamente elucidado pela combinação de três atributos: explicação, recorrência e equivalência.

O primeiro e mais geral desses atributos é a explicação: tornar explícito o que está implicado numa concepção de um todo estruturado ou de um feixe de relações. Tal concepção equivale a um prenúncio; seu conteúdo está oculto. Representando a concepção por meio da matemática, poderemos então deslindar seu conteúdo: mostrar o que estava implícito no prenúncio. Tratar a conclusão deslindada como sinônima do prenúncio concentrado e, portanto, reduzir a matemática a uma tautologia seria descaracterizar o procedimento e mistificar tanto sua dificuldade como seu valor.

O segundo atributo é a penetração da matemática no raciocínio recorrente. O raciocínio é recorrente quando organiza um procedimento ao qual se aplica depois. Usando o raciocínio recorrente, somos capazes de passar de enumerações a generalizações; saltamos do particular para o geral, sugerindo a regra geral implícita no que, até então, parecera ser uma mera enumeração de particulares. A significância do raciocínio recorrente e o respeito com que ele mais notavelmente difere da mera indução são estes: nos permitir economizar em premissas fortes e alcançar conclusões fortes e ricas com base em pressuposições fracas e parcimoniosas. Ele faz isso permitindo-nos descobrir totalidades estruturadas e feixes de relações, não em nossas conjecturas sobre qualquer peça particular do mundo natural, mas muito mais em nossos próprios esforços para representar todas as totalidades estruturadas e os feixes de relações. É como se, encontrando-nos cercados por cabanas de barro, nós as derrubássemos, e com nada mais do que seus pedaços construíssemos palácios.

O terceiro atributo da matemática é sua fertilidade na produção de proposições equivalentes. Uma grande parte do raciocínio matemático consiste em mostrar como uma análise pode ser reafirmada nos termos de outra. Dizer que tais equivalências são meramente definições, reduzi-las a tautologias, é deixar de ver o sentido da construção matemática. A questão não é organizar nossas convenções de notação matemática, clarificando que combinações de símbolos são e não são sinônimas, como se já entendêssemos a verdade e só tivéssemos de organizar melhor a linguagem a partir da qual a representaríamos. A questão é nos fortalecer na capacidade de representar totalidades ordenadas e feixes de relações distinguindo, a cada momento, nossas ideias de suas expressões convencionais. Insistimos em nossa capacidade de nos livrar da camisa de força de quaisquer convenções particulares em nosso entendimento de relações e totalidades.

Se a matemática fosse caracterizada apenas por esses três atributos, ela não seria o que é: a expressão inigualável de nossa vocação para surpresa e transcendência no pensamento, de nossa infinitude com respeito a nossas próprias ideias. Seria meramente um monumento à nossa inteligência e versatilidade. Ela possui, porém, um quarto atributo que transforma a significância dos outros três e revela sua unidade subjacente. Essa quarta característica é seu esforço de se purificar de qualquer conteúdo natural – vale dizer, de qualquer conteúdo que limitaria seus procedimentos de explicação, recorrência e equivalência à exploração da natureza e às leis da história e da natureza.

Aqui está o elemento visionário na matemática, a força motriz e inebriante. É o elemento que na linguagem da teologia patrística poderíamos chamar de "kenosis", um esvaziamento. O que é esvaziado, progressivamente e por meio de uma grande luta, é o resíduo de restrição em padrões de conexão e organização sugeridos a nós por nossa experiência natural e por nossas ideias em relação a essa experiência, dentro da ciência e fora dela.

Podemos ter desenvolvido a capacidade de pensar sobre totalidades estruturadas e feixes de relações para, à sombra de uma necessidade de agir em situações particulares de perigo e oportunidade, resolver melhor os problemas. Mesmo que essa tarefa original permanecesse soberana, nós a serviríamos melhor generalizando a faculdade que ela gerou além de qualquer circunstância particular, além de qualquer repertório dado de tais circunstâncias. Alcançar conteúdo desfazendo-se do conteúdo: esta é a ambição paradoxal que suporta essa quarta e decisiva característica da matemática.

A frequência com que um ramo da matemática foi inspirado pelo esforço de solucionar problemas na ciência natural para os quais as ferramentas da matemática são inadequadas não desmente a importância para a matemática dessa evisceração do conteúdo natural. Pois tais rupturas representam esforços para usar a representação matemática da natureza como um incitamento para ver mais, através de ordem e conexão, do que podemos discernir no mundo natural, como se fôssemos saltar sobre a natureza na esperança de saltar além dela.

Assim, para o matemático, a matemática não é a criada da ciência natural; a ciência natural é uma instigadora do progresso matemático, assumindo seu lugar ao lado da instigação que é interna à história obcecada-por-si-mesma da análise matemática.

Existe, porém, um preço a pagar pela maior liberdade e pelo maior poder que advêm com essa negação de conteúdo. O preço é o desaparecimento do tempo. As relações entre nossas ideias matemáticas estão fora do tempo. São incapazes de apreender o tempo. Nesse aspecto, as relações entre conceitos matemáticos diferem de conexões causais, que sempre têm eventos atrelados ao tempo como tema.

Com certeza, ideias matemáticas são comumente organizadas na descrição de eventos atrelados ao tempo. Explanações causais podem ser representadas em linguagem matemática; a física matemática da era moderna é o filho mais famoso do casamento da matemática com a ciência natural. Ramos inteiros da matemática, como o cálculo, foram delineados inicialmente no curso de tentativas de representar a mudança, ocorrendo no tempo. No entanto, naqueles ramos da matemática que estão diretamente preocupados com a representação da mudança relativa, as relações conceptuais de explicação, recorrência e equivalência não são em si atreladas ao tempo. São atemporais. Não são atemporais meramente no sentido frágil em que as leis da natureza são atemporais quando nós imaginamos que elas não têm uma história; são também atemporais no sentido forte de serem incapazes de mistura com o domínio dos eventos atrelados ao tempo.

O que é verdade das proposições da matemática vale mais geralmente para as conexões conceituais que formam o tema da lógica. Nenhuma inferência dedutiva e nenhuma contradição lógica tem lugar no tempo. Apenas nossos pensamentos a respeito delas são eventos atrelados ao tempo.

A estranheza da matemática, como o Cavalo de Troia na mente contra o tempo, pode agora ser esclarecida. A matemática é uma ciência que não tem como seu objeto o mundo natural, encharcado pelo tempo, ou o desenvolvimento de convenções arbitrárias, ou um domínio separado de objetos matemáticos que são como outros objetos naturais, exceto que, como anjos, permanecem invisíveis aos nossos olhos. A matemática não é a sombra da ciência natural, nem é um jogo de truques metafísicos, nem é o estudo de objetos que seriam como outros se apenas fossem materiais. A matemática é a exploração visionária de um simulacro do mundo. É o estudo do mundo – do único mundo que existe – exceto com o tempo sugado para fora dele.

É como se fôssemos retirar da natureza o seu sangue vital – o tempo – e, preservando-o da corrupção, o tornássemos eterno porque ele é atemporal. É paradoxalmente pelo estudo desse simulacro que nos armamos melhor para combater nossa escravização às ideias limitadas sobre ordem e relação que nos são sugeridas pela experiência e pela ciência. Distanciando-nos do mundo que muda sob a sombra do tempo, nos equipamos para lidar melhor com aquele mundo. Multiplicamos os esquemas de conexão que trazemos ao nosso entendimento dos eventos naturais. Afirmamos o segundo – surpreendente e transcendente – aspecto da mente, expressando e desenvolvendo o poder da imaginação para ultrapassar as impressões da natureza.

Seria, portanto, um erro supor que os duzentos anos em que a matemática lutou para domar a ideia do infinito, e para sujeitar o infinito a métodos finitos, possam agora ser seguidos por outros duzentos anos em que ela vem fazer justiça à realidade e à inclusividade do tempo. Nada precisa nos impedir de enriquecer os instrumentos matemáticos a nossa disposição para a análise da mudança descontínua e diferencial nas leis, bem como nos fenômenos.

No entanto, essa tarefa apresenta dificuldades de uma ordem inteiramente diferente daquelas que cercavam a tentativa de fazer sentido do infinito cortando o seu tamanho. Como a matemática é, por seu próprio caráter, alheia ao tempo, não será capaz de nos mostrar como pensar matematicamente sobre um mundo em que as leis e os fenômenos mudam juntos. A matemática do tempo nunca terá seu Georg Cantor. Precisamos primeiro aprender, por intuição, experimento e teoria, como pensar em tal mundo – um mundo no tempo – fisicamente. A matemática pode racionalizar tal entendimento, mas não o profetizará.

Nosso raciocínio matemático e lógico perpetuamente nos sugere a realidade de um mundo atemporal. Somos tentados a confundir esse mundo embalsamado com a coisa real. No entanto, nada é mais real do que o tempo. Em certo sentido, ele é a única coisa real.

## A tese de que a experiência humana tem uma estrutura temporal inescapável

Nossa experiência tem uma estrutura temporal particular. Não podemos entender a nós mesmos sem entender essa estrutura. É um erro supor que se trata meramente de uma fonte de distração ou ilusão, algo a suprimir para alcançar melhor um insight impessoal e objetivo do mundo. Precisamos na verdade corrigi-la. No entanto, se tentarmos agressivamente suprimi-la, não chegaremos mais perto de um conhecimento que esteja livre dos grilhões do corpo. Meramente permitimos que o elemento antitemporal em nossa consciência – o elemento representado na matemática e na lógica – assuma.

Não encontramos o tempo como seres desincorporados e fora de contexto. Nós o encontramos numa situação particular. Existe uma fenomenologia de tempo: uma experiência do tempo e de nós mesmos como seres temporais. Nenhum elemento de nossa condição é mais profundo ou mais penetrante. Essa fenomenologia do tempo tem uma constituição definida e surpreendente. Como tudo na vida e na realidade, ela também muda. De fato, desenvolve-se historicamente, informada por ideias e influenciada por arranjos, por práticas e até mesmo por máquinas. Em outras palavras, a fenomenologia do tempo é em si atemporal. No entanto, suas continuidades e descontinuidades são algumas das continuidades e descontinuidades mais fundamentais de nossas naturezas. Não há nada de incoerente ou fantástico em tentar mudar, individual e coletivamente, nossa experiência do tempo. Não é fútil ou sem sentido – é apenas difícil.

Estar atrelado ao tempo é o que mais compartilhamos com toda a realidade. Em certo sentido, somos feitos de tempo. A análise da fenomenologia do tempo, portanto, guarda um interesse especial. Através dela podemos entender tanto o que nos distingue do mundo ao nosso redor como o que nos conecta com aquele mundo. Vamos vê-lo inicialmente simplificado, e então vamos complicar o quadro.

Dois fatos estão no centro da fenomenologia do tempo. O primeiro fato é que somos organismos que vivem e morrem. O segundo fato é que perseguimos projetos, formamos ligações e procuramos sustentar tais projetos e ligações contra as devastações do tempo.

A presciência da morte é central ao primeiro fato. A certeza e a intimação da morte dão à nossa experiência sua qualidade de concentração dramática. Respondem pelo caráter unilinear e irreversível de nossa experiência; não há tempo suficiente para fazer tudo de novo diferentemente, para ter segundas oportunidades. Elas definem nossa experiência de como a vida humana é tornada significativa e de como sua significância pode ser destruída; somos incapazes de resolver o problema da significância através de adiamento indefinido, como se a insignificância agora pudesse sempre ser remediada pela significância mais tarde ou por um poder de enxergar o início do tempo.

Nossa posição como organismos que vivem e morrem no tempo está na raiz do aspecto mais atemorizante de nossa experiência: a desproporção incalculável e irremediável entre a escala de uma vida humana e a realidade do universo ao nosso redor. Essa desproporção nega-nos o direito de acreditar que estamos numa parceria com o cenário natural da nossa existência. Compartilhamos sua temporalidade, mas não podemos compartilhar sua escala.

O HOMEM DESPERTADO

A diferença de escala é tão absoluta e definitiva que introduz em nossa experiência do mundo um elemento de puro terror. Encaramos a tentação permanente de reduzir o trabalho mais elevado da mente – nossa religião, filosofia e arte – a nos suprir com consolações contra esse terror. No entanto, não precisamos dourar a pílula ou de canções de ninar. Precisamos ver a situação pelo que ela é e encontrar um jeito de afirmar nossos interesses e nossas personalidades naquela base.

A certeza da morte é um escândalo e uma afronta porque impõe finitude e finalidade em face de nossa experiência de inexauribilidade. A fecundidade de nossa experiência em cada dimensão, do fabrico de coisas até a formação de ligações e ao desenvolvimento de ideias, desafia toda fórmula e limitação. A morte, porém, é a suprema limitação, e é certamente uma fórmula que não pode ser desobedecida.

Nossa experiência do tempo, no entanto, tem um segundo aspecto: através do tempo e contra o tempo, perseguimos projetos e formamos ligações. Esse segundo aspecto muda o significado do primeiro, e transforma o cenário temporal de nossa existência numa ocasião para conflito de visões e produção de novidade.

No destino temporal de nossos projetos e de nossas ligações, nós nos vemos mais claramente do que poderíamos nos ver diretamente. Nossa relação com eles é uma grande parte da nossa experiência do tempo. Por um lado, são os verdadeiros relógios através dos quais medimos o tempo. Levam tempo para se formar e funcionar; e os passos e intervalos no seu mecanismo são a contagem de nossas vidas. Por outro lado, são reféns da incerteza e da derrota porque acontecem no tempo. Sua suscetibilidade de destruição é nossa suscetibilidade de destruição. Sua incapacidade de domar o imprevisível é nossa incapacidade de domar o imprevisível.

Formamos projetos e os empreendemos; formamos ligações e as vivemos. Os projetos e as ligações são a única resposta que temos aberta para nós à intensa concentração e ao curso irreversível do tempo em nossa existência. Se existe uma direção em nossas vidas, é a direção deles. Se existe um significado em nossas vidas, é o seu significado. Eles definem as fronteiras de um mundo construído em nossa escala, em vez de na escala horrenda e destruidora da humanidade do mundo que nos cerca. No entanto, podem ser subjugados e, no final, serão subjugados pelo tempo. Poderemos experimentá-los como imortais, mas só são imortais enquanto duram.

A relação entre nossa situação como organismos que vão morrer e nossa perseguição de objetivos e ligações ganha sua significância contra o contexto de outra oposição: o contraste entre os aspectos estereotipados e surpreendentes da nossa experiência. Rotina e repetição ocupam uma grande parte de nossas vidas práticas e mentais. Não são mera inutilidade; representam ambas um princípio de economia e um princípio de integração.

Como um princípio de economia, economizam nosso tempo para aquelas atividades que ainda não sabemos como repetir sob uma fórmula e incorporar numa máquina. Permitem-nos, assim, afastar o horizonte de nossa atenção do repetitivo e do ainda não repetível. O hábito amortece a experiência do tempo; a mudança do habitual ao ainda não habitual a recupera.

Como um princípio de integração, permitem-nos organizar nossa experiência e nossa identidade. Nossos hábitos são uma base essencial para nosso sentido de personalidade, de sua continuidade e de sua integridade. Não são um mero fardo; eles modelam e fortalecem. A continuidade da personalidade, garantida através do hábito, é ainda outra precondição de nossa experiência do tempo.

A dialética entre a rotina e a invenção é uma característica fundamental de nossa humanidade. Não se limita ao comportamento; é o traço de distinção da imaginação. Nosso entendimento do mundo avança através de um deslocamento em dois estágios. Chamemos o primeiro deslocamento de distância e o segundo de transformação.

Kant descreveu o deslocamento através da distância quando definiu a imaginação como o poder de representar o que está ausente. O

O HOMEM DESPERTADO

aspecto de rotina da vida de percepção e entendimento é o casamento de nossa experiência familiar de percepção com um esquema categórico que deixamos não desafiado. A experiência e o esquema parecem inseparáveis: o segundo a expressão direta do primeiro. A percepção se degeneraria então em contemplação. O que chamamos de entendimento deixaria de existir.

Para que exista a experiência humana do entendimento, devemos abrir mão da percepção imediata – porque ela não está diante de nós, ou porque somos capazes de tratá-la como se não estivesse – e lembrarmos-nos dela como imagem. Devemos então ser capazes de colocar os particulares sob categorias, tipos ou espécies. Como advogados, precisamos classificar sem esforço a maior parte do tempo, e precisamos enfrentar a dúvida e a ambiguidade por algum tempo.

O distanciamento da experiência imediata, recuperado na memória e organizado pelo entendimento, traz conflito e imaginação ao casamento da percepção habitual com nossos esquemas categóricos, e nos permite enxergar sempre de uma nova maneira. No entanto, ele não é o bastante; não é suficiente para caracterizar o trabalho feito pela imaginação.

Um segundo deslocamento deve completar o esforço do distanciamento: o deslocamento da transformação. Nem a imaginação nem o mundo imaginado seriam o que são se pudéssemos nos distanciar do imediato somente para mudar o cenário em que a percepção habitual se casa com categorias familiares. A contestabilidade de nossas classificações categóricas está arraigada na transformação dos eventos fenomenais aos quais elas se aplicam.

A mente não retorna interminavelmente a uma lista fixa de tipos naturais de coisas; não existe tal lista fixa. No mundo que existe – tanto o mundo que se manifesta na experiência quanto o mundo como é explorado e interruptamente revelado pela ciência experimental –, cada coisa de um tipo pode se tornar outro tipo de coisa a partir de um conjunto de transformações intermediárias sob certas condições. Tais transformações podem ser numerosas e complicadas. Podem levar

A REALIDADE DO TEMPO

muito tempo. Podem – e com certeza o farão – resultar mais cedo ou mais tarde numa mudança não só nos tipos de coisas que existem, mas também naquilo que faz um tipo de coisa diferir de outro tipo, isto é, na natureza dos tipos naturais.

Leve em conta o exemplo da especiação na evolução biológica. A emergência da biosfera na terra não acrescentou apenas novos tipos naturais a uma lista prévia; ela mudou a maquinaria para a produção de tipos naturais – se pensarmos em espécies como tais tipos – e alterou o significado da distinção entre eles. Uma rocha ígnea e uma rocha sedimentar não diferem da mesma maneira ou do mesmo sentido que uma espécie biológica difere da outra. Além do mais, a mudança na natureza dos tipos naturais não aconteceu apenas uma vez, com o início da vida. Ela continuou acontecendo. Com a seleção sexual, por exemplo, veio um estreitamento do funil de tipos de corpos alternativos, mas também uma base para o desenvolvimento dos mecanismos regulatórios genéticos que, com o tempo, permitiriam o que temos: nossa capacidade negativa – nosso poder de desafiar fórmulas e de transcender a restrição. Estamos acostumados a encarar a reinvenção biológica da diferença como uma exceção espantosamente improvável na reorganização universal da matéria. Deveríamos, na verdade, pensar nela como numa instância de uma característica universal do mundo: que a lista de tipos naturais muda em seu caráter, bem como em sua composição. Essa característica é um aspecto da transformação da transformação, vale dizer; é um aspecto do tempo, e uma consequência de sua realidade.

Imaginamos algo o representando não só como ausente, mas também como mudado. Mudança de fenômenos ou de eventos funde-se em mudanças dos tipos naturais que os fenômenos ou os eventos instanciam – em como eles diferem, bem como no que são. Não podemos ver o horizonte exterior da possibilidade: a ideia espectral da possibilidade é uma ilusão. Dado tempo suficiente, não existe espaço final, fechado, de configurações viáveis. No entanto, podemos sempre enxergar os próximos passos de transformação por um meio ou outro, e numa medida ou noutra. Fazer isso é parte do que significa imaginar, no tempo, um mundo temporal.

A principal expressão do aspecto padronizado de vida numa personalidade é um caráter – a forma enrijecida de um ego –, cercado por uma carapaça protetora de rotina individual e social. Nossa relação para com um caráter tem a mesma natureza da nossa relação para com todos os outros cenários ordenados de nossa atividade; precisamos dela, e não precisamos nos render a ela. Ela é nós, mas nós somos mais do que ela. O desenvolvimento da personalidade exige tanto a aceitação do hábito como o despedaçamento do hábito, tanto a formação do caráter como a sacudida do caráter. Sem tal despedaçamento e sem tal sacudida, nós nos fazemos meramente finitos; negamos e reprimimos o lado surpreendente e transcendente de nossa natureza.

Um sinal do mal que tal rendição causa em nós é a experiência do tédio: uma intimação de capacidade sem uso, uma rebelião do infinito dentro de nós contra o finito, uma queixa de plasticidade negada contra rigidez imposta. Como todos os aspectos mais íntimos de nossa experiência, não é invariável; é suscetível de crítica e transformação. Conforme organizamos as instituições da sociedade e as práticas da cultura para ficarem mais plenamente abertas a desafio e revisão, nos tornamos mais suscetíveis ao tédio. Formamos a ideia dele; a ideia ajuda a criar a coisa em si.

Outro sinal do mesmo mal é o amortecimento da sensação da passagem do tempo: ao perder a transformação da transformação dentro de nossa própria experiência, perdemos também os meios com os quais aguçadamente medimos e, portanto, experimentamos a passagem do tempo. Projetos e ligações são substituídos por rotinas e sutilmente nos trazem para dentro de um mundo em que a realidade do tempo se ofusca.

Desse sonambulismo, inimigo da vida e destruidor de nossas esperanças para a divinização da humanidade, somos salvos por duas experiências opostas. Uma dessas experiências reveladora do tempo e autodespertadora é a descontinuidade que vem de fora – fortuna e

A REALIDADE DO TEMPO

infortúnio, reversão e desorientação: uma manifestação da verdade de que todos os nossos projetos e ligações são reféns do tempo. À medida que são corroídos de baixo pelo hábito e pelo desespero silencioso que o acompanha, são ameaçados de fora pelos poderes de um mundo sobre o qual nunca tivemos suficiente controle. O resultado dessa violenta descontinuidade, semelhante à ruptura de uma ordem social enrijecida pela guerra, é reafirmar em nossas mentes a realidade do tempo. É uma reafirmação que terá força particular se representar para nós mais do que mudança: mudança na forma como a mudança acontece.

A experiência contrária é aquela que atingimos quando somos capazes de nos entregar decididamente a nossas ligações e nossos projetos. Então pode parecer que o tempo para – o tempo medido por eventos externos – e somente o tempo interno – o tempo medido pela implementação da ligação ou do projeto – resta a ser experimentado e contado. Sabemos que essa liberação é efêmera, e que será lentamente privada de sua vida pelo hábito, e finalmente desfeita através da devastação do tempo. Mesmo assim, alcançamos em tais momentos a experiência única da atemporalidade, que não exige ilusão nem indiferença, e que não resulta na destruição da vitalidade.

Como podíamos ter essas duas experiências simultaneamente – a experiência de sermos acordados por um distúrbio acelerador do tempo vindo do grande mundo fora de nós e a experiência de nos entregarmos sem reservas ao fluxo em tempo suspenso de nossos projetos e nossas ligações? Não podemos: tal combinação é excluída pela finitude de nossas vidas e pela parcialidade do nosso ponto de observação. Representa a ideia de um tipo de felicidade que deve sempre escapar de nós, e sua negação a nós equivale ainda a uma expressão diversa da diferença entre o que significaria ser Deus e o que significa tornar-se mais divinizado.

Não podemos sintetizar essas duas experiências; tudo que podemos esperar é ter mais de ambas, e usar os poderes produzidos pela segunda para sustentar melhor as vicissitudes da primeira, reconhecendo, de olhos abertos, a implacável realidade do tempo.

O HOMEM DESPERTADO

Se nos perguntarem, então, o que é o tempo, não deveríamos responder apenas dizendo que é a diferença entre o que muda e o que não muda, e que é também a transformação da transformação. Deveríamos seguir em frente para descrever a estrutura da fenomenologia humana do tempo, reconhecendo que é universal em nossa existência e, no entanto, suscetível à margem de reinterpretação e revisão cumulativa, à luz de nossas ideias e sob a força de nossos arranjos.

Não deveríamos entender essa estrutura da experiência temporal apenas para rejeitá-la mais completamente como um delírio imposto a nós por nossa natureza – nossa natureza como seres que, embora possam ser espíritos que transcendem contextos, são também organismos mortais. Trata-se mais da forma peculiarmente humana com que compartilhamos a realidade universal do tempo. Se tentarmos descartá-lo como um fantasma, não teremos uma visão de cima e de fora de nós mesmos; simplesmente nos renderemos indefesos ao Cavalo de Troia dentro de nós – a parte do nosso pensamento, especialmente lógica e matemática, que é recalcitrante ao tempo. Inspecionando o mundo daquela perspectiva atemporal, não o veremos sem ilusão; nós o veremos menos plenamente.

Temos apenas um caminho: assumir a realidade do tempo e então estender nossos poderes de observação e entendimento, através de nossas invenções mecânicas e conceptuais, além do alcance de nossa experiência imediata sensível. Naquela operação, nós teremos, a cada passo, que permutar nossa imediação diante do mundo manifesto por um insight mais remoto e mais geral. Quanto mais imediata a experiência, mais amoldada será ela pelos fatos contingentes de nossa natureza corpórea e de sua evolução.

Quanto mais remoto e geral – embora testado nas margens exteriores da conjectura causal, como na ciência natural – se tornar nosso pensamento, tanto mais maculado pela metáfora, embora reafirmado como teoria científica, ele o será. Não podemos possuir um conhecimento que seja simultaneamente íntimo e geral mais do que podemos combinar, na mesma experiência, a sensação de sermos acordados

## A REALIDADE DO TEMPO

para a realidade do tempo por perturbação de fora com a sensação de sermos liberados da passagem do tempo por engajamento aos nossos projetos e às nossas ligações.

O fio unificador entre as visões de dentro e de fora é o reconhecimento da realidade do tempo. O tempo vai até o fundo, conforme a mudança muda, e é a única coisa que sempre resta.

# 8. Autoconsciência: a humanidade imaginada

## A imaginação desarmada: racionalização, humanização e escapismo

A concepção do eu e da mente é necessária para proporcionar um substituto adequado para a filosofia perene, e deve ser realizada nas práticas das ciências sociais e humanidades para chegar a se realizar. Se uma visão da humanidade informada pelos temas de agência, contingência, futuridade e experimentalismo é o cerne de um pragmatismo radicalizado, a realização dessa visão do modo como procuramos entender quem somos e o que podemos nos tornar é aquela filosofia em si. Não teremos sucesso em nosso programa intelectual até que tenhamos transformado as práticas pelas quais prestamos contas de nossa experiência e discutimos sobre nossas perspectivas.

Hoje, porém, as ciências sociais e humanidades são dominadas por tendências antagônicas a tal programa. Três maneiras de pensar – racionalização, humanização e escapismo – estão em alta. Cada um tem seu quartel-general num grupo distinto de disciplinas. Os partidários de cada uma se opõem aos defensores das outras. Ainda assim, eles trabalham, sem o saber, juntos para desarmar a imaginação transcendente e para inibir a vontade transformadora.

O HOMEM DESPERTADO

Essas tendências normalizam nossa visão da sociedade mesmo quando parecem minar essa visão. Enquanto a extensão do conflito prático e ideológico sobre os termos da vida social persistir, tal normalização segue inquestionável. Seu efeito fundamental é fazer com que os presentes arranjos e a maneira habitual de pensar pareçam naturais e até necessários. No passado, o pensamento social com frequência produzia tal aparência de naturalidade e necessidade, afirmando que a estrutura da sociedade era um produto de restrições ao mesmo tempo profundas e determinadas. Às vezes, era acrescida a essa afirmação a tese adicional de que a transformação da estrutura era impulsionada por forças com a aparência de leis. A atuação de tais forças produzia uma sucessão evolucionária de formas de organização social, econômica e política, ou um funil estreito de possibilidades institucionais.

As crenças que vieram cada vez mais dominar as ciências sociais e as humanidades mostram um resultado similar mais obliquamente. Elas o fazem menos afirmando que restrições inflexíveis ou forças com aparência de leis estão na base das presentes instituições, práticas e formas de consciência do que descartando ou negando a imaginação da oportunidade transformadora – os passos seguintes pelos quais, em pensamento e prática, podemos ir de um aqui até um lá.

Somente quando existe uma crise – vale dizer, um problema para o qual a estrutura estabelecida não oferece uma solução pronta – esbarramos com os limites de nossas ideias e métodos presentes. Só então começa a busca de maneiras alternativas de pensar. No entanto, no pensamento e na vida social, uma marca de experimentalismo é que não precisamos esperar pela crise. A imaginação faz o trabalho da crise sem crise, tornando possível para nós experimentar a mudança sem sofrer a ruína. A imaginação não pode fazer esse trabalho, a não ser que esteja adequadamente equipada. Adquirimos o equipamento de que precisamos reconstruindo o equipamento que temos à mão. Críticas das formas predominantes do conhecimento social a um dado tempo produzem algo de valor duradouro, bem como de utilidade imediata: insight sobre o que é preciso para usar a teoria contra o destino.

## AUTOCONSCIÊNCIA

*Racionalização* é a tendência prevalecente nas ciências sociais positivas, e especialmente na mais influente – a economia. A tendência racionalizante proclama que as práticas e instituições das sociedades contemporâneas foram vencedoras por sobrevivência em competição com alternativas fracassadas. Um processo de seleção cumulativo mostra o que funciona. O sucesso confirma a superioridade.

Para entender o tipo de racionalização que hoje prevalece nas ciências sociais, precisamos apreender sua pré-história: duas linhas de pensamento inteiramente distintas estão entrelaçadas em nossas atuais práticas de racionalização.

Uma linha vem da teoria social clássica. Ela é mais plenamente exemplificada nos ensinamentos de Karl Marx. Sua ideia principal é que aquilo que somos tentados a identificar como as leis universais da experiência social, política e econômica são, na verdade, as regularidades distintivas de um ordenamento particular institucionalizado da vida social e das crenças encenadas que o informam. Nós confundimos o particular com o universal e o transitório com o permanente. A estrutura profunda específica modela as rotinas superficiais e os conflitos da sociedade.

Nessa teoria social clássica, a ideia da estrutura profunda geralmente vem associada com outras pressuposições. Uma dessas pressuposições é a tese do fechamento: há uma lista fechada, predeterminada de opções estruturais na história mundial, como os "modos de produção" de Marx: feudalismo, capitalismo e socialismo. O escopo da lista pode se tornar manifesto apenas em retrospectiva, mas sua composição não está à mão. O resultado prático é uma restrição radical no sentido em que a história está aberta.

Uma segunda pressuposição é a tese da indivisibilidade. Cada uma dessas estruturas – por exemplo, os modos produção feudal ou capitalista na teoria marxista – é um sistema indivisível. Suas diferentes partes ficam de pé, ou caem juntas. Uma consequência prática é que a política deve consistir ou em reformas contemporizadoras, movendo-se dentro dos limites de um desses sistemas indivisíveis, ou em transformação revolucionária, substituindo um sistema por outro.

O HOMEM DESPERTADO

Uma terceira pressuposição é a tese da progressão com aparência de lei: uma irresistível lógica de transformação, que surge das tensões internas e contradições de cada forma de vida social institucionalizada, desencadeia uma sequência preordenada de sistemas institucionais. Conflito e visão são impotentes para criar novidade real: podem revelar apenas o futuro que estava à nossa espera. À medida que a luta se intensifica, a lógica dos interesses de grupo ou de classe se torna mais clara. O castigo da ilusão quanto ao seu conteúdo é o fracasso político. Um corolário dessa tese é que um pensamento programático não tem vez; a história supre o projeto, embora não sem sofrimento.

Essas três pressuposições são falsas, e um entendimento da política modelado por elas desperdiça a oportunidade reconstrutiva. Não há uma pequena lista pronta de ordens institucionais a oferecer para a humanidade; variação e invenção no caráter, bem como no conteúdo, dos arranjos institucionais são de importância, portanto, ainda mais decisivos. As formas sucessivas de organização social, econômica e política não são sistemas indivisíveis, ficando de pé ou caindo juntos; sua reconstrução peça por peça – reforma revolucionária – é o modo exemplar da política transformadora. Nenhum conjunto de forças irresistíveis determina o passo e a direção da mudança; somos nós que o determinamos. Por enquanto, continuamos a determiná-lo sob a terrível disciplina da calamidade. Seria melhor se pudéssemos ter a mudança sem catástrofe.

O modo de pensar formado por essas pressuposições há muito deixou de ser um obstáculo ao insight porque há muito tempo deixou de ser crível. No curso de sua lenta descida, porém, carregou consigo o grão da verdade indispensável que continha: que em toda circunstância histórica somos os prisioneiros de uma estrutura de arranjos e pressuposições que prontamente confundimos com a natureza da sociedade e com a própria humanidade. Ganhamos liberdade e poder alcançando alguma medida de domínio intelectual e prático sobre tal contexto, e progredimos ao reformá-lo.

# AUTOCONSCIÊNCIA

Precisamos resgatar esse insight do corpo decadente das teorias necessitárias dentro das quais ele permanece encaixotado. Quando o resgatamos, precisamos também acrescentar a ele uma ideia que sempre lhe foi alheia: a ideia de que nossos interesses exigem de nós – e nossos poderes nos permitem isso – que mudemos o caráter bem como o conteúdo de nossos cenários habituais de vida e pensamento. Podemos forjar arranjos, de sociedade e cultura, que permitam e até encorajem sua própria reconstrução, sem crise, no curso de nossas atividades comuns.

A principal linha de evolução de ciência social positiva foi, no entanto, construída na rejeição de qualquer programa intelectual desse tipo. Essa corrente principal rejeitou o contraste entre as rotinas superficiais e a estrutura profunda da vida social, minimizando o elemento de descontinuidade e divergência na história. Retratou os arranjos e as pressuposições incontestados modelando uma sociedade e cultura como o resíduo cristalizado de conflitos e acomodações comuns. Através dessa negativa do potencial para descontinuidade e divergência radical, retrocedeu para a própria naturalização da ordem estabelecida contra a qual a teoria social clássica se rebelou.

Em lugar algum vemos a natureza e as implicações dessa mistura supersticiosa de desculpa e explanação mais claramente do que na mais influente ciência social, a economia. Nela, a negação das alternativas assume três formas características.

A primeira forma de evasão da estrutura na economia é a retirada, nos estilos mais rigorosos de análise econômica, de todas as afirmações causais controvertidas e engajamentos prescritivos, para um porto seguro de neutralidade analítica. O preço de tal pureza, porém, é a tautologia e a trivialidade. A pura ciência de barganhas e restrições, esvaziada de todo conteúdo controvertido, torna-se a criada de quaisquer ideias empíricas e normativas que lhe sejam fornecidas de fora. Como Pôncio Pilatos, lava suas mãos. E, como ele, pergunta, sem esperar a resposta: O que é a verdade?

O HOMEM DESPERTADO

A segunda forma de evasão da estrutura na economia é a identificação, nas formas de economia mais comprometidas ideologicamente, da ideia abstrata do mercado e da eficiência alocativa baseada no mercado, com um regime particular de propriedade e contrato. A mesma identificação contamina todas as formas menos explicitamente programáticas da análise econômica prática que, no entanto, se apoiam na equação injustificada e quase irrefletida dos princípios econômicos abstratos com arranjos institucionais particulares.

Tais arranjos não podem de fato ser inferidos dos princípios que supostamente formam a sua base; os efeitos atribuídos a eles dependem de circunstância local bem como de sua relação com outros arranjos em jogo. Como todas as concepções institucionais abstratas centrais ao discurso contemporâneo, o conceito do mercado é institucional e legalmente indeterminado; falta a ele uma tradução institucional natural e necessária única. Essa tese teórica agora ganhou importância prática. Não podemos nesse momento atingir nossas metas democráticas e experimentalistas meramente regulando o mercado ou compensando suas desigualdades através de redistribuição retrospectiva. Só podemos atingi-las reorganizando as instituições que definem o que é uma economia de mercado.

A terceira forma da evasão de estrutura na economia ocorre em muitas aplicações da análise econômica para o debate político. Evita-se a nitidez sobre a relação entre as regularidades da vida econômica e o contexto institucional e ideológico de que tais regularidades dependem. Foi essa questão que levou à tentativa, por Marx e outros, de desenvolver uma prática do pensamento econômico que trataria as constantes de uma forma estabelecida de vida econômica como produtos de seu contexto institucional específico em vez de lhes conceder uma falsa universalidade.

O método do equívoco consiste em admitir em princípio a dependência das supostas relações constantes – por exemplo, entre níveis de poupança, investimento e emprego – num painel institucional detalhado e contingente, para depois descartar essa qualificação como irrelevante

## AUTOCONSCIÊNCIA

à prática de argumento sobre diretrizes políticas. O que torna plausível descartá-la é a estreiteza, na ausência de guerra ou depressão, da disputa e da controvérsia sobre a reforma estrutural. Fracasso em desafiar os arranjos estabelecidos, na prática ou no pensamento, é o suficiente para emprestar às regularidades do momento uma semelhança especiosa à necessidade com aparência de lei.

Essas duas tradições de pensamento sobre a sociedade – a tradição da teoria social europeia clássica e a tradição das ciências sociais positivas – conspiram, assim, para desarmar a imaginação. Elas o fazem privando-nos de uma maneira de pensar sobre as pressuposições institucionais e ideológicas de uma forma organizada de vida social – de como tais pressuposições são estabelecidas e de como são mudadas.

Na ausência de uma concepção crível de mudança estrutural, recaímos num critério de realismo político sucedâneo, falso: a proximidade do que já existe. Essa dependência no padrão da proximidade resulta num dilema que inibe, desacredita e confunde a prática do argumento programático. De uma proposta que parece próxima do que existe hoje, dizemos que é viável, mas trivial, e de uma proposta que parece distante do que acontece agora, que é interessante mas utópica. Assim, cada proposta acaba por parecer trivial ou utópica.

É uma resposta que, apelando para uma visão falsa do realismo, também revela uma incompreensão do argumento programático. Uma proposta programática, isenta da superstição necessitária, deveria marcar uma direção e sugerir os passos seguintes. Se enxergarmos a direção num contexto particular, com atenção para seus movimentos iniciais, podemos e devemos ser concretos: precisamos proporcionar um manancial de alternativas, maneiras parcialmente equivalentes de alcançar, naquele contexto, o mesmo movimento. Se explorarmos a direção mais adiante, além do tempo e do lugar imediatos, proporcionaremos detalhamento ao nosso risco, e teremos sucesso apenas em revelar ambiguidades no nosso entendimento dos interesses e das ideias que informam nossas propostas. O pensamento programático é sequência, não modelo; é música, não arquitetura.

O HOMEM DESPERTADO

Para imaginar a sociedade e a história como realmente são, precisamos um meio de pensar que – como a teoria social europeia clássica, e ao contrário das ciências sociais positivas – reconheça o papel central da descontinuidade estrutural na história, e o efeito decisivo do cenário institucional e ideológico existente. Deve fazê-lo, porém, sem permitir que seus insights sejam contaminados pelas pressuposições deterministas que a teoria social clássica encampava, rejeitando todas até o fundo.

Tendo combinado a ideia de que o arcabouço estabelecido da vida social é fatídico em seus efeitos com a ideia de que é tão desorganizado em sua composição como acidental em suas origens, a maneira de pensar deve tratar de desenvolver uma concepção que nunca foi parte da teoria social clássica. Essa concepção é a visão de que ordens da sociedade e da cultura diferem na medida em que se apresentam como objetos naturais, relativamente imunes ao desafio e à mudança ou, ao contrário, suscetíveis de remodelar-se em meio a nossos afazeres comuns. São artefatos, não destinos, e podem ser formados para tornar seu caráter de artefatos mais patente e mais utilizável.

Hoje, no mundo inteiro, as seções educadas e politizadas da sociedade acreditam que falta à ordem estabelecida qualquer necessidade ou autoridade profunda, mas que ainda assim é quase impossível mudar, exceto sob pressão da crise. Estão quase certas. Deveria ser a tarefa de uma imaginação informada, tanto da história como da sociedade, reivindicar e corrigir essa experiência. A estrutura da sociedade e da cultura é o produto temporário de uma luta ininterrupta pelos termos de nosso acesso a uma e à outra. Com a interrupção da contenção do embate, os arranjos e pressuposições estabelecidos ganham uma necessidade de segunda ordem; tornam-se um modelo para entendimentos de interesses e identidades de grupos, definições de estratégias coletivas e até o desenho de tecnologias. As restrições assim impostas não são menos reais por não irem até o fundo.

Importa, de qualquer modo, que não cheguem definitivamente até o fundo. Logo descobrimos que podemos perseguir qualquer definição dada de um interesse de grupo em modos contrastantes. Alguns

AUTOCONSCIÊNCIA

desses modos são socialmente exclusivos e institucionalmente conservadores. Tomando por certo o nicho presente que um grupo ocupa na divisão social de trabalho, e vendo, portanto, grupos vizinhos nessa divisão social de trabalho como rivais mais do que aliados, tais abordagens também pressupõem e reforçam os arranjos presentes. Outros modos, porém, são socialmente solidários e institucionalmente transformadores: propõem alianças que implicam modificações no entendimento dos interesses, e exigem reformas na organização prática da sociedade. Uma vez iniciadas, tais reformas remodelam o terreno sobre o qual as pessoas entendem seus interesses. O sentimento de que uma ordem carente de necessidade e autoridade não pode ser mudada, pelo menos não por nós, é menos equivocado do que exagerado. Logo ele cede para descobertas e oportunidades produzidas por iniciativa intelectual e prática.

Suponham que pudéssemos desenhar instituições e inventar práticas que nos permitissem mudar mais prontamente nossa situação coletiva, em pequenos mas repetidos passos, incitando a imaginação a fazer um pouco do trabalho da crise. Então nossas descobertas de oportunidades para reconstrução seriam trazidas mais para perto da superfície da vida social. Enxergaríamos mais claramente, e seríamos mais livres. Um entendimento da sociedade e da história purificado de toda mácula da racionalização é a forma que tal movimento assume no domínio das ideias.

Se a racionalização prevalece nas ciências sociais positivas, a *humanização* domina no pensamento político normativo e na teoria jurídica. Segundo a perspectiva de humanização, não podemos mudar a sociedade fundamentalmente. Se pudéssemos, a tentativa seria perigosa demais, conforme as aventuras do século XX demonstram. Vamos então fazer o melhor de um mundo que não podemos reconstruir.

Uma maneira de extrair o melhor dele é através de transferências compensatórias, atenuando as desigualdades e inseguranças da economia de mercado a partir da redistribuição retrospectiva. A justificação filosófica de tais transferências torna-se uma preocupação importante

O HOMEM DESPERTADO

de uma filosofia política humanizadora. Outra maneira de tirar o melhor partido desse mundo é idealizar o direito como conjunto de princípios impessoais e de políticas públicas. Esperamos melhorar o efeito das leis – especialmente nos grupos mais vulneráveis e menos influentes – lendo-as sob uma luz melhor. A justificação jurisprudencial de tal idealização se torna o foco de uma teoria jurídica humanizadora.

Em ambos os casos, a renúncia da ambição reconstrutora serve como ponto de partida para um esforço destinado a suavizar a dureza da ordem social não reconstruída. Em ambas, a pobreza da imaginação da mudança estrutural e das alternativas estruturais e a visão falsa de que devemos escolher entre a humanização e a revolução – a substituição de um sistema por outro – dão autoridade à operação humanizadora. Em ambos, capacitamos uma elite supostamente beneficente de funcionários administrativos e judiciários que conduzem a empreitada humanizadora. Em ambas, corremos o risco de transformar os pretendidos beneficiários em lacaios passivos daquela elite.

Considere mais de perto a filosofia política humanizadora, mais claramente exemplificada pelas teorias de justiça que colocam um verniz metafísico nas práticas de taxação-e-transferência sob a democracia social contemporânea. Quer essas teorias sejam formuladas na linguagem do Utilitarismo e na economia do Bem-Estar, ou no vocabulário da doutrina do Contrato Social, elas têm o mesmo ponto de vista básico e repetem os mesmos movimentos característicos.

Existem duas estratégias principais. Uma estratégia é gerar uma lucidez orientadora sobre a justiça de nossos desejos ou instituições. Resumindo os desejos de muitos indivíduos, segundo algum tipo de métrica estabelecida, ou trazendo à tona os princípios implícitos em nossas instituições, transformamos a experiência em visão. No entanto, mesmo quando conseguimos superar todos os outros obstáculos familiares a esse trabalho de agregação ou clarificação, nos defrontamos com uma dificuldade que, embora seja a menos discutida, é a mais importante: a relação ambivalente de nossas necessidades e intuições com a ordem presente da vida social.

# AUTOCONSCIÊNCIA

Temos necessidades e intuições que tomam essa ordem por certa. No entanto, também temos necessidades e intuições que transcendem seus limites: por exemplo, fantasias de aventura e capacitação, prometendo escape das enfadonhas humilhações da vida cotidiana. Essa estrutura dual de nossa consciência não é uma característica casual da mente; surge diretamente de nossa inexauribilidade em função dos contextos finitos que habitamos.

Os métodos da Utilidade ou do Contrato Social geram princípios de justiça a partir de nossos desejos e intuições somente não levando em conta, inicialmente, nossos anseios e especulações que negam estruturas, e tratando-os como se fossem apenas uma penumbra insubstancial e insignificante ao redor da coisa real. A partir desse achatamento da dualidade da consciência, porém, os filósofos humanizadores se entregam nas mãos do mundo social sobre o qual afirmavam fazer julgamento. A empreitada de humanização, com todos os seus limites, segue como uma consequência.

Há um segundo procedimento, paralelo, pelo qual os partidários do Utilitarismo ou do Contratualismo tentam se alçar acima de sua circunstância. Consiste em identificar o método para a agregação dos desejos ou para a clarificação de intuições com um mecanismo institucional já disponível, embora em forma imperfeita: democracia representativa ou economia de mercado. Incorporado a essas duas grandes máquinas de escolha, o método supera sua enfermidade – sua incapacidade de gerar suas suposições mais por meio de orientação e autoridade do que investiu inicialmente nelas. Tendo alegado resolver essa dificuldade, o método produz conclusões práticas sobre a maneira de distribuir recursos sociais.

Mas o que nos habilitou a identificar uma maneira idealizada de agregar desejos ou esclarecer intuições com essas instituições políticas e econômicas do mundo real, forjadas em meio aos embates de classes e interesses desiguais, contra o contexto de um repertório de ideias institucionais que é, a qualquer tempo e lugar dados, inelástico e acidental? O problema não é a existência de defeitos localizados que, uma vez corrigidos, dariam às formas existentes de democracia e mercado a representar o método imparcial de escolha coletiva e a gozar da autoridade de tal método. O problema é que a reorganização de democracias e de mercados é em si um foco maior de conflito na história. Pode mover-se em direções radicalmente diferentes, com consequências para toda a sociedade e cultura.

Os dois procedimentos paralelos sofrem do mesmo defeito fundamental. Tentam alcançar autoridade, a distância, do contexto histórico, e neutralidade entre os interesses e as visões que colidem dentro dele. No entanto, não podemos escapar do campo gravitacional da situação presente por uma manobra metodológica ou uma estipulação conceitual no início de nosso trabalho intelectual e político, como os métodos da Utilidade e do Contrato Social presumem. Podemos escapar dele apenas através de uma campanha incansável dentro do contexto, desvendando suas linhas falhas e descobrindo suas oportunidades ocultas de transformação. Se pretendemos conseguir para nós, pela esperteza do intelecto, aquilo que podemos de fato alcançar somente através de uma longa luta contra nosso tempo, o resultado será uma escravização mais eficaz à circunstância que tínhamos planejado superar. Só nos restará dourar a pílula daquilo que não podemos mais ousar reimaginar ou refazer.

O exercício do argumento normativo deve reconhecer que nossos ideais, bem como nossos interesses, estão pregados à cruz das instituições e práticas que os representam na sociedade. Não podemos concretizar nossos ideais e interesses mais plenamente sem repensar e reformar suas expressões práticas. Apenas o preconceito de que o sistema entrincheirado de instituições e práticas deve ser substituído em sua totalidade ou meramente humanizado nos impede de reconhecer que podemos mudá-lo através de uma transformação peça a peça, de maneira potencialmente cumulativa. Não cabe a nós aceitar ou rejeitar alguma combinação de descontinuidade e gradualismo; trata-se de uma característica do modo como a história acontece. No entanto, podemos assumir essa característica de nossa experiência histórica, alterando sua qualidade e dobrando-a para nossos propósitos.

## AUTOCONSCIÊNCIA

A atitude-limiar de uma prática de argumento político e jurídico servindo a um povo livre sob a democracia é a que reconhece a relação interna entre pensar sobre ideais e interesses e pensar sobre nossas práticas e instituições. O debate sobre a organização da sociedade não é uma reflexão técnica posterior à definição de nossos ideais e interesses; é uma parte intrínseca de nossa maneira de defini-los. Nós os modelamos e remodelamos ao estabelecer suas formas de realização.

Basta questionarmos as maneiras com que nossos ideais e interesses são concretizados na prática que já descobrimos neles ambiguidades de significado e de direção que estavam ocultas de nós há tanto tempo que suas expressões práticas permaneciam não desafiadas. Um debate sobre a organização alternativa da economia de mercado, por exemplo, nos força a perguntar o que é mais importante no mercado. Será a ampliação do número de agentes econômicos que têm acesso efetivo aos recursos e oportunidades de produção juntamente com a diversificação dos regimes legais sob os quais podem usar esses recursos? Ou será a extensão como cada um desses usuários goza de poder incondicional sobre os recursos ao seu dispor? À medida que começamos a desenlaçar os ideais e interesses das instituições e prática que fornecem seu território oculto de significado, nos tornamos mais livres e mais confusos.

Não haveria outra forma de superar essa confusão a não ser através da sanção de uma fé política infundada se a prática do argumento normativo deixasse de incluir um segundo elemento, profético e visionário. Esse segundo lado se baseia numa concepção de nossa humanidade e da oportunidade humana não realizada. Tal concepção é informada por uma leitura das lições da experiência histórica: profecia tutelada pela memória. Ela adquire sua distância relativamente maior do contexto imediato em troca da fragilidade relativamente maior de suas pretensões. Para ganhar autoridade e direção, deve constantemente buscar tocar de novo o terreno da experiência imediata. A maneira mais comum de fazê-lo, no ensinamento de todos os profetas políticos e religiosos, é apelando aos aspectos da experiência presente, especialmente a nossa

O HOMEM DESPERTADO

experiência de relações diretas entre indivíduos, que podem prefigurar uma rota para o desenvolvimento da sociedade e da cultura.

A relação das espécies visionária e prosaica do julgamento normativo varia. Quanto mais entrincheirados os arranjos da sociedade e os dogmas da cultura, e quanto maior a distância entre nossas atividades comuns preservadoras-de-contexto e de nossas iniciativas extraordinárias transformadoras-de-contexto, mais duro será o contraste entre os dois lados do discurso prescritivo. Conforme os arranjos e dogmas são desentrincheirados e a distância entre nossas ações preservadora--de-contexto e transformadora-de-contexto se estreita, o contraste entre os dois aspectos da controvérsia normativa decresce. Nossos argumentos comuns tornam-se pequenas profecias e nossas profecias, pequenos experimentos.

Racionalização nas ciências sociais positivas e humanização no discurso normativo político e jurídico são acompanhadas pelo *escapismo* nas humanidades. As humanidades evitam confrontar-se com a estrutura prática da sociedade. Em vez disso, descrevem e exploram aventuras na consciência. Essas aventuras não guardam nenhuma relação manifesta com a reconstrução da ordem social. Mais geralmente, o espírito – o espírito humano como retratado nas humanidades – escapa da estrutura sufocante da vida cotidiana. Tendo escapado, ele então flutua acima, desencarnado, relutante e incapaz de infundir e reanimar o mundo sem espírito da rotina e da repetição.

Dois temas são supremos nessa prática das humanidades, cada um entrelaçado ao outro. Um tema é o aventureirismo espiritual: a busca de formas extremas de consciência e experiência que negam na mente os grilhões sociais que não conseguimos romper ou mesmo afrouxar na prática. Cada movimento – da ideia de que um texto pode significar qualquer coisa até a visão de que toda argumentação é tão boa quanto seu oposto – serve como um convite para uma aventura acenando para além dos muros. Esse convite repete, na linguagem da elite cultural – debilmente cantando acorrentado –, o viés de uma cultura popular que oferece como fantasia o que a sociedade deixa de proporcionar como experiência.

# AUTOCONSCIÊNCIA

Outro tema é a implacável negatividade: a desistência das instituições e práticas da sociedade, vista, tácita, se não explicitamente, como as inimigas do espírito resistente e transcendente. A realidade social existe no elemento da repetição. E a repetição, como na relação do casamento com o amor romântico, parece ser a aniquilação do espírito.

O tema do aventureirismo repousa num entendimento equivocado da natureza do desejo humano e abarca um ideal de personalidade unilateral demais e autoderrotista demais para merecer autoridade. O desejo é relacional: nossos anseios mais profundos buscam expressão em conexões com outras pessoas e em formas de vida social. Não podemos possuir e desenvolver a nós mesmos exceto na extensão em que consigamos, na experiência diária da vida social, reconciliar autoafirmação com conexão aos outros. A organização da sociedade e da cultura estabelece os termos em que podemos esperar fazer isso, aumentando ou diminuindo o limiar de dificuldade.

Não podemos formar e realçar a personalidade sem encorajar um forte impulso e uma forte visão do indivíduo. Tal impulso e tal visão devem buscar uma voz coletiva e uma expressão social. Se fracassarem nisso, uma de duas coisas deve acontecer. O impulso e a visão podem murchar. Ou podem se voltar para dentro, para o narcisismo e a autocultivação: autoderrotistas porque são incapazes de lidar com as implicações do elo entre a autoafirmação e a conexão.

O tema da negatividade é baseado num erro sobre a estrutura e um erro sobre o espírito. O erro sobre a estrutura é a crença de que a relação de nossas instituições e práticas com nossa ação desafiadora-da-estrutura permanece constante. Ao contrário, um ordenamento de sociedade e cultura pode diferir decisivamente de outro na extensão em que alimenta nossos poderes de reconstrução e cria ocasiões para seu exercício. O erro sobre o espírito é a visão de que os poderes transgressores e transcendentes que ajudam a definir nossa humanidade podem sobreviver e florescer num duradouro exílio da rotina e da repetição.

Explorar as contracorrentes da consciência numa dada circunstância – promessas incertas de outros futuros; traçar a luta entre

O HOMEM DESPERTADO

o espírito e a estrutura em cada domínio da vida social e cultural; mostrar como a visão se torna corporificada em instituições e práticas e, ao ser corporificada, é minada e corrigida, mas de qualquer modo transformada; revelar como perdemos nossa liberdade de imaginar e reconstruir, e então a reconquistamos de novo, mesmo contra nossa vontade; recrutar sabedoria externa para criticar melhor a ordem estabelecida e a experiência presente; dar voz ao que perdeu uma voz ou ainda não ganhou uma; exibir em cada departamento de nossa experiência, do micro ao macro, e da paixão ao cálculo, a revolta do infinito dentro de nós contra o finito ao redor de nós – tudo isso é o trabalho das humanidades quando nos reconhecem pelo que somos e pelo que poderíamos nos tornar.

## A autoconsciência redirecionada

A crítica das direções equivocadas nas ciências sociais e humanidades sugere uma abordagem alternativa à explicação e à crítica. Tal abordagem nos representa como produtos de circunstância, de contexto, de estrutura – tanto de instituições como de crenças –, mas não completamente como produtos. Podemos virar o jogo tanto episódica como sistemicamente. Podemos virar o jogo episodicamente fazendo e sonhando mais do que a ordem institucional ou ideológica estabelecida pode permitir – e então revisando a ordem retrospectivamente para que acomode aqueles atos e sonhos resistentes. Podemos virar o jogo sistemicamente forjando arranjos institucionais e conceituais que diminuam a distância entre o que fazemos dentro da estrutura e o que fazemos em torno da estrutura.

Nosso interesse em virar o jogo sistemicamente – qualquer que seja o sistema estabelecido – é mais indireto, mas não menos forte, do que nosso interesse em virar o jogo episodicamente. Um dos muitos lados desse interesse é intelectual. Não podemos esperar saltar para fora de nós mesmos e enxergar com os olhos de Deus, de um lugar imune à

AUTOCONSCIÊNCIA

influência do local e do tempo. No entanto, podemos arranjar nossas sociedades e nossas ideias de modo que sejamos menos tentados a confundir o local com o universal e mais capazes de registrar e confrontar a restrição sem confundi-la com o destino.

A abordagem resultante a todo campo de estudo social e histórico deve chegar a um acordo com a necessidade de uma divisão intelectual do trabalho e de disciplinas especializadas que essa divisão de trabalho apoia. No entanto, é incompatível com uma forma de especialização – como aquela que agora reina na cultura universitária – baseada na associação de cada assunto com o método canônico de estudo. Nosso entendimento do que existe ou existiu é parasítico no nosso insight do que pode vir, ou poderia ter vindo, a seguir. As oportunidades de mudança sempre excedem os movimentos admitidos como viáveis e legítimos dentro da estrutura dada; só podemos entender o que é estabelecido em referência ao que não o é. A imaginação é o batedor da vontade, antecipando como poderíamos chegar ao destino – ou a diferentes destinos – a partir daqui. Se a ação transformadora é oportunista, confundindo o que o hábito separa, o insight imaginativo deve ser oportunista no trabalho preparatório, descontando as divisões habituais que as disciplinas especializadas nos impõem.

Uma filosofia que toma o partido do agente resistente, perambulando num mundo acidental, estende, aprofunda e radicaliza todas essas práticas intelectuais. Seus teoremas nos ensinam como olhar para trás, do futuro para o presente.

## Uma visão inicial da mente

Implícita nessa abordagem alternativa aos problemas está uma concepção da mente e da natureza humana. Essa concepção toma como seus pontos de partida dois paradoxos aparentes que são de ordens muito diferentes: um relacionado ao cérebro e à mente; o outro relacionado à história e a seus protagonistas.

O HOMEM DESPERTADO

O paradoxo em relação ao cérebro e à mente é que, não importa quanto afirmemos que somos seres naturais até o fim e neguemos que qualquer parte da nossa experiência resida fora de nossa constituição natural, não podemos descrever adequadamente a experiência da consciência em termos físicos. Enquanto isso, podemos relacionar as diferentes características de nossa experiência consciente aos fatos físicos que possam ajudar a explicar como se tornaram possíveis. No entanto, não damos conta nesse processo do que é mais importante para nós sobre a consciência. Em particular, deixamos de reconhecer o atributo mais importante do pensamento: seu poder de subverter a si mesmo.

Podemos representar esse ponto, em função da nitidez, nas categorias de nossa ciência atual, embora sua significância ultrapasse essas categorias. Vamos supor que, apoiando-nos nelas, nós distinguimos três aspectos de nossa constituição mental: um aparato sensorial-motor, um aparato conceitual-intencional e uma capacidade para o que foi chamado de recorrência. Recorrência é a capacidade, mais diretamente expressa em linguagem, para variação infinita na base de elementos finitos.

Até mesmo na parte mais rudimentar dessa constituição – o aparato sensorial-motor – somos intervencionistas ativos, construindo o que vemos, não apenas passivamente registrando impressões despertadas em nós pelo mundo de fora. Foi a tese central da crítica dirigida contra a velha psicologia associacionista do século XIX, ao insistir que o agente que respondia ajudava a modelar e a definir o estímulo ao qual ele reagia. No entanto, essa relação dialética entre o agente e o cenário de suas ações e impressões não pode ser suficiente para distinguir uma característica de consciência que modifique cada aspecto da vida mental.

O terceiro elemento – a capacidade de produzir o infinito a partir do finito – muda tudo, modelando nossa experiência consciente em sua inteireza. Dá-nos o poder de, usando meios limitados, gerar variações ilimitadas em linguagem e pensamento, para expressar diferentes conteúdos ou significados a partir de relações formais similares entre símbolos e para transmitir os mesmos conteúdos e significados por meio de diferentes séries de símbolos. Resulta no traço mais sinalizador de nossa experiência conceitual-intencional: nossa capacidade interminável de rever nossos pensamentos trazendo pressão sobre suas pressuposições: uma capacidade que só adquirimos através do poder mais básico de gerar variação e complicação intermináveis. Esse poder, por sua vez, informa nossa experiência sensorial-motora, permitindo-nos constantemente mudar as histórias tácitas com as quais infundimos nossas percepções e guiamos nossos movimentos.

A partir desses fatos resulta uma ambiguidade no uso do conceito de consciência. Podemos atribuir consciência a outros animais, compartilhando com alguns deles, como fazemos, as características brutas da experiência sensorial-motora e até da experiência conceitual-intencional. Podemos até esperar identificar mais claramente os mecanismos físicos através dos quais diferentes partes de cada um desses aparatos opera. No fim do dia, porém, não teríamos proporcionado um mapa do que nós, seres humanos, podemos reconhecer como vida consciente.

O elemento que falta – o poder recursivo de complicar – é tanto integral como penetrante na consciência. E, também, tem precondições físicas. Dessas precondições, a mais importante é a plasticidade do cérebro: a maneira como as peças do cérebro podem se expandir, combinar ou modificar partes do cérebro. A plasticidade pode, por sua vez, depender de fatos naturais corriqueiros, como modestos aumentos no tamanho do cérebro e novas interações entre um desenvolvimento cerebral maior e sensório-motor.

Ainda assim, ao explicar as precondições físicas desse poder recursivo, nada fazemos para elucidar seu conteúdo – seus funcionamentos internos e suas consequências multifacetadas para nossa experiência. A mente recursiva é corporificada num organismo com uma história natural que modelou os poderes naturais e as limitações naturais do indivíduo. Até onde a mente recursiva pode ir, e em que direções, dados esses poderes e limitações, não é algo que possamos inferir das condições físicas que tornam possíveis os traços produtores de novidade de tal mente. Não entendemos melhor a mente explorando essas condições de forma mais plena.

Isso não é um ponto metafísico em nossa dificuldade de relacionar o físico e o mental; é uma observação sobre uma estrutura limitada com capacidades indefinidas. Tal estrutura pode ser a mente humana. Pode também ser uma maneira de ordenar a sociedade que espelha, através das relações e das faculdades que apoia, o modo de ser da mente. O possível paralelismo entre a organização da sociedade e a organização da mente prenuncia a ideia central de um programa político fiel às aspirações e pressuposições do experimentalismo democrático.

Nenhuma passagem direta nos leva da análise da base física de nosso poder recursivo para um entendimento de sua natureza. O exercício desse poder – e, portanto, o seu significado – é decisivamente modelado pela maneira como ordenamos a sociedade e a cultura. Quanto mais temos sucesso em organizar a sociedade e a cultura como uma série de estruturas que convida a sua própria revisão, e mais curta é a distância que permitimos, assim, que subsista entre nossas atividades preservadora--de-estrutura e transformadora-de-estrutura, tanto mais inteiramente o elemento recursivo na vida da mente vem penetrar todos os aspectos de nossa experiência da consciência. Naquela extensão, nós nos tornamos menos animalescos e mais divinizados. Espiritualizamos nossa condição natural, o espírito sendo apenas outro nome para esse poder de transcendência – essa capacidade de fazer se não o infinito a partir do finito, depois o menos finito, do mais finito.

Considere agora o segundo paradoxo aparente com que começa nosso argumento sobre a expressão de nossa humanidade na constituição de nossa mente: um paradoxo sobre a natureza humana e a história. Duas proposições verdadeiras que, à primeira vista, podem parecer incompatíveis.

A primeira verdade é que cada característica de nossa experiência, por mais íntima e evasiva que seja, está disponível na história: por exemplo, como experimentamos o ciúme e o que ele significa para nós, ou como relacionamos, em nossas ligações mais imediatas e completas com outras pessoas, o poder e o amor. Não podemos separar nossa experiência em duas partes – as partes mutáveis e imutáveis. A aparência de imutabilidade só pode ser sustentada privando de conteúdo detalhado o que supomos ser imune à história. O imutável será então o inanimado ou o vazio – a imagem falsificada de uma natureza humana duradoura e universal.

Esse fato é uma consequência de outros fatos. Só podemos fazer uma vida contra o cenário de um ordenamento habitual da sociedade e do pensamento; devemos assim interromper ou restringir nossa luta pelos termos de tal ordenamento. Não há ordenamento natural ou definitivo, embora exista uma maneira de ordenar que é mais verdadeira à nossa humanidade porque admite e alimenta as qualidades que nos tornam humanos, fazendo-nos divinizados. Nossa história natural e nossa constituição natural não são suficientes para descrever ou explicar o que em nós mesmos nos interessa mais. Em particular, elas lançam pouca luz sobre como responder, em dado domínio da vida social, a esta pergunta: O que deveríamos fazer a seguir?

A segunda verdade, que inicialmente parece estar em tensão com nossa suscetibilidade à influência do contexto e da história, indo até o fundo ou perfazendo todo o percurso, é que só podemos mudar o que somos coletivamente de maneira lenta e marginal. O significado prático da ideia da natureza humana é simplesmente como somos agora. Como somos agora não é material maleável, aberto a uma rápida ou radical remodelação.

Não precisamos atribuir tais restrições sobre a maleabilidade em nossa história natural e em nossa constituição natural – nem poderíamos, pois embora essas influências naturais sejam poderosas, e até mesmo intratáveis, também são remotas e indeterminadas. A restrição mais imediata e determinada resulta da forma como nossas sociedades e culturas fizeram de nós o que somos. O fato de estarmos disponíveis na história não nos deixa passíveis de fácil reengenharia; ao contrário, nos enreda em material resistente.

O HOMEM DESPERTADO

Não podemos apagar o passado. No entanto, não somos também impotentes para afrouxar as amarras da restrição corporificada nas práticas e instituições estabelecidas da sociedade, bem como nos dogmas praticados na cultura. Podemos mudar a relação entre a repetição e a novidade em nossa experiência coletiva, usando as repetições, corporificadas nas práticas padronizadas e nas máquinas, para facilitar o que ainda não se presta à repetição. Podemos tornar mais contínua a passagem de nossas atividades preservadoras-de-estrutura para nossas atividades transformadoras-de-estrutura. Assim, podemos diminuir a dependência da crise sobre a mudança.

O resultado de tal reforma não é nos transformar em matéria plástica, livre e profundamente aberta a novos projetos de autotransformação coletiva. Nem cancela o sentido em que estamos, todos nós, em risco na história. No entanto, isso não diminui a força da dependência-de-caminho: o sentido em que o que pode vir a seguir é determinado pelo que aconteceu antes. Fortalece também o poder de agência: o sentido em que a história que nos modela se torna algo que fazemos, muito mais do que algo que sofremos. Dessas duas formas, ele contribui para a divinização da humanidade.

O significado e o valor desse esforço tornam-se nítidos quando comparados com o problema correspondente numa vida individual. Assim como a sociedade e a cultura devem assumir certa forma endurecida, a personalidade deve também apoiar-se no hábito. Essa forma habitual da pessoa – de suas disposições para com os outros, bem como em relação às perspectivas de sua própria existência – é o seu caráter. Ensinaram-nos que o nosso caráter se torna o nosso destino, o que é simplesmente a sua personalidade endurecida, vista de fora ou projetada para fora, e agora reconhecida como uma força estranha e irresistível.

A vitalidade do indivíduo, porém, depende do seu sucesso em criar um caráter resistente ao estreitamento da experiência, à rigidez da resposta, e à consequente restrição da possibilidade de que a rendição seja uma versão endurecida do que a personalidade implica. "Ele era

## AUTOCONSCIÊNCIA

tão extremamente natural", disse Santayana, de William James, "que não havia maneira de dizer como era sua natureza, ou o que viria depois." É uma observação que declara um ideal, adequado às ambições da personalidade sob a democracia. A questão não é fazer guerra contra o hábito, ou fazer guerra contra nossa própria personalidade. A questão é criar um estilo de existência, um modo do ser, em que abaixemos nossas defesas o suficiente para fortalecer nossa prontidão para o novo, nosso apego à vida e nosso amor ao mundo.

### A visão inicial desenvolvida por contraste

Essa concepção da mente e da natureza humana destaca-se em contraste com outra visão. Embora reivindique as credenciais da ciência, essa visão oposta incorpora os preconceitos que nos impediram de desenvolver uma melhor alternativa para a filosofia perene.

Essa doutrina influente vê a mente como uma máquina computadorizada, organizada em elementos modulares discretos. Enfatiza a extensão até onde essa estrutura computável e modular é inata. E afirma que a composição e o funcionamento da mente podem ser mais bem entendidos como produtos da seleção natural segundo o mesmo darwinismo ampliado e qualificado que agora aplicamos à explicação de outras partes de nossa constituição natural. Essa visão não está totalmente errada, exceto na medida em que é unilateral demais. Descreve apenas um dos dois lados da mente e, deixando de apreender sua relação com o outro lado, deixa também de representar corretamente aquela parte que não reconhece.

Em primeiro lugar, a mente não é uma máquina de computação – nem se parece com uma, em seus poderes e movimentos mais distintivos. Por um lado, a mente não é presa a fórmulas. Ela pode projetar partes suas em fórmulas, e codificar tais fórmulas em máquinas, como computadores. Não só suas próprias engrenagens resistem à redução a sistemas fechados de axiomas e das inferências que podem ser tiradas deles, mas

O HOMEM DESPERTADO

todas as suas produções mais poderosas – incluindo a matemática e a lógica – carregam as marcas dessa mesma abertura e irredutibilidade.

Por outro lado, a mente não se move simplesmente da similaridade de sintaxe à atribuição de significado. Ela usa uma sintaxe similar para transmitir diferentes significados, e transmite significados similares através de uma sintaxe diferente. Seu uso de sintaxe para transmitir significado é acessório a sua faculdade mais fundamental de dissociar a sintaxe do significado. Essa faculdade é, por sua vez, apenas uma manifestação entre muitas de sua capacidade de produzir mais complicação e variação do que qualquer estrutura definida, operando segundo um conjunto fixo e completo de regras, é capaz de incorporar.

Em segundo lugar, a mente não é, nos respeitos mais importantes, modular. Por certo, apresenta partes distintas, e tais partes, sujeitas aos enriquecimentos e transposições que resultam da plasticidade do cérebro, executam determinadas funções. No entanto, a maneira como essas operações discretas são reunidas e dirigidas não é modular. A junção não é apenas outra tarefa distinta. Não podemos atribuí-la a qualquer parte distinta de nossa vida mental. Nem podemos enfeixá-la num conjunto fechado de regras. O trabalho de integração constantemente confirma o poder da mente para produzir resultados – de pensamento, emoção e até percepção – que nenhum conjunto fechado desse tipo pode abranger ou permitir.

A questão não é apenas que a mente sintetiza. É também que a mente subverte. Sintetiza e subverte ao mesmo tempo. Consegue novas conexões minando velhas conexões. Nenhum relato puramente modular da mente pode fazer sentido dessa associação, central a nossa experiência consciente, de síntese com subversão.

Em terceiro lugar, as faculdades mais características da mente são inatas apenas num sentido que vira de cabeça para baixo nossa ideia convencional do significado do que é inato. Associamos a qualidade de inato com restrição. No entanto, nossa faculdade inata mais significativa é uma estrutura para ultrapassar e reconstruir todas as

AUTOCONSCIÊNCIA

estruturas. Essa estrutura é a mente em seus aspectos menos computáveis e modulares – o que chamamos de imaginação.

Pode parecer estranho que possa existir uma estrutura para romper todas as estruturas, e que ela possa ter uma forma precisa, limitada, e ser construída em especificações particulares. No entanto, temos dois exemplos importantes de tal estrutura em nossa experiência. Uma é a mente como imaginação. A outra é a sociedade, progressivamente refeita segundo o modelo da imaginação: organizada para encurtar a distância entre as atividades preservadora-de-contexto e transformadora-de-contexto e para diminuir a dependência da transformação à crise.

A significância da primeira dessas duas instâncias da ideia depende em parte da proeminência alcançada pela segunda. Se a sociedade é organizada para insular seus próprios arranjos do desafio e da mudança, e assim dar a si mesma a aparência de um objeto natural ou de um destino estranho, os aspectos não computável e não modular da mente permanecerão não mais do que uma luz penumbral ao redor da escuridão da computabilidade e da modularidade. No entanto, conforme a sociedade adquire as características do experimentalismo democrático, aqueles aspectos se tornam centrais à vida da mente. O domínio da faculdade mental inata sobre nossa experiência é turbinado por uma construção política.

Em quarto lugar, a seleção natural aplicada à evolução do cérebro e do comportamento é ultrapassada pela contrapartida da seleção natural na história: a competição de formas da vida social e cultural. O resultado dessa competição modela nossa experiência da mente. Determina, por exemplo, a importância relativa dos aspectos computável-modular e não computável e não modular da experiência mental. Modela essa relação muito mais íntima e poderosamente do que o fazem as forças seletivas que continuam a operar na evolução do cérebro e do organismo em que o cérebro está incorporado.

Essas forças seletivas importam muito menos do que aqueles embates competitivos porque operam muito mais lentamente – lentamente

O HOMEM DESPERTADO

demais para importar na dimensão histórica em que vivemos nossas existências coletivas e acima de tudo na dimensão biográfica em que levamos nossas vidas individuais. Um ser mortal está apressado; em seu relógio do tempo, as forças da história natural, embora decisivas para torná-lo possível, são lentas demais para importar para a imaginação dos passos seguintes e, portanto, remotas demais para contar para a análise da atual situação.

A crítica do determinismo funcionalista e evolucionário no pensamento social dos últimos dois séculos nos ensinou que níveis similares de poder prático para produzir ou destruir podem ser sustentados por conjuntos alternativos de instituições. Nenhuma relação um-a-um existe entre arranjos institucionais e vantagens funcionais.

Também descobrimos que não existe uma lista resumida e fechada de formas de organização social, política e econômica oferecidas na história mundial, muito menos numa procissão evolucionária de sistemas institucionais indivisíveis, sucedendo uma à outra por uma lógica inexorável de transformação.

Diferentes ordenamentos de sociedade e cultura competem entre si. Os resultados da competição lançam luz sobre o que funciona e o que não funciona. É, porém, uma luz turva e sombria. Apenas um pequeno número de opções vivas está em oferta e em competição a qualquer dado momento. Opções longamente estabelecidas e associadas com os principais poderes do mundo gozam de vantagens que rivais comparativamente eficazes podem não ter. Além do mais, os testes de superioridade são muito multifacetados para permitir conclusões honestas: incluem sucesso em seduzir corações e converter mentes, bem como em entregar os produtos e derrotar o inimigo.

Existe um tipo de vantagem funcional que goza de um status único nesse embate obscuro e merece atenção especial. À medida que a força da dependência-do-caminho na história decresce, e à medida que diferentes formas de vida e consciência ficam mais amontoadas, essa força ganha importância. É a capacidade negativa: o poder de agir sem fórmulas, desafiando o que regras e rotinas preveem, um poder que pode

## AUTOCONSCIÊNCIA

ser inspirado e fortalecido, ou desencorajado e enfraquecido, por nossos arranjos e práticas, bem como por nossas maneiras de pensar e sentir.

Da capacidade negativa, corporificada em instituições, práticas e modos de consciência, resulta uma abundância de vantagens competitivas práticas. No entanto, a capacidade negativa não é meramente uma fonte de tais vantagens; é uma manifestação direta de nosso poder divinizado de ultrapassar e estabelecer cenários de ação e pensamento, e romper a diferença entre estar dentro de uma estrutura e estar fora dela. A história, podemos supor, seleciona para essa vantagem mais poderosa e, acima de tudo, mais rapidamente do que qualquer forma de competição natural para sucesso reprodutivo, no nível da espécie, o organismo, ou o genótipo, capaz de exercer influência seletiva. A capacidade negativa é poder para a mente em seus aspectos menos modulares e computáveis: a produção da mente continuada através da política.


### Os dois lados da mente

Imaginem uma pessoa e uma máquina. Assim que uma pessoa aprende a fazer coisas repetitivamente, ela coloca a máquina para fazê-las. Quanto mais aprende a usar a máquina dessa maneira, mais pode dispender do seu tempo em atividades que ainda não sabe como repetir. Ele e a máquina são inseparáveis, mais inseparáveis do que Robinson Crusoé e Sexta-Feira.

Só há duas coisas no mundo capazes de responder a essa descrição. Uma delas é a mente humana; a outra é a sociedade. Não são apenas homólogas nessa questão; são internamente relacionadas de uma maneira particular. Cada uma está envolvida na constituição da outra.

A mente exibe dois diferentes conjuntos de poderes. Num de seus aspectos, ela é de fato modular e presa a fórmulas. Tem partes especializadas. Cada uma dessas partes opera segundo o que entenderíamos como sendo fórmulas. Nesse aspecto do seu funcionamento, tudo

O HOMEM DESPERTADO

tem um começo, um meio e um fim. Não existem surpresas, exceto a surpresa de descobrir que um aparato capaz de resolver problemas quebrando regras deveria, ainda assim, conter dentro de si mesmo algo tão ligado a regras.

Se a mente só tivesse esse primeiro aspecto, a experiência da consciência seria desnecessária. O que os neurocientistas contemporâneos chamam de atividades "zumbis" da mente ocuparia inteiramente nossa vida mental. Nossa capacidade de resolver problemas num mundo temporal, cheio de diferença e mudança, seria muito mais limitada do que de fato é. Deixaríamos de ser nós mesmos.

A mente, porém, também tem um segundo aspecto. Nessa segunda vida, ela exibe dois poderes característicos: o poder da infinidade recursiva e o poder da iniciativa não formulaica. Pelo poder da infinidade recursiva, a mente faz combinações infinitas de elementos finitos. Pelo poder da iniciativa não formulaica, ela faz coisas que não estão presas a regras.

Os poderes da infinidade recursiva e da iniciativa não formulaica sustentam um poder que é ainda mais geral em seu escopo e mais abrangente em seu efeito: a capacidade negativa da mente. Tal capacidade é o seu poder de virar-se contra si mesma, testando, negando, subvertendo, escapando e transformando as pressuposições sobre as quais ela operou e as rotinas a partir das quais opera. Podemos sempre pensar e descobrir mais do que podemos justificar, ou mesmo plenamente achar um sentido, e encontrar a justificação e os procedimentos que fazem sentido em retrospectiva.

Nesse segundo aspecto – o aspecto expressado em sua capacidade negativa – a mente é totalizadora, transcendente e surpreendente; essas qualidades resultam dos poderes característicos do segundo lado de nossa vida mental. São os atributos que distinguem a experiência da consciência e que ficariam para sempre negados aos zumbis que não somos. Sem eles, os automatismos de resposta que iniciamos, antes de estarmos ao menos cientes de tê-los iniciado, produzidos segundo fórmulas que um terceiro observador poderia afirmar, exauririam a totalidade da nossa vida mental.

## AUTOCONSCIÊNCIA

A consciência é totalizadora: a experiência da consciência reflete um movimento dentro de um escopo amplo e aberto de atenção possível. Qualquer objeto de atenção particular não é mais do que destroços boiando num oceano de consciência. Existem partes em nossas atividades mentais. No entanto, a consciência se move entre as partes como se não fosse apenas uma coleção delas. E, de fato, não o é.

A consciência é transcendente. Não pode ser confinada dentro de uma estrutura de pressuposições. Só entendemos uma peça particular do mundo manifesto representando-a tanto como ausente e transformada como relacionando o particular não apenas com outros particulares, mas também com uma estrutura de categorias que é em si incompleta e passível de revisão. Percebemos mais do que podemos entender e entendemos mais do que podemos prospectivamente justificar. Transformamos enigma e anomalia em profecia: a intimação de outra maneira de apreender uma parte da realidade ao nosso redor.

A consciência é surpreendente. Ela é capaz de operar de formas que nenhum conjunto de regras formulado definitivamente e em avanço pode capturar. Como resultado, pode gerar verdadeira novidade de experiência e crença, não apenas a pseudonovidade da ideia espectral de possibilidade: o possível estado da mente, esperando sua deixa para se concretizar numa mente individual num dado tempo.

A mente é então a combinação desses dois aspectos – um, fragmentado e repetitivo; o outro, possuído dos poderes da infinidade recursiva, da iniciativa não formulaica e da capacidade negativa e, portanto, totalizante, transcendente e surpreendente.

A mente é corporificada. Construída na escala e na situação de um organismo finito e mortal, é um dispositivo solucionador de problemas. Seus pensamentos têm a ação como seu cenário. Suas qualidades totalizantes, transcendentes e surpreendentes produzem muito da sua capacidade de resolver problemas. Se fosse um aparelho com fórmula, não poderia lidar com o perigo contingente e a oportunidade no mundo temporal em que devemos agir, nem com a natureza aberta e cambiante dos interesses que motivam nossas ações. No entanto, as mesmas características que lhe permitem resolver problemas particulares também permitem que perambule além delas, imaginando perigo distante e oportunidade remota num mundo ainda por ser criado, e descobrindo conexões ocultas numa realidade além do horizonte de nossas ações individuais.

Quando nos movemos além da escala em que o pensamento sombreia a ação, fortificados por nossas ferramentas experimentais e conjeturas explanatórias, nossas ideias não se tornam quadros da realidade mais confiáveis; elas ficam menos confiáveis. Estão infectadas por metáfora. Para que façam sentido para nós, precisam em última análise ser traduzidas em termos com os quais possamos relacionar nossa experiência orientada pela ação. Não são a perspectiva do mundo vista das estrelas. São apenas a nossa visão, a visão de seres que desfrutam dos poderes característicos da mente.

A corporificação da mente revela algo de imenso interesse. A combinação dos dois aspectos da mente não é como o casamento misterioso do humano com o divino. É o resultado da evolução natural de um aparato particular, feito de um pequeno número de elementos finitos, amplamente forjados antes que existíssemos e recombinados ao longo dos tempos.

No curso daquela história evolucionária, variação e novidade foram uma vez produzidas principalmente pela radiação adaptativa de diferentes espécies. Então, no período cambriano, começou uma redução dramática no número de espécies e tipos de corpos de animais. A principal fonte de variação tornou-se o poder dos mecanismos genéticos regulatórios que surgiram dentro do funil estreito da diferença das espécies para produzir a diferença: inicialmente, no nível molecular; depois, através do cérebro com certa medida de plasticidade; e, finalmente, através de uma ordem social e cultural capaz de multiplicar ocasiões e instrumentos para sua própria revisão. A produção do novo tornou-se interna. Tornou-se, em certo sentido, o ponto principal.

A passagem da humanidade e da mente por essa história natural pode ter-nos deixado sobrecarregados com um entulho de restrição

## AUTOCONSCIÊNCIA

imaginativa: por exemplo, a limitação do altruísmo pela reciprocidade, e do amor, maior que o altruísmo, pelo narcisismo. Assim, grandes religiões surgiram na história que, como o cristianismo, propuseram um altruísmo além da reciprocidade e um amor não maculado pelo narcisismo, e entraram num combate com nossos hábitos e predisposições que ainda não terminou.

Não podemos descrever plenamente a relação entre os dois lados da mente olhando apenas para a mente. A relação entre esses lados depende de algo mais, a outra coisa respondendo à descrição bilateral do homem e da máquina: a sociedade e sua cultura. Nossa vida social e cultural exibe a mesma dualidade que é central à mente: repetição dentro de uma estrutura de arranjos e pressuposições que podem ser comumente não desafiadas e até mesmo não vistas; e então, ocasionalmente, ação prática ou imaginativa para mudar aquela estrutura.

Sociedade e cultura podem ser organizadas para se insular contra o desafio e a transformação, aumentando a distância entre os movimentos comuns preservadores-de-contexto e os movimentos extraordinários transformadores-de-contexto, e reforçando a dependência da mudança em relação à crise. Em tal circunstância, o segundo lado da mente continuará a existir; estará implícito na experiência da consciência, na prática do pensamento e no uso da linguagem. No entanto, seus poderes de infinidade recursiva, de iniciativa não formulaica e de capacidade negativa não estarão no primeiro plano de nossa vida mental; eles permanecerão no fundo.

Suponhamos, porém, que a sociedade e a cultura estejam arranjadas para se abrir ao desafio e à mudança, encurtando a distância entre reprodução e revisão do contexto institucional e ideológico e diminuindo a dependência da transformação à calamidade. Então os poderes do segundo lado não estarão mais implícitos ou parecerão anômalos e marginais. Eles ocuparão o centro de nossas preocupações conscientes e de nossa autoconcepção. A relação entre os dois lados da mente terá mudado graças à mudança no caráter da sociedade e da cultura.

O HOMEM DESPERTADO

A mente é assim um projeto inacabado: inacabado não apenas como o produto em ruínas da história natural que é; inacabado também porque não existe métrica alguma pela qual mensurar a relação entre suas partes que não dependem do que nós fazemos conosco na história.

## Da concepção da mente à marcação de uma direção

Essa concepção da mente, quando vista contra o panorama da situação humana explorada nas partes anteriores deste livro, ajuda-nos a fazer sentido de um embate entre duas famílias de visões da natureza humana que guerreara, e ainda guerreiam, na história. Ao fazê-lo, chegamos ao limiar das questões: o que deveríamos fazer com nossas vidas, e como deveríamos organizar nossas sociedades?

Uma única família de ideias sobre a natureza humana exerceu influência sem par na história do pensamento. Ela faz parte do que antes descrevi como filosofia perene; é a conclusão decisiva daquela filosofia – todo o seu âmago. Em uma ou outra variação, foi a doutrina dominante dos impérios agrário-burocráticos que, com as religiões mundiais, foram os principais protagonistas da história antes dos últimos séculos de revolução mundial.

Segundo essas ideias, a vivacidade da experiência sensorial obscurece a verdadeira natureza da realidade em vez de a revelar. O mundo manifesto de mudança e distinção é ilusório. Nossa rendição a suas ilusões nos escravizam e nos fazem sofrer, incitando a rebelião do desejo contra a ilusão e aprisionando-nos num mundo infeliz de divagação e autocontemplação.

O desejável é conquistar liberdade da ilusão, indiferença ao sofrimento e benevolência, do alto, para todos que sofrem ao redor de nós. Para tanto, precisamos estabelecer uma ordem correta dentro da personalidade e dentro da sociedade. Esses dois ordenamentos – da personalidade e da sociedade – sustentarão um ao outro.

AUTOCONSCIÊNCIA

Dentro da personalidade, os apetites sensuais devem ser subordinados às emoções orientadas-pela-ação e estas, por sua vez, ao entendimento da realidade profunda e universal, além da mudança e da diferença. Dentro da sociedade, aqueles que trabalham devem ser subordinados àqueles que lutam, e aqueles que lutam àqueles que governam, pensam e rezam.

O sinal social de sucesso nessa empreitada de ordenamento do mundo será uma ordem hierárquica na sociedade, casando o direito com o poder. O sinal moral de sucesso será a disciplina da indiferença e serenidade pela qual colocaremos um fim à ansiedade e à frustração que acompanham nosso engajamento no domínio ilusório de mudança e diferença. Aqueles que conquistaram essa liberdade de serenidade serão benevolentes com aqueles que permanecem nas malhas do mundo fenomenal. Livre do perigo, porque concedida, de uma distância, pelos livres aos não livres, tal benevolência expressará e sustentará a felicidade dos invulneráveis – invulneráveis ao sofrimento da dependência e da frustração porque invulneráveis à ilusão do tempo e da distinção. Sua base será o casamento da empatia com o insight: empatia pelo sofrimento de outros ainda não livres e serenos; insight da condição universal de enredamento no mundo evanescente de mudança e diferença. Sua mensagem para todos será: fiquem fora de problemas.

Tal projeto teve sua base filosófica numa metafísica de protótipos ocultos da realidade, mais real do que o mundo fenomenal de transformação e tempo. Segundo essa metafísica, existem tipos naturais atemporais – ou até mesmo uma realidade singular de ser indiferenciado – subjacentes aos fenômenos. A ascensão da investigação é a revelação desses protótipos. Agindo contra o imediatismo e a atração da experiência sensorial, nos preparamos para lançar sobre nós mesmos o sortilégio que permitirá a serenidade e a benevolência. No limite, participamos da experiência de um Deus impessoal num mundo atemporal.

Durante os últimos duzentos anos, uma família oposta de crenças sobre a humanidade e a sociedade adquiriu influência sem igual através

O HOMEM DESPERTADO

do mundo. Ela aceita a realidade do mundo fenomenal do tempo e da diferença. Trata a história como real, irrepetível e decisiva – o teatro em que nossas esperanças humanas devem ser concretizadas ou desfeitas. Luta com as implicações da divergência de escala entre o mundo histórico em que essas esperanças vêm a fruição ou frustração e o tempo biográfico em que devemos viver nossas vidas.

Repudia o esforço para encontrar a felicidade na serenidade e a serenidade na invulnerabilidade. Recomenda que busquemos problemas: o indivíduo forma a si mesmo, ele se torna maior e mais livre, lutando contra as restrições de sua época e de sua sociedade. Para isso, porém, ele deve abrir mão de seu escudo, aceitando uma vulnerabilidade aumentada como o preço da transformação e autotransformação.

Não há nenhuma ordem hierárquica confiável no indivíduo ou na sociedade. O progresso consiste na subversão de tal ordem, e no realce e refinamento das capacidades das pessoas comuns. Essa subversão é perigosa e dolorosa, mas não existe alternativa para ela que seja compatível com nossa ascensão a um maior poder, insight e autodomínio.

Os incidentes mais importantes nessa ascensão são aqueles que nos permitem moderar o conflito entre as condições de nossa individualidade: engajamento num mundo particular sem render a ele nossos poderes de resistência e transcendência; e conexão com outras pessoas, especialmente por meio de cooperação inovadora e de amor pessoal, de tal modo que ao nos conectarmos com elas não deixemos de ser e de nos tornar nós mesmos.

A forma suprema de engajamento sem rendição é viver para o futuro e lutar por sua direção como certa forma de viver o momento atual como um ser não modelado plena e definitivamente por arranjos e crenças estabelecidos. A forma suprema de conexão sem autorrepressão é o amor entre iguais, dado não como benevolência de uma distância e do alto, mas como imaginação e aceitação entre iguais que podem repelir, trair e, portanto, ferir um ao outro.

A humanidade, individual bem como coletivamente, na pessoa como na espécie, tem infinidades no seu interior. Exigimos o ilimitado do

## AUTOCONSCIÊNCIA

limitado: uma garantia de que tudo está bem vinda de outra pessoa, até mesmo o mundo a partir de um cigarro. Nossa experiência de vício e obsessão, por exemplo, são aventuras em falsa transcendência: a associação aparentemente incongruente e arbitrária de ânsia ilimitada com objetos limitados demais. Nossas experiências de tédio e ansiedade atestam a nossa inquietação em nossos grilhões, o peso de nossas capacidades não utilizadas e de nossos poderes ocultos. Nossa insaciabilidade é o estigma de nossa infinidade.

Liberdade, até mesmo divinização, seria alargar em nossa experiência a oportunidade de nos engajar sem nos render, e de nos conectar sem deixarmos de ser nós mesmos. A implementação desse projeto exige que remodelemos a sociedade e a cultura. Não é o bastante substituir algumas instituições e práticas por outras. Precisamos mudar a relação dessas estruturas sociais e culturais com a nossa liberdade desafiadora de estruturas, criando estruturas que multipliquem oportunidades e meios para sua revisão e, dessa maneira, negando-lhes sua semelhança mendaz de naturalidade. Hoje precisamos reinventar as formas institucionais e as pressuposições ideológicas de pluralismo político, econômico e social – de democracias, economias de mercado e sociedade civil livre. Precisamos fazer a repetição na sociedade e na cultura, bem como na vida interna da mente, ser subserviente à criação do novo.

Se tivermos sucesso, seremos mais capazes de estar dentro de um mundo social e cultural particular e de estar fora ao mesmo tempo. Desenvolveremos mais rapidamente os poderes, os instrumentos e até mesmo os insights pelos quais apressamos o crescimento econômico e a inovação tecnológica, aliviando os fardos da pobreza, do trabalho enfadonho e da enfermidade que continuam a pesar sobre a vida humana. Vamos derreter, sob o calor da pressão e dos repetidos desafios, todas as ordens fixas da divisão e hierarquia social e impedi-las de atuar como a grade inescapável dentro da qual nossas relações práticas e passionais uns com os outros devem se desenvolver.

Há uma boa e profunda razão para essas esperanças. Não é verdade que exista uma relação fixa entre arranjos institucionais ou pressuposições culturais e nosso poder de resistir a eles e transformá-los. Tais arranjos e pressuposições variam em qualidade – na qualidade de sua relação para conosco, para com nosso poder de nos opor a elas e as remodelar – bem como em seu conteúdo. Não é verdade, como os liberais e socialistas dos séculos XIX e XX acreditavam, que uma harmonia preexistente paira entre nossa aposta prática no progresso econômico e nossa aposta moral na emancipação, no fortalecimento e na iluminação do indivíduo.

Nem, porém, existe um conflito trágico e inevitável entre aqueles interesses como os fatalistas pós-liberais e pós-socialistas estão inclinados a pensar. Uma zona de interseção potencial existe entre as exigências institucionais de progresso prático e as exigências institucionais para tornar as pessoas mais livres e maiores. Embora esses dois conjuntos de exigências não se intersectem automaticamente, podemos fazer com que intersectem. É naquela zona de interseção potencial que devemos avançar.

A razão para acreditar que tal região de superposição potencial exista é a afinidade de ambos os conjuntos de interesses com as expressões sociais do segundo lado da mente: seus poderes de iniciativa sem fórmula, infinidade recursiva e capacidade negativa. Quanto mais livres somos para redefinir tarefas práticas enquanto as executamos, para desenvolver um regime de cooperação que seja na maior extensão possível hospitaleiro à inovação permanente, e para suavizar o contraste entre a ordem e o caos ou entre o desígnio e a improvisação, melhor será nossa possibilidade de acelerar o crescimento econômico e a inovação técnica. Desenredamos nossas relações de um ou outro dos roteiros estabelecidos da sociedade e da cultura e os transformamos numa representação coletiva da investigação experimental.

Similarmente, minamos a hierarquia entrincheirada e naturalizada e a divisão da sociedade através de um movimento em duas etapas. Por um lado, negamos imunidade de pressão aos arranjos e dogmas sobre os quais tais hierarquias e divisões dentro da humanidade dependem.

## AUTOCONSCIÊNCIA

Por outro lado, desenvolvemos os poderes do indivíduo – mental, político e econômico; vale dizer, damos expressão prática à meta de tornar a pessoa mais divinizada.

A base profunda para a esperança de que podemos avançar numa área de interseção entre as condições do progresso material e das exigências para a emancipação do indivíduo é, portanto, o papel que deve ser desempenhado no avanço de ambas as famílias de interesses pelas expressões sociais do segundo aspecto da mente. Quando a sociedade e a cultura são organizadas para colocar as qualidades totalizadora, transcendente e surpreendente da mente no centro da experiência social, produzimos a convergência de interesses morais e materiais que os liberais clássicos e socialistas equivocadamente julgavam preordenada.

As formas institucionais e as concepções ideológicas da democracia, da economia de mercado e da sociedade civil livre agora ascendentes no mundo, estabelecida nos países mais ricos, representam um subconjunto de um grupo muito mais amplo de passos seguintes viáveis que necessitaríamos dar para servir a esses interesses e concretizar esses ideais. A globalização em si não está aí numa base de pegar ou largar. Precisamos não ter de escolher entre possuir mais dela na sua forma presente e possuir menos dela na mesma forma. Podemos ter mais dela em diferentes termos.

Não precisamos escolher entre a substituição revolucionária por atacado da ordem estabelecida e sua humanização, a partir de redistribuição compensatória por meio de impostos e transferências ou por meio da idealização da lei como um repositório de princípios de direito e diretrizes condizentes com o interesse público. Na verdade, a ideia de uma mudança total, revolucionária, não passa de uma fantasia, fornecendo um álibi para o seu oposto, o projeto da humanização resignada. Nós podemos, nós devemos confundir as categorias de reforma e revolução, preferindo uma mudança que, embora forçosamente feita de retalhos, possa, em seu efeito cumulativo, se tornar revolucionária.

O HOMEM DESPERTADO

Sim, mas ainda dependemos da crise como parteira da mudança, e ainda precisamos aprender a arranjar as coisas de modo a depender menos dela. Sim, mas as formas particulares do avanço sempre permanecem obscuras e controvertidas. Não podemos sequer concordar se elas deveriam ocorrer principalmente nos níveis subnacional, nacional ou supranacional; se as ideias que as animam deveriam aparecer como heresias locais – propostas, por exemplo, de um caminho nacional – ou como heresias universalizantes – doutrinas, como o liberalismo e o socialismo foram na sua época, que transmitem uma mensagem a toda a humanidade; e como deveríamos entender e praticar a relação entre mudança de instituições e mudança da consciência. Porque as formas da mudança são obscuras e controvertidas, elas continuarão a provocar conflito e até guerra. Serão perigosas. Sim, mas tudo isso acontecerá, ou deixará de acontecer, no longo tempo da história, não no curto tempo da biografia. Não podemos esperar; precisamos encontrar uma solução para nós mesmos agora: uma maneira de prever na vida como podemos vivê-la agora de uma maneira que a espécie ainda coletivamente não conseguiu alcançar.

Pergunto a mim mesmo neste livro: sobre quais pressuposições em relação ao mundo, ao indivíduo e à sociedade, essas crenças – meras traduções e desenvolvimentos de um credo que já tomou conta do mundo e o colocou em chamas – continuam a fazer sentido? Dentro de que combinação maior de ideias podemos embasá-las, desenvolvê-las e corrigi-las?

As ideias sobre as quais esse credo se baseou, como as grandes narrativas evolucionárias do progresso social nos brindaram à altura dos séculos XIX e XX, nos desencaminharam, às vezes catastroficamente, à sua reivindicação de esperança e mudança maculada por apelos à falsa necessidade. Elas foram incapazes de fazer para os projetos modernos de transformação social e moral o que a filosofia perene fez pela velha tentativa de alcançar serenidade através da invulnerabilidade e de estabelecer o direito através da ordem hierárquica no indivíduo e

## AUTOCONSCIÊNCIA

na sociedade. É a ambição deste livro mostrar como podemos extrair um sentido destes projetos transformadores, um sentido mais amplo iluminando nossa situação no tempo de uma vida individual, bem como na história da raça humana. Extrair este sentido maior de tudo isso nos ajudará a resgatar, reinterpretar e redirecioná-los.

# 9. O que deveríamos então fazer?

## Concepção e orientação

As partes precedentes deste livro desenvolveram uma concepção de humanidade e de seu lugar no mundo. Essa concepção equivale a uma alternativa à filosofia perene, e tal alternativa representa uma interpretação do programa oculto ou incompleto da filosofia.

As partes subsequentes deste livro delineiam uma série de projetos transformadores – na política, na religião e no pensamento especulativo – animados por aquela concepção. Eles não oferecem um diagrama, mas uma direção e uma série de próximos passos. Suas propostas programáticas buscam autoridade e energia na concepção que as inspira. Assim, formam uma reivindicação central contenciosa: que a alternativa à filosofia perene, devidamente entendida, não nos deixa sem direção. Não nos abandona a qualquer direção que pudéssemos extrair de nossas circunstâncias e de nossos interesses locais como existiam antes que empreendêssemos o trabalho de pensamento. A alternativa nos convoca a reconstruir a sociedade e a própria consciência de certa maneira. As ideias que descrevem essa orientação podem no início parecer indeterminadas e até desconcertantes. Ainda assim, excluem muito e compelem à ação. Argumentam a favor de uma revolução particular, uma revolução mundial que seja espiritual, bem como política.

Este capítulo explora a articulação entre concepção e orientação. A disposição de admitir que tal articulação existe não implica nenhuma passagem misteriosa do "é" para o "deveria". Em vez de entrar na disputa metafísica sobre "é" e "deveria", e afirmar que podemos nos mover de uma para a outra, ele evade essa disputa pseudofilosófica.

A articulação da concepção para a orientação gira em torno da atividade normal e natural de resolução de problemas da mente, quando essa atividade é tornada tanto geral como autorreflexiva. Em vez de ser direcionado para a solução de problemas particulares em domínios particulares, esse poder pode tomar como seu tema a totalidade de nossa situação no mundo. Não pode fazê-lo sem se desvencilhar das inibições impostas pelos métodos de disciplinas particulares e pelas pressuposições de tradições particulares.

Essa investida além de contextos e marcos limitados, porém, não é uma extravagância filosófica em desafio às limitações do pensamento. É uma expressão irresistível do segundo – surpreendente e transcendente – lado da mente e, portanto, assim como tudo mais que fazemos, de nossa constituição natural. Sua conexão com os fatos constitutivos de nossa humanidade não o isenta de perigo. Ao contrário, está cheio dos perigos de ilusão e desorientação. É melhor, porém, lutar contra tais perigos do que sermos escravizados por temores, comiserações e dogmas que, na ausência de tal luta, dominarão nossas vidas.

## A indiferença da natureza

A primeira característica de nossa situação que deve chamar a atenção quando decidimos como nos orientar no mundo em que nos encontramos é a indiferença da natureza diante de nossas preocupações. Essa alienação intransponível é inseparável da inimaginável disparidade de escala entre nossa vida humana e seu cenário natural. Ocupamos um canto minúsculo do universo, no qual emergimos há apenas poucos momentos. Somos incapazes de enxergar o começo e o fim do tempo. Nossas vidas individuais, quando vistas retrospectivamente, ainda que do interior da realidade da nossa própria experiência, são súbita e surpreendentemente gastas.

A alienação do mundo – que passa correndo por nós, que nos sobrepuja, que nos esmaga com seu desfile de grandiosidade diante de nossa pequenez, sua impenetrabilidade nos horizontes do tempo – se impõe sobre nós de uma maneira ao mesmo tempo direta e irrefutável. Isso se dá por intermédio da finalidade da morte. Nossa condição como organismos mortais parece estar em conflito insolúvel com a fecundidade infinita da personalidade, o poder do indivíduo de sempre finalmente desafiar a restrição e transcender o contexto, um poder afirmado na empreitada filosófica em que agora estamos engajados.

Podemos ser tentados a ver o universo como nem favorável, nem desfavorável a nossos esforços. Tal visão serviria à metafísica antimetafísica que está adequada ao temperamento intelectualmente deflacionário de nossa época. Contudo, seria falso e revelaria a mesma covardia da qual apenas poucos filósofos – como o grande Schopenhauer – escaparam.

No aspecto mais importante, o universo é desfavorável a nossas buscas. Sua desproporção em relação a nós e sua insubmissão a um poder – o tempo –, que no final esmaga os projetos e os elos pelos quais definimos nossa humanidade, criam uma distância, um estranhamento, um horror que nunca podemos superar. Sua resposta à nossa experiência de fecundidade infinita é decretar nossa morte.

No entanto, esse conflito entre as restrições inflexíveis sobre nossas vidas e a profundeza inexaurível de nossa experiência, confirmada por todos os poderes de rebelião e transcendência e inscrita no segundo lado da mente, é terrível apenas porque lança uma sombra sobre algo maravilhoso. Essa maravilha é a alegria de estarmos vivos no momento, aqui e agora – de sermos em vez de não sermos, e de nos encontrarmos fascinados pelas maravilhas de todos os lados. É uma

O HOMEM DESPERTADO

alegria tão intensa, e tão passível de ser fortalecida, em vez de minada, pela reflexão, que não podemos pensar nela por muito tempo ou muito diretamente. Fazê-lo equivale a arriscar a paralisia por um deleite mais perigoso do que o reconhecimento melancólico do contraste entre nossa mortalidade e nossa transcendência.

Aquele que escreveu que não podemos olhar diretamente para a morte como não podemos olhar diretamente para o sol faria melhor se colocasse a vida no lugar da morte. A antecipação da morte nos força a confrontar nossas limitações de percepção bem como as de poder. A experiência da vida, focada e concentrada na felicidade do momento, na felicidade da posse da vida em si, é perigosa porque nos transporta para uma exultação que é incomparável a qualquer outra alegria. O envolvimento com o universal no imediato pode absorver toda a nossa atenção, e nos impedir de resistir e transformar o mundo e a nós mesmos. Toda a nossa arte, nossa filosofia e nossa ciência é uma guerra entre essa maravilha extasiada e as sombrias discriminações que nossa aceitação do tempo – o tempo do mundo e o nosso próprio tempo, que se desgasta – impõe a nós.

Se pudéssemos lutar para ocupar em nossas mentes uma posição imaginária equidistante entre nosso regozijo por estarmos vivos e nossa tristeza pelo conflito entre nossa inexauribilidade e nossa finitude, chegaríamos mais perto de resolver um enigma que é central na nossa existência. Esse enigma não é a natureza incompreensível de nosso lugar no mundo, resultando de nossa incapacidade de enxergar o início e o fim do tempo. É, na verdade, um enigma interno em cada faceta de nossa experiência. É distinto das questões levantadas pela impotência de apreender como nos encaixamos no esquema geral das coisas. Esse mistério amarra todo aspecto da visão desenvolvida e defendida neste livro – do seu retrato do tempo, da natureza e da mente, à sua concepção da política, religião e empenho humano. Podemos começar a entendê-lo como outra contradição – não em nossas ideias, mas em nossa experiência.

Só podemos ser humanos resistindo às restrições de todas as estruturas estabelecidas – de vida, organização, pensamento e caráter – dentro das quais nos movemos. Rendição a tais restrições, dando a palavra final a elas, em vez de guardá-la para nós mesmos, nega nossos atributos definidores de atividade, transcendência, futuridade e experimentalismo. Existe um sentido em que podemos ficar contentes por algum tempo com tal rendição. No entanto, é um sentido que pressupõe um encolhimento da experiência, da consciência e da autoconsciência: uma diminuição de nossa energia, uma turvação de nossas visões e um declínio de nossa esperança. É uma estupefação que possamos tentar redescrever como felicidade e liberdade, mas que não merece tal redescrição.

Redescrever de tal maneira esse encolhimento da experiência é o que a filosofia perene nos insta a fazer quando nos exorta a abrir mão do mundo do tempo e da distinção e nos oferece razões para lançar um sortilégio sobre a vontade inquieta e a imaginação transformadora. O principal resultado de tal rendição é a crença de que deveríamos tentar ficar fora de problemas.

É uma tese central deste livro termos encontrado e empreendido essa rebelião contra os limites da circunstância em cada aspecto de nossa experiência: na incapacidade de qualquer esquema de categorias, ou qualquer lista de tais esquemas, exaurir nossa percepção dos particulares; na inadequação de métodos e práticas em todas as disciplinas e ciências para com nossos poderes de descoberta, prova e justificação; em nossas faculdades mentais de infinidade recursiva, iniciativa não formulaica e capacidade negativa; na tendência de nossos poderes de produção, inovação e cooperação para ultrapassar o que qualquer maneira particular de organizá-las pode permitir; na necessidade de interminavelmente desafiar e mudar as formas práticas em que concretizamos nossos interesses reconhecidos e ideais professados e, tendo-os desafiado e mudado, então revemos esses interesses e ideais à luz do insight adquirido no curso daquelas mudanças; em nossas experiências rotineiras de tédio, diversão e esperança; e em nosso esforço de nunca nos entregarmos definitivamente à versão enrijecida do nosso eu, que é o nosso caráter.

## O HOMEM DESPERTADO

Seria uma tarefa triste e heroica se tudo que pudéssemos fazer fosse nos rebelar. É, porém, outra tese deste livro a de que podemos mudar nossas sociedades e culturas e nossas próprias individualidades de modo a expressar e estimular nossos novos atos de resistência e invenção – uma vitalidade maior de iniciativa, imaginação e experiência. Assim, há uma justificativa para esperar uma felicidade baseada na nossa libertação e em nosso engrandecimento, não na servidão e no amesquinhamento. Tal felicidade não será uma estupefação; ela será um despertar.

No entanto, a não ser que possamos antecipar algo do efeito dessa obra, aqui e agora, em nossa abertura para com outras pessoas e o fora do comum e o inaudito – e, de fato, para com todo o mundo do tempo e da mudança à medida que pesa sobre nós –, nos veremos esmagados por uma esteira de frustração interminável. Nossa luta contra o confinamento parecerá não ter outro propósito que não a sua própria continuação. O reconhecimento dessa ameaça tanto ao nosso insight como à nossa felicidade e a convicção de que somente podemos dominar essa ameaça escapando do isolamento de nossa própria consciência individual a partir de um movimento determinado para fora, para o mundo ao nosso redor, são as verdades psicológicas gêmeas sobre as quais as mistificações escravizadoras da filosofia perene sempre trabalharam.

Se devemos lutar contra o contexto estabelecido para nos tornar mais divinizados e, portanto, mais humanos, como poderemos ser mais divinizados e humanos agora mesmo, antes que a luta tenha chegado ao fim, na história da humanidade, bem como na vida do indivíduo? E se não pudéssemos nos tornar mais divinizados e mais humanos agora mesmo, não seríamos compelidos a descartar nossa exultação por estar vivos como sendo o delírio através do qual a imaginação estimula a vontade contra o medo da morte?

A esperança fornecida pela tese de que podemos mudar nossa relação com nossos contextos permanecerá vazia, a não ser que possamos mudar essa relação no tempo biográfico bem como no tempo histórico, independentemente do destino de todos os projetos

O QUE DEVERÍAMOS ENTÃO FAZER?

coletivos de transformação. Será vazia também a não ser que aquela mudança nos dê outras pessoas e o próprio mundo mais plenamente. Que a esperança não é vazia em tal sentido representa parte da tese implícita na ideia da futuridade: viver para o futuro é viver no presente como um ser não plenamente determinado pelos presentes cenários da vida e do pensamento organizados e, portanto, mais capaz de abertura para com a outra pessoa, para a surpreendente experiência e para o inteiro mundo fenomenal do tempo e da mudança. É dessa maneira que podemos abraçar a alegria da vida no momento, tanto como uma revelação e uma profecia, em vez de descontá-la como uma peça que a natureza prega no espírito para nos reconciliar mais adequadamente com nosso desatino e nossa ignorância.

O principal ensinamento deste livro é que nos tornamos mais divinizados para viver, não que vivemos para nos tornar mais divinizados. A recompensa de nosso esforço não é o despertar para uma vida maior depois – é o despertar para uma vida maior agora, uma ascensão confirmada por nossa abertura para o outro e para o novo. Uma simples maneira de apreender o cerne de toda a minha argumentação, do ponto de vista privilegiado do seu meio e do seu centro, é dizer que ela explora um mundo de ideias sobre a natureza, a sociedade, a personalidade e a mente dentro do qual esse ensinamento faz sentido e tem autoridade.

### Saída falsa

Todo o problema da vida humana consiste nisto: como vamos reagir a essa nossa situação no mundo sem permitir que sejamos subjugados pelo desespero e pelo desafio, e sem nos entregar às digressões que matam o tempo, amesquinhando-nos e fazendo-nos morrer muitas pequenas mortes enquanto continuamos a viver? Como podemos, diante desse enigma e desse terror, nos purificar a partir da simplicidade, do entusiasmo e da atenção, e nos tornar mais divinizados através da abertura para o outro e para o novo?

O HOMEM DESPERTADO

Contra o cenário da desproporção entre a natureza e a humanidade, devemos desenvolver um mundo humano capaz de se sustentar. Devemos decidir se aceitamos a alienação da natureza como uma precondição dessa empreitada ou se escapamos e a negamos.

Há duas formas principais de escape e negação. Uma é um beco sem saída, inimiga de nosso interesse pela vida e de nossa aposta na construção do mundo humano. A outra, embora acossada por ilusões que podem se tornar desorientações, pode ajudar naquela construção.

Uma forma de escape é a negação da verdade – pelo menos da realidade final – de distinção e mudança. Afirmamos a realidade que tudo consome, a eternidade e a unidade do ser impessoal. As distinções e mudanças que ocupam nossa experiência do mundo são irreais, ou gozam de uma realidade derivada e superficial como projeções de algo abaixo delas.

Em nosso entendimento do mundo, esse caminho – o caminho da negação da realidade da diferença e do tempo – requer um jejum da imaginação, a faculdade pela qual representamos a produção da distinção por meio da transformação. A doutrina monista da unidade e da permanência do ser, embora qualificada por uma visão de como o mundo fenomenal de distinção e mudança pode participar na realidade do ser final, unificado, é imune ao desafio. Pelo menos é imune a todos os desafios, exceto aqueles que resultam do fato de continuarmos vivendo e tendo percepções como seres naturais num mundo de mudança e distinção. Como nega o requisito da vida, ela é em si inanimada: afastando-se da experiência, torna-se incapaz de aprender com a experiência.

Na organização da ação, o esforço para negar o mundo do tempo e da diferença e escapar dele resulta na supressão da vontade. Viver como um organismo perecível e com uma personalidade resistente-a--contexto num mundo que não foi desenhado segundo nossa escala ou segundo nossos interesses equivale a ser acorrentado a uma roda de desejo insaciável. Podemos tentar escapar à dolorosa dialética do desejo e da insaciabilidade lançando sobre nós mesmos um sortilégio

O QUE DEVERÍAMOS ENTÃO FAZER?

de satisfação e resignação. Então renunciamos ao que supomos ser fúteis objetos do desejo.

O resultado, porém, é um encolhimento da experiência. A violência que esse truncamento forçado imprime a nossa natureza se trai em duas maneiras complementares: a extravagância da compulsão e a dor do tédio. Nós nos submetemos à renúncia fingida do desejo como uma mutilação e uma camisa de força, mesmo em meio a nosso sucesso aparente ao tornar a vontade passiva; é somente pela resistência e pela reconstrução que vivemos e desenvolvemos nossa humanidade. Permanecemos inquietos sob o jugo de nossa inação alardeada e forçada, sentindo como tediosa a vida maior de que desistimos. Quando o sortilégio que tentamos lançar sobre nós mesmos é rompido, nós nos entregamos, infelizes, à diversão e à distração, buscando variedade em nossa experiência quando cessamos de esperar pela transformação de nosso mundo.

Há outra maneira familiar de escapar e negar a indiferença do grande mundo da natureza em relação a nossas preocupações. Consiste em nos apoiar numa parceria secreta entre nós e as forças que governam o mundo. Se imaginamos essas forças como poderes limitados à nossa própria imagem, para serem agradadas e seduzidas, poderemos conseguir embotar nosso sentimento de alienação do mundo de nossas preocupações. Só o faremos, porém, distorcendo aqueles poderes naturais divinizados como corresponsáveis por nossas preocupações e sujeitos as nossas restrições. Se supusermos que o parceiro seja o ser final – impessoal, unitário e remoto –, não podemos ter esperanças de uma parceria; apenas de aceitação, adoração e rendição. Só sobrepujamos então nosso estranhamento do mundo renunciando à nossa singularidade e reprimindo nossos poderes de crítica e resistência.

Existe, porém, uma alternativa que desempenhou um papel decisivo na história moral e religiosa da humanidade. Podemos acreditar que nossa experiência humana seja colocada num contexto mais amplo, de criação e amor, radicalmente removida de nossos afazeres e, ainda assim, inteligível para nós por analogia com nossa noção de personalidade e encontro pessoal. A analogia aponta para trás, para a experiência do engajamento humano em circunstância finita e de transcendência humana sobre circunstância finita.

O tema central dessa variante do segundo caminho de escape e negação é a penetração e transformação do mundo pelo espírito, como o espírito é revelado nas infinitudes dentro de nós. O que, como credo morto, poderia aparentar uma recusa de admitir a estranheza do mundo pode então se tornar, como fé viva, uma esperança ativa: esperança de que o mundo, inicialmente nosso mundo, e depois o mundo inteiro, pode mudar com o tempo e que perderá sua estranheza; que será elevado e, como dizem, redimido.

O elo analógico entre o divino e a realidade humana salva essa variante da segunda resposta da indiferença da natureza de ser um mero escape e negação, e explica sua conexão histórica com os grandes projetos transformadores – a causa da democracia, as práticas do experimentalismo e o cultivo da individualidade e da subjetividade no homem e na mulher comuns – que durante duzentos anos trouxeram esperança e revolução à humanidade. O resultado é nos conduzir de volta ao caminho do mundo social e de sua reconstrução, mas sem mostrar a direção nem os próximos passos.

Uma concepção da humanidade que reconhece nossa contingência e finitude, mas também nossa transcendência sobre a circunstância e nossa orientação para o futuro, pode começar a informar nossa busca de uma direção. Só pode fazê-lo, porém, depois que nos recusamos a ocultar a estranheza e a indiferença da natureza para com nossas preocupações. A estranheza do mundo é o lado reverso de nossa humanidade. Prepara o palco para nosso trabalho. Esse trabalho é sustentar um mundo, nosso mundo, capaz de gerar seus próprios significados contra o contexto de um vazio imenso e sem sentido.

Como devemos encetar esse trabalho? Com que fins e em que espírito? Se fracassamos em lutar por um direcionamento, as rotinas estabelecidas da sociedade e da cultura o ditarão para nós. Seremos então reduzidos a agir como se fôssemos os autômatos que de fato não somos.

Aquiescendo com nossa própria escravização, não desencadearemos um esforço para nos tornar grandes e livres. Dessa forma, não estaremos em posição de nos entregar uns aos outros, ou mesmo de cooperar mais abertamente, exceto na medida em que os roteiros preordenados de nossa sociedade e cultura nos mandam trabalhar em conjunto.

## Vontade e imaginação

Podemos começar a formar uma impressão do caminho adiante levando em conta o papel que a vontade e a imaginação deveriam desempenhar na sua abertura. A imaginação faz o seu trabalho de duplo deslocamento: o deslocamento da distância e o da transformação. Ela nos permite apreender a situação, deixando que nos abstraiamos dela representando-a primeiro como ausente, depois como modificada. Por meio desse trabalho duplo, ela informa e inspira a vontade. A vontade supre o interesse prático – o interesse na resistência e na reconstrução – sobre o qual a imaginação pode partir para o trabalho.

O produto do trabalho conjunto da vontade e da imaginação é nos dar um mundo que podemos assumir como nosso: um mundo que não é implacavelmente estranho a nossas preocupações. Mesmo assim, essa feliz união da vontade e da imaginação começa a se dissolver assim que a imaginação deixa de sombrear nossas ações e chega além dos fenômenos que essas ações podem tocar. A partir do experimento, tornado possível pelas ferramentas da ciência, podemos aumentar, adequadamente e por algum tempo, a região da realidade que a vontade e a imaginação, trabalhando juntas, são capazes de alcançar.

No entanto, a imaginação está condenada a sobrepujar a vontade, mesmo quando magnificada pelos dispositivos que nós inventamos. Ao deixar o cenário da ação e da vontade atrás de si, ela perde seu poder de roubar a realidade que nos cerca de sua estranheza. Deixa de ajudar a modelar um mundo humano, suficiente em si mesmo, e

O HOMEM DESPERTADO

dentro de nosso poder de tratar como uma parte projetada de nossas individualidades ou como um contexto favorável aos nossos esforços.

O casamento da vontade com a imaginação é uma característica intrínseca e central de nossa primeira natureza, de nossa constituição natural, antes mesmo que seja refeito pela segunda natureza que recebemos da sociedade e da cultura. Ela assume sua plena medida de efeito à luz da bilateralidade da mente: ao mesmo tempo modular e formular, e totalizadora, transcendente e surpreendente. Dá-nos a primeira deixa do caminho a seguir ao lidar com a indiferença e a vasta desumanidade da natureza. A direção a ser tomada é abrir uma clareira, penetrada e remodelada por nós, dentro da qual podemos ser e nos tornar nós mesmos, inabalados, não seduzidos, não aterrorizados.

Há três grandes domínios em que podemos e devemos tomar essa direção: nosso entendimento do mundo, nossa relação como outras pessoas e nossa luta com nossas próprias individualidades rígidas – nosso caráter, nossas rotinas e nossas percepções habituais. Em cada um desses domínios, o esforço para dar a nós mesmos um mundo que podemos aceitar e no qual aceitamos a nós mesmos e um ao outro entra em choque com contradições intratáveis. Em cada instância, a combinação de nossas intenções com nossas circunstâncias nos leva a agir em duas direções aparentemente divergentes e conflitantes.

O que alcançamos nos movendo numa dessas direções é radicalmente insuficiente, a não ser quando combinado com o que podemos obter agindo na outra direção. Precisamos dos resultados em ambas as direções para sermos ou nos tornarmos nós mesmos, para sermos maiores e mais livres. No entanto, não sabemos como ou se podemos tê-las juntas, reconciliando o que parece irremediavelmente oposto. Como resultado, uma imensa infelicidade, gerada pelas desarmonias duradouras da experiência, obscurece nossas vidas. Em que sentido e por que meios podemos esperar superar essa infelicidade?

## O mundo manifesto e a realidade oculta

Para viver e agir com sucesso, devemos lutar com o mundo manifesto. É mais do que um impulso para avaliar com sucesso as oportunidades de ação e os obstáculos à ação que nos governam. É também o desejo de "salvar as aparências", de realçar e aprofundar o imediatismo visionário do mundo de mudança e distinção em que vivemos.

Se os fenômenos do mundo manifesto fossem, na melhor das hipóteses, uma alegoria tornada útil pelos guias para a iniciativa bem-sucedida que fomos capazes de inferir dela, nossas vidas passariam entre sombras, como uma raça de homens e mulheres desamparados por quaisquer dos cinco sentidos e guiados apenas por computadores. Esses computadores os instruiriam como usar coisas e como se locomover entre eles. Mas não mostrariam a essas pessoas surdas e cegas como era realmente esse mobiliário do universo. Nós permaneceríamos aprisionados dentro de uma ilusão, tornada tolerável apenas por nossos esforços de informar o comportamento e solucionar os problemas. Seguiríamos nosso caminho cego através de um mundo manipulado, mas não imaginado. Somente a ignorância de nossa situação, nossas vãs diversões e nossos esforços semidespertos poderiam então amortecer nossa sensação da estranheza do mundo e nos reconciliar com nosso desesperado exílio dentro dele.

O esforço para alcançar ou recuperar o imediatismo visionário – para prender na mente o mundo manifesto, com toda a sua riqueza de diferença e mudança – não é, porém, suficiente. Não basta nos permitir agir transformadoramente; isso deixa fechada a porta para nossa investigação causal da realidade e de suas variações transformadoras. Não basta sequer apoiar sua própria meta de salvar as aparências; a busca do imediatismo visionário degenera na união das percepções habituais com categorias familiares, e substitui a visão por um olhar fixo.

Em nome tanto do insight causal como do poder transformador – o primeiro sendo a base indispensável do segundo –, embarcamos na investigação científica do mundo. Essa investigação nos leva para

## O HOMEM DESPERTADO

ordens e magnitudes da realidade muito distanciadas do cenário da vida humana, nas quais a imaginação pode permanecer casada com a ação. Agora a investigação deixa a ação muito para trás e essa superação começa a traçar retratos do mundo que não podem mais permanecer em comunhão com nossa experiência da realidade manifesta. Ou permanece em tal comunhão somente se criar uma longa série de elos entre aqueles retratos e essa experiência, explicando, no fim da cadeia de conjectura e experimento, como podemos perceber o mundo de uma maneira quando ele é, de fato, de outra maneira.

Por todas essas razões, o esforço para entender mais e mais do mundo causalmente – incluindo o mundo remoto de cenário de nossas ações e de nossas vidas – não é um esforço que podemos recusar. Ele ameaça, porém, nos levar cada vez mais para longe da reivindicação do mundo manifesto, levantando o espectro de que nossa experiência fenomenal pode, à sua luz, parecer uma alegoria ou uma alucinação. Quanto mais penetramos no contexto causal dessa experiência, e a representamos na linguagem da matemática, que resiste ao tempo, mais nos distanciamos da realidade experimentada do tempo, da diferença e da ação.

Além do mais, uma característica notável do mundo que nos é revelado por nossas investigações causais compromete todas as nossas tentativas de traçar nosso caminho de volta ao mundo manifesto – o mundo de nossa experiência viva – e de aproveitar as descobertas da ciência para esse projeto de recuperação. Essa característica é o quebra-cabeça dos contrafactuais, que apresentei pela primeira vez quando discutia a tese de nenhuma configuração fechada relativamente aos estados de coisas possíveis, no curso da discussão anterior sobre a realidade do tempo.

Para entender um estado de coisas, devemos ser capazes de imaginá-lo transformado sob uma série de condições. Essas transformações antecipadas ou reais dão origem ao problema da constância das leis da natureza. Uma mudança permitida pelas leis da natureza pode mudar aquelas leis. Na verdade, se o tempo é real, mais cedo ou mais tarde as

## O QUE DEVERÍAMOS ENTÃO FAZER?

leis mudarão. A luta pelo insight contrafactual – a tentativa de ver no que as coisas poderiam se tornar ao longo de uma periferia de possíveis próximos passos levando em conta como as coisas estão agora – nos apresenta o que primeiro parece uma charada do entendimento. Quando imaginamos um estado de coisas diverso, nunca está claro se a situação contrafactual meramente ilustra uma consequência alternativa das leis a cuja força explanatória apelamos ou se ela implica ou prenuncia uma mudança naquelas leis. Conforme o mundo muda, as regras segundo as quais ele muda também se modificam. Assim, o que a princípio parece ser apenas um enigma para o intelecto acaba sendo, segundo a doutrina da realidade do tempo, uma fonte de transtorno e transfiguração no mundo em si.

Ou as leis não governam tudo (o modo como peças particulares da realidade são configuradas ou sequenciadas, ou as constantes aparentemente arbitrárias da natureza), e algo do que elas deixam de governar pode mudá-las, ou elas governam tudo, mas algo do que acontece sob sua regra pode mudá-las mesmo assim. A consequência prática dessa bifurcação é diminuir a força da distinção entre dizer que as leis governam e não governam tudo – ainda que o façam, não estão imunes ao mundo temporal. São menos como um Deus semítico transcendente sobre a natureza do que como os deuses gregos e romanos emaranhados nas disputas e vicissitudes deste mundo.

Se não podemos fechar o espaço de configuração dos possíveis estados de coisas e colocá-los todos sob o regime de um conjunto fechado e atemporal de leis, não poderemos ter certeza de que reconquistaremos nosso caminho de volta do nosso voo de investigação causal até a recuperação do mundo fenomenal em seu imediatismo visionário. Seremos infelizes porque nossa consciência do mundo ficará dividida entre a poesia da experiência e a ciência da natureza. Nossa capacidade de atuar com sucesso no mundo exigirá que nos apeguemos tanto àquela experiência e a esta ciência, mas a verdade em relação ao mundo e em relação a todas as situações nele parecerá sempre fracionada entre os dois. Em vez de a totalidade de nosso entendimento parecer mais do que a soma de suas parcelas, cada uma das parcelas parecerá menos do que a metade, seu significado tornado incerto por sua relação incerta com a outra metade.

Existe um aspecto de nossa vida mental em que desfrutamos de tal reconciliação. No entanto, sua presença ali, em vez de nos tranquilizar, deveria nos provocar e perturbar ainda mais. Deveria fazê-lo sugerindo o que nos falta no restante de nossa experiência consciente e implicando que a reconciliação é uma miragem, que nunca será alcançada. Esta parte de nossa experiência é sonhar. Os sonhos regularmente unem duas características, cuja combinação nos ilude em nossas vidas despertas: visão contrafactual e imediatismo visionário.

Num sonho, algumas coisas são diferentes de como as encontramos no mundo desperto. No entanto, sonhamos como se entendêssemos sem esforço as regras modificadas segundo as quais as coisas mudadas acontecem no mundo mudado. Se alguns dos fenômenos do mundo dos sonhos diferem dos fenômenos do mundo desperto, as leis pelas quais eles foram produzidos e pelas quais persistem devem também diferir. Uma premissa do trabalho dos sonhos é que nós já sabemos como eles diferem; esse conhecimento está implícito naquele trabalho.

Num sonho, o mundo manifesto pode aparecer para nós em toda a sua glória, com um grau de presença e uma particularidade carregados de convicção. O truque de prestidigitador contrafactual do trabalho do sonho nos dá os detalhes; temos em nosso alcance, com irresistível imediatismo, uma realidade cujas engrenagens também parecemos entender. Tendo, ou parecendo ter, essa combinação quando sonhamos, nós a perdemos ao despertar. Nosso entendimento permanece dividido contra si mesmo, e infeliz. Não podemos sonhar sem superar essa divisão, renunciando a nossos poderes despertos.

## O conflito entre os requisitos do autodomínio

O segundo espaço em que precisamos empreender o trabalho de fazer um mundo para nós mesmos capaz de sustentar significado e valor em meio a uma natureza tremenda e impassível é nossa relação com as outras pessoas. Aqui também descobrimos que a tarefa parece exigir que nos desloquemos em direções divergentes e contraditórias.

Nós precisamos uns dos outros. Nossa necessidade é universal: ela vai desde o sustento material da vida individual por meio da divisão do trabalho e da reprodução da espécie através do sexo e da criação de filhos até a troca de reconhecimento e aceitação. A personalidade existe, se desenvolve, e só prospera a partir da multiplicação de conexões com outras pessoas.

Cada envolvimento em tal conjunto de laços formativos, no entanto, também representa uma ameaça. É uma ameaça de subjugação: que o preço da conexão possa ser dependência e submissão. É também uma ameaça de perda da autodireção: que o custo da conexão seja vivermos nossas vidas sob a orientação de roteiros coletivos ordenando como, em nossos papéis assumidos, devemos pensar, sentir, falar e agir.

Precisamos dos outros e precisamos ficar separados deles para adquirir o autocontrole enquanto imaginamos e aceitamos outras pessoas e somos imaginados e aceitos por elas. Deslocamo-nos inquietamente para lá e para cá, entre a distância e a proximidade, e nos indagamos se podemos esperar algo melhor do que a distância mediana.

Enfrentamos um conflito entre as condições que nos permitem a autoconstrução. Esse conflito nos torna menos livres e menores. Nos diminui e nos escraviza. Coloca em risco o esforço para anular em nossa experiência da sociedade os terrores da natureza indiferente. Contendo esse conflito, quando não nos livrando dele, poderíamos ficar maiores e mais livres.

Existem dois incidentes de nossa experiência que respondem, mais claramente do que quaisquer outros, à ideia de superar este conflito entre as condições que permitem a autoafirmação. São o amor pessoal e a cooperação de índole inovadora.

O amor pessoal que alcança esse resultado não é eros nem ágape. Não pode ser dado, como benevolência, de proteção de superioridade, pelo mais elevado e mais poderoso ao mais fraco e mais dependente. Não pode ser uma projeção romântica do ego ou uma idealização da outra pessoa, para se adequar às próprias necessidades do ego. Não paira acima da rotina e da repetição, como um interlúdio anti-institucional de sentimento puro; ele busca sobreviver à repetição e à rotina no encontro e transformá-las.

A cooperação de índole inovadora que se move em direção a essa meta modera a tensão entre os imperativos de cooperação e inovação. Essa moderação é um portal para o progresso prático da humanidade. Reconhecendo que tanto a cooperação como a inovação são necessárias e que cada uma ameaça a outra, nós buscamos desenhar a forma de cooperação que seja mais hospitaleira à inovação permanente. Para esse fim, não devemos permitir que qualquer esquema estabelecido de divisão e hierarquia social predetermine as formas como as pessoas podem trabalhar em conjunto. O indivíduo deve adquirir o domínio das capacidades genéricas e comandar instrumentos e oportunidades cuja posse não dependa de ocupar qualquer emprego em particular. O impulso experimentalista – igualmente gradativo em seu método e revolucionário em suas ambições – deve ser difundido através de toda a sociedade e cultura.

Entendidos dessa maneira, tanto o amor pessoal como a cooperação de índole inovadora exigem que aprendamos a conciliar ambos para nos vermos como indivíduos originais transcendentes-do-contexto, em vez de funcionários especializados de um plano coletivo que obediente, ou até mesmo inadvertidamente, executamos. Em nossa experiência real, como ela se desenvolveu na história, existem até exceções, casos-limite, ideais reguladores. Podem mostrar a nós o que deve ser mais valorizado, mas não são – pelo menos não são ainda – matéria da experiência comum. São janelas num mundo que apenas começamos a fazer, e espelhos de uma humanidade que mal expressamos ainda.

Para entender a direção que apontariam para nós, precisamos ver como o conflito entre os requisitos que permitem a autoafirmação se relacionam com outra complicação fundamental em nossa experiência – complicação que desempenhou um papel importante no relato de nossa situação, desenvolvido em partes anteriores deste livro. Essa

O QUE DEVERÍAMOS ENTÃO FAZER?

outra complicação é nossa relação com as ordens sociais e culturais que criamos e habitamos. Tais ordens fazem de nós quem somos; não podemos nos separar delas completamente. No entanto, existe sempre mais em nós do que existe nelas; elas nunca nos esgotam. Por mais entrincheiradas que estejam contra o desafio e a revisão, e por mais bem-sucedidas que sejam em nos reduzir a seus agentes, no final sempre retemos o poder de desafiá-las e perturbá-las. Elas são finitas em relação a nós. Somos infinitos em relação a elas.

Para sermos livres, e obtermos mais plenamente a posse de nós mesmos, precisamos ter a capacidade de nos engajar nelas, ainda que obsessivamente e de todo o coração. Precisamos também, no entanto, reter – se possível por meio delas, mas se necessário contra elas – nossos poderes ativos de crítica e transcendência.

Na experiência histórica, as coisas não são organizadas para facilitar essa conquista. O engajamento pode ser rendição. O desafio pode ser isolamento. Ter de escolher entre tal rendição e isolamento equivale a ser diminuído e não livre. Essa escolha é outro conflito entre os requisitos que permitem o autodomínio.

A solução seria formar práticas e rotinas que diminuíssem a distância entre as atividades comuns, pelas quais reproduzimos um mundo social, e as atividades excepcionais, pelas quais, pouco a pouco e passo a passo, nós o mudamos. Então poderíamos estar dentro e fora de nossos mundos ao mesmo tempo. Aprenderíamos como nos engajar sem nos render.

Os dois grandes problemas de nossa experiência na sociedade – a relação do indivíduo com o outro e a relação do indivíduo e da humanidade com o contexto – andam juntos. Nosso extravasamento de todas as ordens sociais e culturais limitadoras – um extravasamento que revela o resíduo de infinito dentro de nós – toca e transforma nossas relações um com o outro. É devido a esse resíduo que podemos ser capazes, no amor pessoal e na cooperação de índole inovadora, de reconhecer um ao outro e nos entregar uns aos outros como indivíduos originais que transcendem o papel e o contexto. É devido a esse

## O HOMEM DESPERTADO

resíduo que nossas formas de autodoação e de evasão são incapazes de ser circunscritas por qualquer fórmula.

Um indício da maneira como o problema da transcendência – de nossa relação com nossos contextos – transforma o problema da conexão – de nossa relação com as outras pessoas – é nossa insaciabilidade, incluindo nosso desejo insaciável de reconhecimento e aceitação. Exigimos das outras pessoas – daquelas que amamos, bem como daquelas que não amamos – o que nenhum ser humano pode dar ao outro: uma garantia incondicional de que existe um lugar para cada um de nós no mundo, não só como um organismo mortal, mas também como um espírito que transcende o contexto. Nada e ninguém chega a ser suficiente.

Nossa insaciabilidade é uma expressão de nossa imensidão. Está também relacionada com nossa evasividade – para conosco, bem como para com os outros. Quando Heráclito disse que a alma de outra pessoa é um continente escuro que jamais pode ser visitado ou explorado, ele deixou de reconhecer que a imaginação, incluindo a imaginação da experiência de outras pessoas, poderia ter uma história, mas reconheceu as consequências de nossa imensidão, apesar de nossa condição oculta.

A insaciabilidade não é algo que possamos jamais superar sem violentar nossa humanidade. Se impomos um feitiço sobre nós mesmos para aplacar o desejo insaciável e oferecer um ao outro uma benevolência serena e distante, em vez de um amor perigoso, como o antigo e universal ensinamento da ordem hierárquica no indivíduo e na sociedade recomendava, nós só amortecemos a insaciabilidade se ofuscarmos a vida. Envenenamos nossas relações interpessoais negando um ao outro o reconhecimento do infinito interno. Não podemos deixar de ser insaciáveis – exigindo o incondicional do condicionado – sem deixar de ser humanos.

Ainda assim, a relação entre os problemas de conexão e transcendência é uma descoberta histórica e uma conquista política, não apenas um fato atemporal sobre a natureza humana. Cada invenção religiosa que afirma a transcendência do espírito; cada conflito social que abala as divisões e hierarquias entrincheiradas da sociedade; cada profecia política de cooperação sem coerção e subjugação; e cada fortalecimento do nosso poder de imaginar a experiência oculta de outras pessoas contribui para o seu avanço. Assim como o segundo lado da mente – seu poder de iniciativa desligada de fórmulas, sua infinidade recursiva e capacidade negativa – pode vir em maior ou menor medida ao primeiro plano de nossa experiência mental conforme a maneira como a sociedade e a cultura são organizadas, assim o mundo da sociedade e da crença pode ser arranjado para exibir e despertar, ou para ocultar e suprimir, nossa insaciabilidade.

Assim, tudo em relação a nós pode ser reinventado, não a partir de uma regeneração súbita e geral, mas de um alongamento contínuo até os limites: o modo como somos entediados ou viciados, ou vaidosos e orgulhosos. Podemos formar a ideia de estar entediados formando a ideia de sermos insaciáveis. Podemos encontrar o caráter de nossa vaidade – nossa dependência da opinião que as outras pessoas têm de nós – ou de nosso orgulho – nosso fingimento de indiferença a tais opiniões – transformado pela demanda de sermos cada vez mais reconhecidos não por algo em particular – o desempenho de uma vocação honrada ou um papel habitual –, mas por algo geral – o *pathos* de um ego que desperta para sua própria infinidade lutando contra o seu contexto. Como tudo mais, a relação entre os problemas de conexão e transcendência se desenrola no tempo. Como tudo que é humano, acontece na história.

Agora, porém, chegamos ao limiar de outro aspecto da autodivisão que causa nossa infelicidade. Não somos ainda, pelo menos não plenamente, esses seres capazes de se engajar sem se render e de nos entregar uns aos outros no amor pessoal, ou de trabalhar uns com os outros em cooperação de índole inovadora, como os indivíduos radicais originais que podemos todos desejar ser. Ainda não somos essas pessoas. Precisamos refazer a sociedade e a cultura para que possamos nos tornar tais pessoas mais completamente; para que possamos concretizar, numa porção maior da nossa experiência, as formas de experiência excepcionalmente incorporadas nos casos limitadores do amor pessoal e da cooperação de índole inovadora. Desse modo, podemos fazer um mundo seguro para a humanidade e nos elevarmos nele. Podemos nos tornar mais divinizados.

O comprometimento nessa direção e a concepção de um ser humano animando esse comprometimento vivem nos grandes projetos da democracia e da cidadania, que por algum tempo têm gozado de uma autoridade sem rival no mundo inteiro. Apesar disso, a determinação de remodelar a sociedade em nome deles está longe de não ser controvertida. Ao contrário, encontra resistências a todo momento. Mesmo entre seus partidários, suas implicações para a reorganização da vida social são alvos de disputa. As discordâncias resultantes formam a matéria dos conflitos ideológicos dos últimos séculos. Esses conflitos não chegarão a um fim; simplesmente mudarão em conteúdo e se expressarão em formas pouco familiares.

Para progredir na solução dos problemas da relação do indivíduo com os outros, bem como do indivíduo com o contexto, precisamos reconstruir o mundo – o mundo social. Essa reconstrução, no entanto, se tornará uma luta; o caminho do avanço será sempre contestável e contestado. A luta pode ser pacífica ou violenta. Mesmo em suas formas pacíficas, será cheia de mágoa e perigo. Consequentemente, provocará medo. Podemos esperar diminuir seus perigos organizando, por meio da democracia e do experimentalismo, uma forma de vida social aberta à autorrevisão organizada. No entanto, ainda ficaremos opostos uns aos outros, mesmo em nossas disputas sobre o modo como a autotransformação coletiva deveria ser arranjada, bem como sobre os fins aos quais deveria ser endereçada e os valores pelos quais ela deveria ser suspensa ou contida. Quanto mais conseguirmos diminuir a dependência da mudança na crise, mas profundos nossos antagonismos poderão se tornar.

É um caminho que não podemos recusar. Se recuarmos dessa disputa, não só em relação a ideias, mas também com outras pessoas, deixaremos de aplacar as tensões gêmeas entre as condições que permitem a autoafirmação – as tensões sobre nossa relação com outros indivíduos e sobre nossa relação com o contexto coletivo de arranjos e crenças. Um indício de nosso fracasso é que nossos apegos e lealdades serão maculados pela submissão, escondendo e enfraquecendo os poderes do desafio e da autorreinvenção intrínsecos a nossa primeira natureza, e que deveriam se tornar centrais à nossa segunda natureza. No limite extremo, a sociedade e a cultura serão organizadas para misturar subjugação, troca e lealdade na mesma relação; a sentimentalização da troca desigual se tornará a fórmula característica da vida social.

A fonte fundamental de divisão e infelicidade nesse domínio de nossa experiência não é que as condições que permitem nosso autodomínio entrem em conflito da maneira como descrevi. Podemos abordar esse conflito e diminuí-lo contra o tempo. O sucesso na sua diminuição e infelicidade está no preço que devemos pagar para sua solução. O preço é a necessidade de lutar com outras pessoas pelo caminho à frente. Lutar com esses problemas é lutar um contra o outro, quando parte do que queremos, e precisamos, desde a partida, era reconciliação. Como podemos reformular sem lutar ou lutar sem magoar?

### Individualidade e caráter

O terceiro domínio em que encaramos a tarefa de construir um mundo humano adequado a organismos mortais que são também espírito encarnado é nossa relação com a forma enrijecida do indivíduo num caráter programado e suas rotinas de comportamento e percepção. Devemos aceitar a repetição e devemos também fazer guerra interminável contra ela.

Devemos aceitar a repetição e sua codificação num caráter, porque a repetição e sua codificação representam os princípios da economia e da integração, indispensáveis ao desenvolvimento de um indivíduo. Recusar a repetição e sua expressão numa versão acomodada do indivíduo não é aceitar a si mesmo. É criar o palco para uma contradição

O HOMEM DESPERTADO

insolúvel entre a ambição espiritual e a vida cotidiana. À maneira do romantismo e da via negativa, o espírito sempre irá pairar acima do mundo prosaico, no qual a repetição deve abundar para que a novidade seja possível.

Levaríamos então nossas vidas sob a sombra de um erro: erradamente suporíamos que podemos estar plenamente vivos somente em interlúdios em que conseguíssemos brevemente erguer a mão morta das instituições e das práticas, das rotinas e compulsões, sabendo que a mão logo se abateria sobre nós de novo. Não conseguiríamos então reconhecer que não estamos limitados a substituir algumas instituições e práticas por outras; podemos criar instituições e práticas que, diminuindo a distância entre os movimentos comuns pelos quais as reproduzimos e os movimentos extraordinários pelos quais as modificamos, nos tornam maiores, mais livres e mais plenamente humanos. Em termos gerais, podemos mudar o local da repetição na vida individual e social e transformá-la, a grande custo e a partir de passos lentos e penosos, numa condição de invenção e transcendência.

Ao reduzirmo-nos a uma versão rotineira de nós mesmos, deixamos de ser plenamente humanos. Nós nos tornamos pequenos e começamos a morrer. Negamos o atributo de transcendência sobre cada determinação finita que é a condição do espírito encarnado. Como resultado, perdemos nosso domínio dos meios com os quais adequadamente compreenderíamos, com muito menos possibilidade para resolver, os problemas apresentados por nossa relação com os outros e com nossos contextos. Para encontrar algo melhor do que a distância média em nossa relação com os outros, devemos ser capazes de experimentar com nós mesmos. Para buscar mudança em nossa relação com os cenários coletivos de arranjo e crença, precisamos ser capazes de buscar mudança em nossa relação com nosso próprio caráter e hábito. Não podemos mover nosso mundo se permanecemos nós mesmos sem nos mover.

Aqui, então, ainda é uma terceira fonte de divisão e infelicidade em nossa experiência e outro obstáculo a nosso autodomínio. Dizer que precisamos tanto assumir nosso caráter e nossos hábitos e ser capazes, do lado de fora ou além deles, de desestabilizá-los e transformá-los, não é uma solução. É apenas o nome de uma solução. Seria vital formar certa ideia do eu como contextual e, ao mesmo tempo, transcendente sobre o contexto. Mas seria também necessário vivermos de certa maneira, deliberadamente nos colocando acima das circunstâncias que enfraqueceriam as proteções do hábito e desestabilizar os estratagemas do caráter, com uma esperançosa e paciente disponibilidade do que poderia vir e uma consciência de que aquilo que poderia vir pudesse ser desapontamento e sofrimento.

Esse trabalho de autorreinvenção poderia ser apoiado por uma organização da sociedade que desse a todo mundo equipamento e proteção, afrouxando as amarras da dependência e da incapacidade, e atenuando as distrações do medo. Poderia ser inspirado por uma cultura que estabelecesse no seu centro um ideal de vulnerabilidade elevada aceita em nome da autotransformação e da autotranscendência. No entanto, não podemos esperar que esse trabalho seja cumprido no longo tempo da história porque só vivemos uma vez, aqui e agora.

## Tempo histórico e biográfico

Essas três causas de divisão e infelicidade em nossa experiência permitem e exigem uma resposta. A resposta é organizar a sociedade e a cultura numa direção particular. O resultado, porém, não é uma solução – pelo menos não uma solução satisfatória – para o indivíduo que deve levar sua vida dentro do breve período de anos que lhe é alocado; é, na melhor das hipóteses, uma solução para a espécie na longa marcha da história.

Que o problema existencial permite uma solução política – na medida em que pode ser resolvido de todo – fica mais claro com respeito ao segundo dos três domínios discutidos neste capítulo. Como poderíamos começar a superar o conflito entre os requisitos que permitem a autoafirmação: nos conectar mais com os outros e, no entanto, não pagarmos, por essa conexão, o preço da subjugação e da despersonalização? Ser capazes de nos engajar numa sociedade e cultura particulares e, ainda assim, não rendermos a ela nossos poderes de resistência e transcendência? E como poderíamos lutar com outras pessoas, como devemos fazer, pelas formas que tal mudança traria sem comprometer nossas chances de reconciliação com elas? Somente mudando o contexto das condições da vida social.

Parece inicialmente não haver respostas que o indivíduo poderia dar, dentro do período de sua própria vida, a essas perguntas, somente respostas políticas, na medida em que cheguem a existir respostas. Tais respostas políticas requerem a revisão cumulativa dos termos de nossa vida juntos. Na parte seguinte deste livro vou discutir os atributos e requisitos de tal prática generalizada e contínua de revisão social.

Conforme a sociedade é reformada e reimaginada na direção marcada por essa prática de autodescoberta e autorrevisão, ganhamos uma melhor oportunidade de nos engajar sem nos render, e de conectar com outras pessoas sem renunciar à afirmação do eu. Como resultado, temos também menos necessidade de lutar – de lutar com os outros – para nos tornarmos nós mesmos.

Que possamos abordar as outras causas de divisão e infelicidade em nossa experiência ao remodelar a sociedade e a cultura pode parecer menos claro. E, no entanto, nós podemos.

Para que o indivíduo tenha uma melhor chance de formar um conjunto de rotinas de comportamento e de percepção das quais possa mesmo assim se livrar, é preciso que ele viva numa sociedade que o torne tanto seguro como capaz, que amplie suas oportunidades de experimentar as possibilidades da vida e que o impeça de fazer o papel de porta-voz de um roteiro que ele nunca escreveu e que mal entende. É preciso que viva numa cultura cujas práticas e cujos discursos se voltem contra si mesmos e encurtem a distância entre a reprodução do existente e a sua reorganização.

O QUE DEVERÍAMOS ENTÃO FAZER?

Para que a mente mantenha seu domínio sobre o mundo manifesto enquanto se liberta da união das percepções habituais com categorias familiares, o indivíduo deve viver numa cultura que progressivamente dissolve contrastes rígidos entre a ciência e a arte para aprofundar e refinar, em vez de suprimir e subverter, nossa experiência da realidade do tempo e da diferença. Ele deve viver numa sociedade comprometida em despertar e equipar em todas as pessoas, mais do que apenas numa elite de visionários, os poderes da imaginação.

Soluções para os problemas de nossa divisão e infelicidade que requerem a remodelação a longo prazo da sociedade e da cultura não chegam a ser, no entanto, em certo sentido, soluções. Elas acontecem no tempo histórico. Nós vivemos no tempo biográfico e estamos mortos antes que elas se tornem reais.

O contraste entre o tempo histórico e o tempo biográfico – entre o que a espécie e o que o indivíduo podem alcançar – ameaça restabelecer dentro do mundo humano a desproporção entre natureza indiferente e humanidade frágil. De que vale desenvolvermos um mundo, nosso próprio mundo, capaz de sustentar seus próprios significados acima do vazio, se só podemos fazê-lo numa escala de tempo que não é a escala de uma vida humana? Se tentarmos nos transformar nos instrumentos sacrificiais de um projeto coletivo de transformação, arriscamos nos tornar não só inimigos de nós mesmos, como também perigos para a humanidade. O eu real, incorporado, com seus interesses recalcitrantes e suas limitações de visão, reagirá lutando, manipulando em seu próprio proveito o fingimento da magnanimidade sacrificial.

A resposta, na medida em que existe uma resposta, reside numa tradução que é também uma profecia. O indivíduo precisa traduzir a esperança coletiva numa maneira de viver justamente agora. Por exemplo, ele deve aprender a imaginar e a tratar os outros como seres que transcendem o contexto e os originais radicais que poderão se tornar. No meio dessa luta, deve permitir a si mesmo que seja atraído por alguns desses outros. Deve rebelar-se contra as restrições da ciência e da arte, exigindo e prenunciando na imaginação aquilo que elas ainda não são capazes de dar: a reconciliação do imediatismo visionário com investigação causal. Ele deve tratar a repetição como uma incitação para fazer o que ainda não é repetível. Em todas essas maneiras, ele deve viver para o futuro – tanto o longo futuro da humanidade e o seu próprio breve futuro – como certa maneira de viver no presente como um ser não plenamente determinado pelas presentes circunstâncias de sua existência.

## As profecias da arte

Temos um indício de que essa direção para a mudança da existência individual e coletiva não é mera fantasia especulativa; que tem uma base nas mesmas realidades da existência que são também as fontes de nossa autodivisão e infelicidade. Esse indício é o lugar das artes em nossas vidas.

A arte é uma promessa de felicidade. Conforme seu conteúdo e o nível de sua esperança, ela é uma promessa de dois tipos diferentes de felicidade: a felicidade da inteireza e a felicidade da resolução. Uma obra de arte trágica não nos mostra uma maneira de superar nossa autodivisão, mas nos mostra como, com largueza de visão e com ação, podemos nos agarrar a ambos os lados de cada uma das divisões que assolam nossa experiência. Podemos resistir a nos tornar metade de um ser humano; podemos permanecer inteiros. Uma obra de arte cômica nos promete mais do que a inteireza: a superação das divisões, sua reconciliação numa vida transformada. Se a alternativa à filosofia perene em favor da qual eu debato neste livro é justificada, a comédia é de fato mais profunda ou mais verdadeira do que a tragédia.

Esqueçam, porém, o conteúdo de obras de arte particulares e busquem apenas sua forma, e a prática de fazer arte e se engajar com ela, sob qualquer forma. Vocês verão então que a arte, por sua própria natureza, e independentemente do caráter trágico do seu conteúdo, corporifica a esperança maior – a esperança da resolução – e transforma

## O QUE DEVERÍAMOS ENTÃO FAZER?

essa esperança numa forma de visão. É esperançosa ainda quando parece ser desesperada. Cada tipo de arte, de acordo com o seu meio de expressão, é esperançoso numa maneira diferente.

A música é uma profecia de nosso poder de aceitar a nós mesmos aceitando a repetição, enquanto nos tornamos livres e grandes desafiando a repetição; ela é um encantamento, uma exultação, um alerta produzido inteiramente a partir de uma dialética entre o repetido e o divergente em som. A repetição deixa, na música, de ser uma prisão; ela se torna, como deveria ser em nossa experiência, a condição do novo. O que parece uma exploração remota de consonância e dissonância expressa uma esperança que é central à nossa humanidade.

As artes visuais são uma profecia do nosso poder de reconciliar a imaginação do mundo manifesto de distinção e modificá-lo com a descoberta da estrutura oculta; seu tema universal é a profundidade da superfície. Agarrar-se à superfície das coisas ou de suas qualidades percebidas e, no entanto, enxergar nessa superfície, representando o que está ausente e imaginando-o transformado, é o que esperamos nas artes visuais.

As artes faladas e escritas são uma profecia do poder de cada um de nós de conectar com outras pessoas sem renunciar à sua experiência distinta e voz única. Ainda quando são trágicas em conteúdo, parecendo desesperar de qualquer resolução, elas fornecem uma espécie de resolução de sua própria feitura. A conexão do autor ou do narrador com leitores ou ouvintes afirma a esperança de que sua comunicação pode se tornar mais do que um intercâmbio de autoprojeções e equívocos recíprocos; ele e eles podem escapar do aprisionamento em sua própria consciência.

Nenhuma concepção da vida humana pode soar verdadeira se deixar de fazer sentido dessas profecias. Nenhum projeto para a transformação da vida humana deveria comandar a autoridade se deixasse de sugerir como podemos começar a agir sobre elas.

# 10. Sociedade: a perpétua invenção do futuro

Não somos ainda plenamente os seres que não só transcendem seus contextos, mas também fazem contextos que reconhecem e alimentam essa capacidade de ultrapassar o contexto. Precisamos nos tornar tais seres. Fazer isso é o trabalho da democracia. De forma geral, é a tarefa de uma direção de reforma, na sociedade e no pensamento, pela qual encurtamos o abismo entre nossas atividades preservadoras-de-contexto e transformadoras-de-contexto. Assim que fomos suficientemente longe nessa direção, produzimos a invenção permanente do futuro – de futuros alternativos. Servir como a ideologia operacional de tal empreitada é a principal responsabilidade prática de um pragmatismo desacorrentado.

Para ser fértil e realista, esta atividade de reforma deve conectar-se com um desenvolvimento de fato: aquele que incorpore o projeto que mais se assemelhe e prenuncie a ideia de tal direção de mudança – mudança no próprio caráter de nossa relação com os cenários organizados de nossa vida e de nosso pensamento. Existe tal projeto. Suas expressões institucionais e conceituais permanecem fincadas nos acidentes da história – a história das instituições e a história das ideias. É rica em ambiguidade e indeterminação. Podemos guiá-la para direções que são

O HOMEM DESPERTADO

mais inclusivas e experimentais ou mais restritivas e dogmáticas. Sua resultante é a resultante que conseguirmos lhe dar, mas nosso futuro não é mais separável do futuro dela.

Chamem a este projeto de cooperação experimentalista. Está enraizada hoje principalmente nas empresas e nas escolas – nas melhores empresas e nas melhores escolas. No entanto, seu alcance se estende à organização da política e da cultura.

A cooperação experimentalista é uma maneira inovadora de executar tarefas práticas caracterizadas pelos seguintes aspectos, entre outros.

Um primeiro traço é a suavização do contraste entre papéis supervisores e implementadores. As tarefas são redefinidas à medida que são executadas, à luz de oportunidades e restrições recém-descobertas.

Um segundo atributo, intimamente ligado ao primeiro, é a relativa fluidez na definição dos papéis de implementação. Não existe nenhuma definição técnica rígida do trabalho.

Uma terceira marca é a capacidade de mover o foco de um novo esforço, até onde as restrições práticas podem permitir, para a fronteira de operações que ainda não são prontamente repetíveis porque ainda não aprendemos a colocá-las numa fórmula. Quaisquer que sejam os movimentos conceituais ou práticos que possamos repetir segundo fórmulas também podemos incorporar numa máquina. Aceleramos o movimento entre o repetível e o ainda não repetível usando a incorporação mecânica do primeiro para poupar tempo e energia para o segundo.

Estas três primeiras características possibilitam aos parceiros envolvidos em lides práticas de cooperação experimentalista que incorporem as relações entre as partes componentes da própria razão prática. A decomposição e recombinação experimental das tarefas traduzem na organização do trabalho todas as variações de análise e síntese. A cooperação experimentalista equivale a uma espécie de esforço para transformar a sociedade num espelho da imaginação.

Os dois aspectos seguintes desta prática sugerem o caráter das disposições sociais mais importantes para o seu funcionamento.

## SOCIEDADE

Uma quarta propriedade é a disposição de combinar e sobrepor, nos mesmos domínios, cooperação e competição. Sob um regime de competição cooperativa, por exemplo, as pessoas competem em alguns aspectos ao reunir recursos, ideias ou esforços em outros. Como resultado, eles moderam, mesmo que não consigam superar, a tensão entre economias de escala e flexibilidade de iniciativa.

Um quinto indício é a predisposição de grupos engajados na cooperação experimentalista para reinterpretar seus interesses de grupo e identidades à medida que seguem em frente – e para esperar reinterpretá-los – em vez de aceitá-los como se apresentam.

Esta é uma abordagem do trabalho conjunto que a fábrica de alfinetes em série concebida por Adam Smith ou a produção em massa da Ford não podem representar adequadamente. Do ponto de vista privilegiado da oportunidade produtiva que informa esta abordagem, a fábrica de alfinetes de Adam Smith ou a linha de montagem da Ford representam variações limitadas e limitantes, justificadas apenas sob certas condições e cada vez mais inadequadas às condições de economias orientadas pela inovação e das sociedades e culturas em que elas existem.

Os cenários mais familiares para este conjunto de práticas hoje em dia são as empresas e escolas mais avançadas em conhecimento intensivo. É delas que cada vez mais esperamos novidade e riqueza. A rede mundial que elas começaram a formar promete tornar-se a força dominante na economia global. No entanto, tais vanguardas permanecem fracamente conectadas com o resto da economia e da sociedade: mesmo nos países mais ricos, a vasta maioria das pessoas continua excluída delas e não tem nenhuma perspectiva de juntar-se a elas. As vanguardas dependem para o seu vigor de condições especiais – por exemplo, tradições de trabalho artesanal independente de alta qualidade ou de elevado patrocínio educacional, organização comunitária e bom governo – que estão ausentes na maior parte do mundo.

O HOMEM DESPERTADO

Os dois grandes dispositivos disponíveis para reequilibrar as consequências de exclusão das divisões entre estas vanguardas e as retaguardas econômicas e sociais que as cercam – redistribuição compensatória através de impostos e transferência e apoio a pequenas propriedades e negócios familiares – não são o bastante. Elas atenuam uma divisão que são incapazes de refazer ou substituir. Seu trabalho consiste em humanizar o supostamente inevitável. Elas deixam a sociedade dividida. As vastas massas de homens e mulheres comuns não têm acesso aos arranjos e às dotações que desenvolveriam e aproveitariam suas energias.

O que seria necessário para superar essa divisão em vez de apenas contrapor, fraca e seletivamente, algumas de suas consequências? Precisamos reconhecer que este experimentalismo avançado é simplesmente a mais recente e a mais extrema versão de uma gama mais ampla de capacidades cooperativas e experimentais. É na sua posse e propagação que o sucesso prático das nações vem dependendo cada vez mais.

Alguns países parecem ter sucesso tanto em arranjos orientados para o mercado como dirigistas. Eles demonstram uma capacidade de se deslocar entre tais arranjos conforme a circunstância requer ou sugere, como se os modelos institucionais que adotam, descartam e combinam fossem muitas máscaras a serem usadas de acordo com a ocasião. Outros países fizeram uma confusão de abordagens dirigistas e orientadas para o mercado. Não conseguiram remediar seus fracassos numa destas direções, movendo-se para a outra.

As disputas institucionais e ideológicas familiares dos últimos duzentos anos, com seu foco obsessivo no Estado e no mercado como principais pilares opostos da organização econômica e do crescimento econômico, deixam de captar algo importante sobre os requisitos para obter sucesso prático da vida social. O que eles deixam de captar se reporta ao debate sobre as condições e as vantagens da invenção permanente do futuro.

Alguns regimes de cooperação são mais hospitaleiros à inovação – tecnológica, organizacional, social e cultural – do que outros. Eles

## SOCIEDADE

moderam a tensão que inevitavelmente existe entre os imperativos de cooperação e inovação que são centrais e universais em todas as atividades práticas, incluindo a produção e a troca de bens e serviços. A cooperação experimentalista descrita anteriormente é apenas um passo numa direção e um subconjunto de um conjunto maior e aberto de práticas que diminuem a interferência entre os imperativos mutuamente dependentes de cooperação e inovação.

Certos modos de organizar a sociedade e a educação favorecem o movimento nesta direção, enquanto outros o desencorajam. Ajudando a reconciliar os imperativos de cooperação e inovação, eles também permitem às sociedades que mudem de acordo com a circunstância entre diferentes orientações institucionais e políticas, com sucesso similar. Nenhuma sociedade está condenada a permanecer no seu nível atual de desvantagem comparativa na posse e difusão das capacidades que tais práticas possibilitam. Toda sociedade pode tentar reorganizar-se para dominá-las mais plenamente e para colher seus benefícios.

Levem em consideração as três condições seguintes, cada uma delas rica em conteúdo e consequência institucional, que ajudam as sociedades a alcançar tal domínio, propagando através de nossa experiência social um poder de revisão e transcendência. Elas são ao mesmo tempo exigências e atributos de um experimentalismo democrático generalizado. Não são simplesmente a base social para fortalecer e propagar a cooperação de índole inovadora; são também os instrumentos favoritos de uma resposta política ao problema, discutida no capítulo anterior deste livro, do conflito entre os requisitos que permitem a autoafirmação. É graças a elas que podemos esperar desenvolver formas de vida social que nos permitam melhor conectar com os outros sem renunciar a nós mesmos e participar numa sociedade e numa cultura sem nos rendermos a elas.

Uma primeira condição é evitar as extremas desigualdades da oportunidade, do respeito e do reconhecimento, bem como a incansável insistência na igualdade de recursos ou de resultados. É menos importante que o indivíduo seja capaz de melhorar a sua condição (ou ver seus filhos melhorarem a condição deles) do que zelar para que a estrutura da divisão e hierarquia social não predeterminem rigorosamente demais como as pessoas podem trabalhar juntas. O que importa é que o roteiro social e cultural que guia a abordagem para a cooperação seja ilimitado. Espaço para manobra no negócio de trabalho conjunto é o que mais conta.

Esta meta vai exigir a limitação da transmissão hereditária da vantagem econômica e educacional através da família. Além do mais, será incompatível com uma meritocracia entrincheirada e extrema, que privilegia uma hierarquia fechada de valores e concentra as vantagens naqueles que crescem nessa hierarquia.

A igualdade de oportunidade será pequena demais: poderá ser compatível, por exemplo, com uma meritocracia que impede decisões de base ampla nas decisões da vida social e econômica e que coloca a sociedade sob o mando de uma elite meritocrática. A igualdade de circunstância, mesmo quando reduzida a um princípio de tolerância para as desigualdades que beneficiam os piores, será demasiada; ela dará uma prioridade não merecida a um objetivo que é de fato acessório. O importante é nos tornarmos, individual e coletivamente, maiores e mais livres, banindo desigualdades extremas e entrincheiradas porque elas se interpõem às iniciativas pelas quais nós nos elevamos.

Nenhuma acumulação de desigualdades entrincheiradas – seja de oportunidades e recursos ou de respeito e reconhecimento – deve ter a permissão de subsistir se tiver como sua consequência negar a qualquer grupo ou classe as ocasiões e os meios para a ação e o engajamento (o princípio da agência). Além do mais, nenhuma capacidade individual diminuída de ação ou de agência deve ficar sem um esforço compensador pela sociedade de assistir a fraqueza e os fracos, não apenas com transferências de dinheiro, mas também com assistência pessoal. As pessoas devem se tornar responsáveis pelo cuidado umas das outras (o princípio da solidariedade). Devemos levantar a grade da divisão e da hierarquia social apoiando-nos em nossas relações uns com os outros.

SOCIEDADE

Uma segunda condição é enfatizar as capacidades dos homens e das mulheres comuns, tanto os salvaguardando contra a opressão governamental ou social como lhes dando equipamento educacional e econômico. A concessão de tal equipamento não deve depender da posse de postos especiais ou do desempenho de papéis particulares. Pode incluir, por exemplo, uma reivindicação de educação ao longo da vida, tanto nas capacidades genéricas práticas e conceituais e dotes especializados, como num estoque mínimo de recursos básicos e herança social.

Uma educação que prepara o indivíduo tanto para atuar quanto para resistir, e que mostra na prática como a cooperação pode servir à inovação, possui características distintas. É analítica e problemática em vez de meramente informativa, seletiva em vez de enciclopédica, cooperativa em vez de individualista ou autoritária, e dialética (isto é, atuando pelo contraste de opiniões) em vez de canônica. A escola deve falar pelo futuro mais do que pela comunidade ou pelo governo. Deve reconhecer na criança um profeta tartamudo, resgatando-a de sua família, sua classe e sua época.

Qualquer conjunto de arranjos para garantias protetores-de-capacidade e para recursos realçadores-de-capacidades necessitará estar isenta da agenda política a curto prazo: por exemplo, sendo constitucionalmente entrincheirada. No entanto, algumas formas de isenção serão mais rígidas da sociedade do que outras; devemos preferir aquelas que a enrijecerem menos, deixando mais abertura para o experimento e a invenção.

Uma terceira condição é estender na vida social a suscetibilidade de todos os arranjos e práticas para a transformação experimental (o princípio da revisão). Uma ordem social e cultural pode diferir de outra no grau em que ela se bloqueia contra o desafio e a mudança, alongando a distância entre os movimentos comuns que fazemos dentro de uma moldura institucional e ideológica que tomamos por dada e os movimentos extraordinários pelos quais desafiamos e mudamos peças da moldura. Quanto mais uma ordem destas se torna entrincheirada, mais ela se disfarça como um objeto natural em vez de um artefato construído por nós; e mais ela se torna um destino falso. A consequência prática é maximizar o grau em que a mudança depende da crise, escravizando-nos à nossa própria criação coletiva.

É do nosso interesse nos movermos na direção oposta, adotando práticas e instituições que encurtem a distância entre nossos movimentos preservadores-de-contexto e transformadores-de-contexto, diminuindo a dependência da transformação do trauma e desnaturalizando as estruturas da sociedade e da cultura. Este interesse se aplica com força e precedência especiais a nossos arranjos políticos: eles estabelecem os termos pelos quais revemos todos os outros arranjos e reveem seus termos de revisão.

A prática revisionista deveria incluir também inovações na organização legal-institucional tanto da economia de mercado como da sociedade civil. Diferentes regimes de propriedade privada e social deveriam coexistir experimentalmente dentro da mesma economia regional, nacional ou global. Agentes econômicos deveriam ser tão livres quanto possível para se mover entre os regimes segundo a natureza de sua empreitada.

Um sinal de sucesso no preenchimento destas condições, e mais diretamente da terceira, é que teremos diminuído a dependência da mudança de crise e trazido a sociedade e a própria vida a um nível mais elevado de conscientização e intensidade sem a provocação de catástrofe.

Estas não são simplesmente as condições favoráveis às capacidades distintas que rotulei de experimentalista ou de cooperação de índole inovadora. Nem deveríamos valorizá-las meramente porque promovem o progresso material, ajudando a levantar os fardos da pobreza, da enfermidade e do trabalho penoso que continuam a pesar sobre a humanidade. Num nível, elas formam parte da base para nosso avanço ao dar uma resposta política e coletiva ao conflito fundamental entre os requisitos que permitem a autoafirmação. Em outro nível, elas apoiam a cultura pública de uma democracia inquisitiva, dentro da qual as

SOCIEDADE

preocupações e as ambições de um pragmatismo desacorrentado terão a melhor oportunidade de florescer. Elas elevam a humanidade, aumentando nosso poder de encontrar luz no mundo sombrio do lugar-comum e a descobrir o gênio construtivo nas capacidades de homens e mulheres comuns.

No entanto, elas não o farão automática e necessariamente. Elas só o farão se estes arranjos e condições forem combinados com o desenvolvimento das instituições, das práticas e do espírito de uma política democrática de alta energia. Tal política será organizada para favorecer a rápida resolução do impasse, o engajamento continuado da cidadania, o teste ampliado em lugares e setores particulares de alternativas para as soluções dominantes da vida nacional, a generalização de uma forma de herança social que garanta acesso às dotações e imunidades que promovem a capacitação e a ruptura deliberada de quaisquer instâncias de desvantagens entrincheiradas e de exclusão de pessoas que não sejam capazes de escapar pelas formas de iniciativa econômica e política disponíveis a elas.

O aprofundamento da democracia agora deve acontecer numa escala global. Num mundo de democracias, o valor da diferença entre as nações e da soberania nacional é desenvolver os poderes e o potencial da humanidade em diferentes direções. Não só não existe uma forma natural para a vida humana; não existe também nenhuma fórmula institucional e cultural definitiva para uma democracia, uma economia de mercado ou uma sociedade civil livre. Os Estados-nações e as comunidades regionais do mundo devem assim se tornar instrumentos de especialização moral dentro da humanidade.

Estamos diante de um duplo paradoxo na construção de tal ordem global. Por um lado, precisamos de diferença por causa da uniformidade. O desenvolvimento de uma humanidade comum exige o fortalecimento, não o enfraquecimento, de experimentos divergentes nacionais, subnacionais e supranacionais. A ausência de diferença real, aberta para experimento e conciliação, abre caminho para uma vontade impotente e enraivecida de diferença face ao declínio da diferença real

O HOMEM DESPERTADO

entre as nações, sendo o perigo que mais devemos temer. À medida que as nações ficam mais parecidas em organização e experiência, elas podem se odiar ainda mais pela diferença que desejam e pela diferença que perderam. Dotá-las das ferramentas da originalidade coletiva é um dos grandes interesses da humanidade.

Por outro lado, precisamos da uniformidade em função da diferença. A capacidade de criar diferença com base nos direitos individuais e do empoderamento democrático mais do que com base na tradição fossilizada – tornar as diferenças que criamos mais importantes do que aquelas que herdamos – pode exigir que as sociedades contemporâneas passem por um portal comum de inovações democratizantes e experimentalistas na organização das políticas, das economias e das sociedades civis. Em cada domínio da vida social, encontramos hoje no mundo uma faixa estreita de opções institucionais disponíveis – diferentes maneiras de organizar o Estado ou a empresa, a família ou a escola. O repertório institucional é o destino das sociedades contemporâneas; ampliar o repertório é rebelar-se contra o destino.

Começando de onde estamos, porém, nossa primeira tarefa é desenvolver as instituições e as práticas de uma democracia de alta energia, uma economia de mercado democratizada, uma sociedade civil organizada e independente e um talento educacional e econômico do indivíduo para a resistência, bem como para a ação. As reformas capazes de produzir esse efeito podem parecer similares ao longo de uma ampla extensão de países nos quais podem ser executadas. No entanto, uma de suas justificações é facilitar divergência subsequente mais radical, na base dos direitos e talentos individuais, da política democrática e da experimentação generalizada.

Este não é um programa para um pluralismo desqualificado das formas da vida. Ele abrange o valor da abertura, mas repudia as ilusões da neutralidade. Nega, portanto, a distinção incondicional entre o certo e o bom. Almeja uma ordem global que torne o mundo seguro para a democracia e o experimentalismo, contendo, contrabalançando e, em última análise, minando todo poder hegemônico. Propõe um regime de comércio global que elege como sua meta de organização a reconciliação das trajetórias alternativas de desenvolvimento nacional dentro de uma economia mundial aberta mais do que a maximização do livre comércio. Rejeita um princípio para a construção de uma economia global que deixaria bens e capitais livres para rodar pelo mundo, mas que aprisionariam o trabalho dentro de nações ou dentro de comunidades de Estados-nações relativamente homogêneas. Insiste que o capital e o trabalho deveriam conquistar juntos, em pequenos passos incrementais, o direito de cruzar fronteiras nacionais. E vê nesta liberdade da mobilidade de trabalho a mais poderosa de todas as forças equalizadoras e um esteio da liberdade individual: uma garantia de que o indivíduo possa escapar da nação em que nasceu e escolher outra.

Apesar de todo o seu compromisso de se desenvolver através da diferença, esta proposta adere a uma visão particular. Identifica sua visão com os interesses materiais e morais mais fortes da humanidade e procura avançá-los através de um conjunto aberto, mas qualificado de experimentos na vida nacional. Associa-se com os liberais clássicos e progressistas contra os liberais e sociais-democratas de hoje em dia em dois aspectos decisivos e conectados.

Primeiro, acima da igualdade, valoriza a grandeza – o aprimoramento dos poderes e da experiência da humanidade comum e a proliferação dentro do gênero humano de personalidades e formas de vida fortes e contrastantes. Variantes heroicas e aristocráticas do autodomínio – autoenganosas, autodestrutivas e opressivas – devem ser reinventadas no processo de democratização. Desigualdades extremas e entrincheiradas erguem uma barreira insuperável para esta difusão do poder, da oportunidade e da intensidade. No entanto, a busca de um nivelamento rígido das circunstâncias é um substituto precário para tal mobilização de energia e tal expansão da personalidade.

Em segundo lugar, recusa-se a restringir suas ambições, a atenuar, por meio de direitos sociais e redistribuição compensatória, os efeitos

O HOMEM DESPERTADO

dos arranjos sociais estabelecidos sobre a desigualdade e a exclusão. Insiste em reingressar, com intenção reconstrutiva, nos terrenos da reorganização da política e da produção que a social-democracia do século XX logo abandonou. Neste sentido, compartilha a determinação dos liberais clássicos de avançar o seu projeto através de reformas ou práticas e instituições. No entanto, insiste na inadequação não só do programa institucional liberal clássico, mas também da explicação compartilhada pelos liberais e socialistas em relação às instituições e à mudança institucional. Vê como sua tarefa a demarcação de uma direção, definida pela mudança cumulativa e gradativa, em vez da provisão de um plano-piloto – uma direção que se torna abrangente pela continuidade de seus experimentos mais do que pela instantaneidade e amplitude de seu impacto. Além do mais, este programa pressiona os dois lados da conexão dialética entre a reforma de nossas instituições e a revisão de nossas concepções. Isso nos leva a outra visão de democracia, formando parte de outra visão de nós mesmos.

Não podemos alcançar uma democracia aprofundada dentro de uma globalização reorientada se continuarmos a acreditar que a criação da diferença é o problema ao invés de a solução ou a aceitar a ideia de que a política pequena cria grandes pessoas. Nem, no entanto, podemos alcançá-la através da devoção doutrinária a um programa de reforma institucional por atacado. Só podemos alcançá-la através da reinterpretação persuasiva de interesses reconhecidos.

O interesse mais poderoso em todo o mundo, tanto nos países mais pobres quanto nos mais ricos, é o interesse das vastas multidões de pessoas que aspiram a uma modesta prosperidade e independência, sonhando tanto com um pequeno negócio como com uma personalidade engrandecida. Este anseio pode ser redirecionado pela transformação de seus veículos habituais nas instituições da sociedade e nos mitos da cultura? Esta é, por toda parte, a pergunta vital que desafia os progressistas.

Eles não podem responder afirmativamente a essa questão se insistirem em combinar o radicalismo teórico sobre a redistribuição com o

SOCIEDADE

conservadorismo prático sobre as instituições. Só podem respondê-la afirmativamente descobrindo como reorganizar o ambiente prático de nossas vidas de maneiras que abram os arranjos e pressuposições da sociedade para o desafio e a mudança sem ajuda da crise e da calamidade. A causa compartilhada do experimentalismo democrático e do pragmatismo radicalizado não é humanizar a sociedade; é divinizar a humanidade – na vida do indivíduo, assim como na história da espécie.

# 11. Política: a democracia como o antidestino

## Experimentalismo democrático

A invenção permanente do novo requer que encurtemos a distância entre os movimentos habituais que fazemos dentro de nossos mundos sociais e os movimentos ocasionais pelos quais refazemos pedaços destes mundos. Ela requer que diminuamos a dependência da transformação da crise, tornando a mudança interna à vida social e diminuindo a influência do que veio antes sobre o que virá a seguir. Pressupõe que mesmo sem a provocação do trauma podemos tornar nossa vida cotidiana mais intensa, mesmo enquanto aprimoramos nossos poderes.

É mais fácil juntar um grupo de pessoas para obedecer a ordens do que para trazê-las à vida. A maior ambição da política não é ajudar a trazê-las para a ordem; é ajudar a trazê-las para a vida.

Na execução deste programa, um conjunto de práticas tem prioridade sobre todos os outros: nossas práticas políticas. Elas estabelecem os termos de revisão e a revisão dos termos de revisão, para todas nossas outras práticas. A forma de uma vida política de um povo que seja adequada ao programa, e à meta que o anima de nos tornar mais divinizados, deve ser uma forma que esteja livre de duas oposições de pensamento familiares.

O primeiro contraste que precisamos superar opõe a rotina e a política revolucionária. A política revolucionária mudaria os arranjos institucionais e as pressuposições ideológicas da sociedade, sob o comando de líderes visionários e maiorias energizadas em circunstâncias de crise nacional. Políticas de rotina redistribuem recursos materiais e simbólicos dentro de um quadro institucional e ideológico que deixa sem contestação, através de conciliações de interesse e de visão, intermediados por políticos profissionais, em circunstâncias não perturbadas por grande perigo econômico ou militar.

A ideia da política revolucionária, porém, é apenas um mito ou, pelo menos, um caso limitante. Ela é maculada pelo preconceito da teoria social europeia clássica, segundo a qual os ordenamentos institucionais e ideológicos da vida social são sistemas indivisíveis, cujas partes individuais se mantêm ou caem juntas. Fosse esse preconceito justificado, a vida política de um povo se restringiria a ajustes reformistas quando a ausência de crise lhe negasse a oportunidade de uma mudança revolucionária.

Com sua ideia fantástica de mudar o todo, a noção da política revolucionária se torna na prática um álibi para o seu oposto: a humanização de uma ordem que não sabemos mais como reimaginar ou como refazer. Nas sociedades contemporâneas, as duas principais formas desta humanização são a redistribuição compensatória por taxação e transferência e a idealização da lei como um repositório de princípios impessoais de direito e de políticas endereçadas ao interesse público. Mudança real na estrutura dos arranjos e das pressuposições que modelam nossos conflitos sobre os recursos do poder político, capital econômico e autoridade cultural pelas quais fazemos o presente no futuro é sempre mudança de uma parte. A política revolucionária real é a reforma revolucionária.

É verdade que em todas as diretrizes políticas modernas nós observamos uma sucessão de momentos de refundação e períodos de normalização. Na história dos Estados Unidos, por exemplo, os momentos de refundação foram o estabelecimento da República independente, a

POLÍTICA

Guerra Civil e suas consequências e a época da depressão econômica e da guerra mundial na metade do século XX. Apesar disso, o ritmo de aquecimento e resfriamento não é um fato natural na sociedade; é um produto do modo como as instituições, práticas e ideias organizam a relação entre a repetição e a inovação na vida política de um povo.

Todas as diretrizes políticas passadas e presentes, incluindo as democráticas, fracassaram completamente na tentativa de roubar a ordem social e cultural do seu aspecto falso de necessidade natural e a abrirem para nossos poderes de recombinação e renovação. Estabeleceram, por exemplo, uma associação exagerada e desnecessária entre a salvaguarda dos indivíduos contra a opressão governamental ou privada e a insulação da vida social estabelecida contra o desafio experimental e a revisão. Nesse sentido, elas ajudaram a produzir a alternância de aquecimento e resfriamento que nós confundimos com uma característica inerradicável da história.

Precisamos misturar as categorias de reforma e revolução. O que deveríamos querer é uma forma de vida política que nos permitisse mudar tudo na vida social, uma coisa de cada vez. Pode ser gradualista no seu método e, no entanto, revolucionário no seu resultado. Produz um alongamento e flexão sem fim que dispensa a ruína como incitamento à mudança. Permite-nos vencer o abismo entre pensar praticamente sobre os problemas e pensar profeticamente sobre as alternativas e mudar nossos contextos, pedaço por pedaço, enquanto executamos nossas tarefas, dia a dia.

A segunda oposição da qual precisamos nos livrar é o contraste entre uma república mítica em que as preocupações políticas absorvem o interesse privado e uma visão desencantada da política democrática moderna, em que a política expressa e serve interesses materiais e morais formados fora do campo político. Não pode haver uma síntese real entre os dois lados desta oposição: o segundo lado é real; o primeiro é meramente uma ideia pela qual expressamos nossa vergonha diante das consequências da crença, agora influente, de que a política deve ser diminuída, se quisermos nos tornar maiores.

O HOMEM DESPERTADO

A tarefa é assumir o lado real – o lado do indivíduo corporificado e situado, com seu encolhimento diante do furor da história, com sua parcialidade de interesse e de visão – e, daquele lado, expandir o escopo de suas responsabilidades, de suas simpatias e de seus poderes. Um sinal do sucesso deste esforço seria um aumento simultâneo e conectado, na ausência de crise, do nível de energia e do conteúdo estrutural da política – sua fecundidade na produção de experimentos e alternativas. Um segundo sinal seria a atenuação da qualidade excepcional ou extática da vida política: sua distinção das formas de decisão e coordenação em nossa existência cotidiana. Um terceiro sinal seria a generalização na sociedade da experiência da agência política efetiva: a solução de problemas coletivos através de soluções coletivas, modeladas em meio à controvérsia e conflito organizados. Um quarto sinal seria o fortalecimento, nas mentes de um grande número de indivíduos em muitos setores da vida, de uma ideia da vida política como um antídoto ao destino e como uma garantia a nossa capacidade de nos engajarmos num mundo social sem nos rendermos a ele.

Uma política capaz de superar estes dois contrastes na direção que descrevi deve hoje ser uma política democrática e experimentalista. Deve-se ver na democracia a expressão prática e institucionalizada da fé no potencial transformador de homens e mulheres comuns, em sua capacidade de governar seus próprios assuntos e de arrancar o poder de qualquer classe ou grupo que reivindique acesso privilegiado aos meios de fazer o futuro coletivo dentro do presente social. Mas para que tipo de democracia esta doutrina aponta?

## A radicalização da democracia

Nossos ideais e interesses são sempre reféns das instituições e práticas que os representam de fato. Depois das calamitosas aventuras e conflitos do século XX e da queda de muitas de suas esperanças utópicas, a humanidade se encontra amarrada a um repertório muito restrito

POLÍTICA

de opções institucionais para organizar cada parte da vida social. Estas opções são o destino das sociedades contemporâneas. Só podemos escapar a este destino renovando e ampliando este repertório.

Para fazê-lo, precisamos nos livrar das ilusões da falsa necessidade que corromperam a orientação dada pelo pensamento social às políticas transformadoras: as ideias de uma lista fechada de sistemas de organização social, da indivisibilidade de cada um destes sistemas e de sua sucessão histórica sob a pressão de forças com aparência de leis. Precisamos recapturar, plena e integralmente, a imaginação das alternativas. Para este fim, devemos nos dar conta de que pequenas variações institucionais podem exercer vastos efeitos práticos e que a direção tomada importa mais do que o tamanho de cada passo.

Nenhuma parte deste livro é mais importante do que a reconstrução da democracia, dado o papel da política no estabelecimento dos limites externos para a revisão de cada aspecto da sociedade. Considerem cinco conjuntos combinados de inovações, feitos inteiramente dos materiais de ideias e arranjos que são amplamente disponíveis na vida e no pensamento de sociedades contemporâneas. Cada um revela um aspecto distinto de uma maneira de pensar sobre como fazer o futuro dentro do presente. Os detalhes de qualquer programa desse tipo são de interesse circunstancial e efêmero. Os procedimentos de pensamento e os hábitos da mente que o informam podem viver mais tempo. A direção que ele assume revela o modo pelo qual uma concepção de humanidade como aquela desenvolvida neste livro pode ser concretizada numa forma prática de vida.

O primeiro conjunto de inovações favorece uma elevação contínua do nível de mobilização política, de engajamento popular na vida cívica. Serão iniciativas que reformam o financiamento da política, que dão maior acesso aos meios de comunicação de massas para movimentos sociais, bem como para partidos políticos, e que incentivam um contraste de alternativas claras na vida nacional.

O princípio é aquecer a política, mas fazê-lo de um modo organizado e não por meios anti-institucionais ou extrainstitucionais; para negar isso, precisamos escolher entre Madison e Mussolini. É um princípio em direta contradição com as pressuposições de uma ciência política conservadora que supõe existir uma relação inversa fixa entre o fervor mobilizante e a organização institucional da política. Ao contrário, as instituições políticas diferem crucialmente na extensão em que encorajam e apoiam o engajamento político popular.

A ideia subjacente é a de uma conexão entre o nível de energia numa forma de vida política e a sua fertilidade na produção de alternativas. A temperatura mais alta torna as estruturas da vida social mais líquidas. Este primeiro conjunto de inovações está assim diretamente conectado com nosso interesse em moldar arranjos que nos permitam melhor superar a diferença entre estar dentro de um mundo social e estar fora dele.

Um segundo conjunto de inovações aprofunda e alarga as conquistas do primeiro combinando características de democracia representativa e democracia direta. A democracia direta, não assistida por instituições representativas, deixa na verdade de funcionar em grandes Estados. Ainda assim, a pressuposição de que a democracia representativa e a democracia direta nunca deveriam se misturar é um preconceito dogmático, revelando uma imaginação empobrecida do potencial de influência recíproca entre nossos ideais democráticos e nossos experimentos institucionais.

A incorporação cumulativa de características da democracia direta na organização da democracia representativa é o antídoto mais poderoso contra a oligarquia em todas as suas formas sempre cambiantes. É também o instrumento mais eficaz por meio do qual fortalecer na vida política do povo o sentimento de ação individual efetiva, superando a sensação de futilidade da ação política e encurtando a distância entre a política e o resto da experiência social.

Esta incorporação da democracia direta na democracia representativa pode assumir formas tão variadas como o engajamento de comunidades locais na formulação e implementação da política social e das decisões orçamentárias e o uso de plebiscitos programáticos abrangentes para romper impasses entre os poderes políticos do Estado ou para mudar o curso da política e da lei sob qualquer sistema de governo.

A ideia animadora é a de que a ação e a responsabilidade produzem capacidade e esperança. Elas não o fazem subordinando ou sacrificando interesses privados a devoções públicas, mas, ao contrário, expandindo, pouco a pouco, a gama de nossos interesses e de nossas simpatias comuns, para que se tornem mais penetrantes e inclusivas. Assim, roubamos as estruturas que criamos de sua aura de naturalidade e necessidade. Avançamos no esforço de dispensar a calamidade como parteira da mudança. Conseguimos fazer a mudança vir mais de dentro: de dentro da sociedade e de dentro de nós mesmos.

Um terceiro conjunto de inovações tem como objetivo acelerar o ritmo da política transformadora e facilitar a reconstrução política da vida social, resolvendo o impasse entre centros e fontes do poder político de maneira rápida e decisiva. Uma característica do constitucionalismo liberal sob a separação dos poderes (como no sistema presidencial americano) é associar o objetivo liberal de fragmentar o poder com a meta conservadora de desacelerar a política. O resultado é estabelecer uma tabela de correspondências entre o alcance transformador de um projeto político e a severidade dos obstáculos constitucionais que sua adoção deve superar. Esta associação é tanto falsa como prejudicial às ambições do experimentalismo democrático. Podemos sustentar o princípio liberal enquanto repudiamos o princípio conservador.

Por exemplo, sob um regime presidencialista ao estilo americano nós poderíamos permitir ao Congresso e ao Presidente que convocassem eleições antecipadas que, no entanto, seriam sempre simultâneas para ambos os setores, de modo que o poder que exercesse esta opção teria de pagar o preço do risco eleitoral. Ou poderíamos fazer com que referissem o seu impasse ao debate e à decisão nacional mediante um referendo. Com tais dispositivos simples e familiares, poderíamos inverter a lógica política do regime, transformando-o numa máquina para acelerar a política transformadora ao invés de desacelerar.

O HOMEM DESPERTADO

Onde não existe separação de poderes (por exemplo, sob um sistema parlamentar clássico) tais inovações podem parecer desnecessárias. Ainda assim, o mesmo efeito de naturalizar a ordem social enfraquecendo as oportunidades para sua transformação política pode resultar da prática de promover barganhas entre interesses organizados poderosos, cada um dos quais capaz de estabelecer um veto. A solução é então insistir nos dois primeiros conjuntos de inovações neste programa para a radicalização da democracia. Eles minam a força repressora oligárquica sobre o poder. Ao mesmo tempo, na ausência de trauma, eles derretem os entendimentos cristalizados de grupos de interesses que dependem, por sua aparência de naturalidade, necessidade ou autoridade, da desmobilização política do povo.

A ideia-guia é que somente as limitações de nossos arranjos e percepções nos impedem de aprender a romper o poder sem esterilizar seu potencial transformador. Para sustentar a liberdade política, não precisamos organizar a vida política de modo a parecer um ensaio da segunda melhor solução de cada parte. A rapidez da vida política de um povo é uma virtude essencial: fazendo cada minuto contar como se estivéssemos em meio à crise sobre a qual não gostaríamos mais de depender.

Um quarto conjunto de inovações aumenta ainda de outra maneira nosso poder de experimentar decisivamente numa direção específica, enquanto protegemos nossas apostas. Estas inovações permitem que determinados locais ou setores optem pela substituição de alguma parte das regras estabelecidas da lei, e tentem adotar outras regras. Assim, enquanto um país segue um caminho, definido por decisões tomadas em sua política nacional, tais arranjos tornam possível experimentar, dentro de uma parte do seu território ou de sua vida, um outro modelo para o seu futuro.

É um princípio apenas imperfeitamente realizado no federalismo convencional: primeiro, porque sob aquele regime ele só assume forma territorial; segundo, e mais fundamentalmente, porque unidades federais diferentes tipicamente desfrutam apenas da mesma medida

POLÍTICA

de liberdade para variação. A questão é aumentar a extensão em que a ação decisiva no centro pode coexistir com um desvio ousado no local ou no setor que opta sair das regras. A restrição crucial deste poder de optar pela saída das regras é a de que não seja usado para consolidar uma nova forma de exclusão e desvantagem da qual suas novas vítimas são incapazes de escapar prontamente.

A ideia informativa é que a política não é apenas um registro de preferências; é um processo de aprendizado e autoformação coletivos. Nossas ideias sobre os futuros alternativos que podemos criar devem ser tangíveis para serem iluminadoras e gozarem de autoridade; precisamos colocar o dedo na ferida se quisermos acreditar.

Um quinto conjunto de inovações fortalece as garantias e habilidades do indivíduo como uma condição para a nossa capacidade de abrir a sociedade a um experimentalismo mais intenso. Assim como nenhuma relação invariante inversa existe entre o espaço para ação decisiva no centro e na periferia, ou entre fragmentar o poder e fortalecer seus usos transformadores, assim também não existe nenhuma correspondência fixa inversa entre os direitos e poderes do indivíduo e os experimentos da sociedade. A extensão em que os ideais e interesses em competição permanecem incompatíveis depende dos arranjos particulares pelos quais cada um deles é percebido; a tarefa da imaginação prática programática é dissolver a tragédia na comédia, distinguindo acordos ou tensões empíricos de conflitos insuperáveis.

Podemos deduzir o princípio que faz funcionar este quinto conjunto de inovações de uma crítica da linguagem tradicional de direitos fundamentais. Privada de sua superestrutura metafísica, esta linguagem tem dois elementos: um instrumento prático e uma concepção motivadora.

O instrumento prático consiste em retirar certos arranjos da agenda da política de curto prazo e dar-lhes alguma imunidade contra o ataque. Entrincheiramento constitucional – a exigência de uma maioria qualificada – para anular as regras que definem estes arranjos é uma maneira de alcançar esse efeito. A concessão de um halo de santidade ideológica é outra.

O HOMEM DESPERTADO

A concepção motivadora é entendida melhor como a concessão de segurança e capacidade em função de uma possibilidade humana mais ampla. Pensem nela em analogia à relação entre o amor incondicional que um pai dá ao filho, garantindo à criança um lugar no mundo e a disposição da criança de encarar os riscos de sua autoconstrução; de tornar-se, se não destemida, menos temerosa.

Para radicalizar a democracia, não devemos abandonar este instrumento prático ou repudiar essa concepção motivadora. Devemos, em vez disso, alargar a concepção motivadora remodelando o instrumento prático.

As práticas e instituições que asseguram o indivíduo num abrigo de interesses e capacidades protegidos representam, por definição, uma restrição à plasticidade da vida social. São, porém, uma restrição que torna possível uma ruptura maior e mais rápida de restrições. Sem eles o indivíduo seria demasiadamente medroso e incapaz. Nós sacrificaríamos o objetivo de trazer pessoas à vida pela meta de trazê-las à ordem.

Os arranjos pelos quais definimos e proporcionamos tal segurança podem enrijecer mais ou menos da vida social. Um sistema de castas, que envolve a sensação de segurança na preservação de formas determinadas e definidas de vida em grupo, enrijece mais a sociedade do que o sistema clássico de direitos públicos e privados com o qual o liberalismo clássico definia, no século XIX, uma sociedade livre. No entanto, este sistema ainda equipa pouco demais e enrijece muito demais. O que queremos é um conjunto de arranjos que se mantenha na mesma relação com o sistema clássico de direitos que este sistema tem em relação a um sistema de castas idealizado. O cumprimento desta tarefa requer, além das principais e tradicionais salvaguardas do indivíduo contra a opressão governamental e privada, tanto um presente como um resgate.

O presente é o desenvolvimento gradual de um princípio universal de herança social: que todo mundo possa contar num conjunto básico e mínimo de recursos materiais, assim que o progresso econômico da sociedade o permita, na forma de uma conta de dotação social da qual

## POLÍTICA

possam sacar ou da reivindicação de uma renda mínima. O mínimo, seja como um fundo ou como uma renda, deveria variar para cima segundo os princípios compensatórios de uma dotação especial para necessidade especial e incentivo excepcional, na natureza de equipamento e oportunidade adicionais, para fazer uso de talento extraordinário.

O resgate é o estabelecimento de um poder distinto no Estado, designado, financiado e equipado para intervir naquelas cidadelas localizadas de exclusão e desvantagem social das quais as pessoas são incapazes de escapar por meio da ação econômica, social e política convencional. Intervir numa organização ou prática particular, invadir o contexto causal do qual surgem a desigualdade ou a exclusão entrincheiradas, e reconstruir esta organização ou esta prática até que seus participantes possam sustentar-se com seus próprios pés são tarefas para as quais nenhum setor ou parte dos governos contemporâneos está bem aparelhado por questão ou de capacidade prática ou de legitimidade política. Elas devem, mesmo assim, se tornar uma responsabilidade maior do governo numa democracia aprofundada.

A visão que informa este quinto conjunto de inovações é aquela da transformação da vida política de um povo como um incidente no projeto maior de nos tornarmos mais divinizados, à medida que avançamos e revemos nossos interesses reconhecidos e nossos ideais professados. É parte do processo pelo qual aliviamos o fardo da divisão e hierarquia sociais entrincheiradas e dos papéis sociais compulsivos que pesam em nossas relações de uns para com os outros. É uma elevação, tanto através dos poderes que ela confere como através dos experimentos que ajuda a tornar possíveis.

Sob todas estas maneiras é antidestino. No entanto, diminuindo o lugar que a fortuna e o infortúnio social ocupam na definição de nossas vidas, não nos libera dos infortúnios pelos quais a sociedade não é responsável: o infortúnio que resulta do destino de nossa herança genética; do destino dos acidentes e enfermidades que nos assolam; do destino, ao mesmo tempo autoimposto e difícil de escapar, de nossas personalidades enrijecidas, de nosso caráter; e do destino dos atos de

## O HOMEM DESPERTADO

rejeição aos quais somos submetidos em virtude de nossa necessidade universal de sermos resgatados pela bondade e amor gratuitos de outras pessoas. Estas outras formas de destino não diminuem à medida que radicalizamos a democracia; ao contrário, elas se reforçam. Parecemos vê-las mais claramente, e sofremos seus efeitos mais amargamente, quando não somos distraídos pelas injustiças artificiais da ordem social.

O que podemos pedir à sociedade é que não agrave as consequências destas outras formas de destino; que ela encoraje a diversificação de nossos padrões de conquistas; que tendo minado a classe em nome da oportunidade, ela então limite a meritocracia em nome de uma visão em que compartilhemos aquela parte do destino que não podemos derrubar; que forneça meios para o desenvolvimento do talento, mas limite as suas recompensas, não só na esperança de que o talento encontre recompensa suficiente em sua própria expressão ativa, mas também no reconhecimento de que tais limites possam impor alguma perda de realização anterior; que ela nutra nosso poder de imaginar a experiência de outras pessoas; que multiplique as chances para o engajamento e a conexão; e que possa responder aos extremos do infortúnio com extremos de misericórdia, afirmados não apenas através de transferências compensatórias de recursos, mas também através de compromissos de tempo para cuidar diretamente dos outros em necessidade, fora da família, como parte da responsabilidade normal de todo adulto sadio.

O que precisamos pedir de nós mesmos é que, entendendo os limites da política bem como seus usos, não busquemos na transformação da sociedade um sucedâneo para a transformação do indivíduo.

### Esperança e luta

Estas ideias institucionais combinadas não fornecem um mapa; elas exemplificam o trabalho próprio da imaginação programática sugerindo uma direção e os passos seguintes. Não só a direção é controvertida;

POLÍTICA

também o é qualquer interpretação da melhor maneira de tomá-la nas circunstâncias de um país particular.

O caráter contestável da direção resulta de uma característica inerradicável de nossas ideias políticas: a impossibilidade de qualquer separação concreta entre a visão do bem e a concepção do certo, uma separação que tem sido um dos princípios da filosofia liberal clássica. Nenhuma forma de vida social é neutra entre os próximos passos adjacentes no desenvolvimento da experiência humana (os próximos passos adjacentes sendo o resíduo prático do significado do possível). Todo ordenamento institucionalizado da vida social favorece algumas formas de experiência e desencoraja outras. Ao escolher tomar uma direção e não outra, nós escolhemos desenvolver a natureza humana numa certa direção: marginalmente, por certo, mas cumulativa e vigorosamente.

É uma virtude de uma forma de vida social permitir a existência de uma ampla gama de experiências e manter-se aberta ao desafio e à mudança. No entanto, a miragem da neutralidade dificulta atingirmos as metas realistas e conectadas de catolicidade e revisabilidade. Ela o faz imunizando, e até mesmo santificando, um conjunto particular de expressões institucionais da ideia de uma sociedade livre.

A tomada de qualquer direção é um jogo, mas também uma expressão de esperança. A esperança que anima este programa político atrai nossa aposta básica de avançar dentro da zona de intersecção entre nossos interesses práticos no desenvolvimento de nossas capacidades produtivas, nosso interesse moral em emancipar o indivíduo da divisão e hierarquia social entrincheirada e nosso interesse espiritual em construir mundos sociais e culturais que possamos habitar e transcender ao mesmo tempo. Para seguir adiante na área de superposição entre os requisitos institucionais destas três famílias de interesses, precisamos renovar e ampliar o restrito repertório de ideias e arranjos institucionais aos quais a vida social está hoje atrelada.

Existe uma razão para pensarmos que a busca destes compromissos amplos e fundamentais possa convergir, através de experimentação institucional, com a defesa de nossos reconhecidos interesses de grupo e professados ideais sociais, dentro das sociedades e culturas contemporâneas. As bases para estas esperanças residem em duas outras características da vida política: a dualidade das maneiras de definir e defender interesses de grupos e a relação interna entre pensar sobre interesses e ideais e pensar sobre instituições e práticas.

Podemos sempre definir e defender nossos reconhecidos interesses de grupo ou de classe em duas diferentes modalidades. Uma delas é institucionalmente conservadora e socialmente excludente. Pressupõe o presente nicho que o grupo ocupa, sob os arranjos estabelecidos, como natural, e representa os grupos vizinhos no espaço social como rivais. A outra modalidade é institucionalmente transformadora e socialmente solidarista. Trata o nicho, e, portanto os arranjos subjacentes a ele, como revisáveis, e encara os grupos vizinhos como aliados potenciais. Vai de alianças táticas a recombinações de interesses grupais e identidades grupais, com base nas instituições e práticas mudadas. É esta segunda modalidade, definindo e defendendo interesses grupais, que devemos comumente preferir, procurando combinar o cálculo dos interesses com a visão das alternativas.

Nossas práticas e instituições não são apenas peças de engenharia social pelas quais podemos implementar ideais antecedentemente definidos. Estão internamente relacionadas com nosso entendimento de nossos ideais e interesses. Cada ideal – social, político ou econômico – aponta para duas direções diferentes: para aspirações incipientes, mal definidas, transcendentes e para um cenário particular e contingente de arranjos que nós comumente damos por certos como a expressão daquele ideal. Quando experimentamos esta expressão institucional, seja de fato ou na imaginação, revelamos suas ambiguidades ocultas e o significado de suas múltiplas perspectivas de desenvolvimento através de diferentes séries de próximos passos viáveis. Controlar este processo, para evitar que se torne um acidente que nos lance num método que podemos desdobrar, é parte da ambição do experimentalismo democrático.

POLÍTICA

Podemos esperar que as vantagens da direção que descrevi como a radicalização da democracia se mostre atraente e até mesmo irresistível e que suas falhas acabem sendo autocorretivas à luz da experiência. Uma esperança, porém, é uma esperança, não uma garantia. Proclamar esta esperança não é anunciar o fim da história, apenas sua continuação, sob o selvagem e belicoso império do tempo.

A contestabilidade da direção tem uma consequência prática: o potencial permanente de conflito e assim, também, de um combate até a morte na forma de guerra. Podemos esperar conter este conflito, organizá-lo, espiritualizá-lo e torná-lo pacífico por algum tempo. Podemos aquietar a paixão do medo que o acompanha como uma sombra se garantirmos o indivíduo num abrigo de interesses e capacidades vitais protegidos, enquanto minimizamos a extensão em que essa garantia enrijece o espaço social circundante. Podemos esperar que nosso poder de imaginar a experiência de outras pessoas aumentará junto com nosso sucesso em inspirar e equipar homens e mulheres comuns para aprofundarem e desenvolverem sua vida imaginativa: as distinções da experiência subjetiva.

No entanto, não podemos suprimir a luta que é intrínseca à vida política ou garantir contra a sua escalada para a violência. A primeira razão por que não podemos fazer isso é que não podemos separar a constituição do certo da escolha do bom: ao escolher a direção, escolhemos o que vamos nos tornar coletivamente e anunciamos o que mais valorizamos e o que mais tememos. A segunda razão é que nenhum insight pode tornar a escolha do bom incontrovertida. A terceira razão é que as diferenças entre as individualidades são profundas e que nosso interesse está em aprofundá-las, apesar dos perigos de tal aprofundamento. A quarta razão é que o desejo humano é relacional: nossas visões e impulsos mais fortes buscam expressão nas formas compartilhadas de vida, que então entram em conflito. A quinta razão é que a humanidade só pode desenvolver seus poderes expandindo-os em várias direções, seja através das nações e civilizações que até agora foram os principais protagonistas na história do mundo ou em outras

O HOMEM DESPERTADO

formas ainda por serem inventadas. Estas cinco razões combinam-se não só para tornar o antagonismo uma característica radical da experiência política, mas também para tornar inseguros e transitórios nossos esforços providenciais para contê-lo.

Uma democracia reorganizada à luz das cinco ambições institucionais que explorei marca a diferença entre cidadãos e profetas, bem como entre os funileiros práticos e os cidadãos. A concepção de vida política que ela propõe não é um esmagamento da preocupação privada pela devoção pública; é, na verdade, uma expansão da gama de nossos interesses comuns. Vista à luz desse programa, a política democrática não é apenas uma prática entre muitas: é a contrapartida, na vida política, da cooperação favorável à inovação. Torna-se a atividade que mais plenamente revela e mais efetivamente realça nosso poder de simultaneamente engajar e transcender, negando a última palavra à ordem estabelecida e reservando-a para nós mesmos.

## 12. Um momento de reforma: a reinvenção da social-democracia

Para ver o que significa a mudança social e política em tal direção e o que ela exige, ajuda explorar uma experiência contemporânea particular. Os detalhes dessa experiência são de interesse apenas passageiro. Mesmo agora, estão se transformando em outros problemas, ainda não sonhados. Mesmo assim, um experimentalismo democrático que se baseia num pragmatismo radicalizado sugere uma abordagem a essa dificuldade efêmera. Tal abordagem ilustra uma direção de movimento para a reconstrução da sociedade e uma maneira de pensar sobre o seu futuro.

O modelo de organização social que exerce hoje a mais forte atração em todo o globo é a social-democracia escandinava. Parece que, se o mundo pudesse votar, ele o faria para se tornar a Suécia, muito mais do que os Estados Unidos. As extremas desigualdades, as exclusões históricas e a mera dureza da sociedade norte-americana são amplamente encaradas como um preço caro demais a se pagar – se de fato tal preço tem de ser pago – pela exuberância material e pela vitalidade cultural dos norte-americanos. Através de grande parte do mundo, um discurso açucarado de centro-esquerda – prometendo a social-democracia para os países mais pobres e mais atrasados – tornou-se a linguagem compartilhada pelos pretensos progressistas.

Paradoxalmente, porém, o prestígio da social-democracia europeia foi contemporâneo do esvaziamento de seu núcleo programático tradicional. Uma visão não sentimental da social-democracia europeia, conforme consolidada nos trinta anos que se seguiram à Segunda Guerra Mundial, reconheceria que ela foi definida por seis compromissos, organizados em três pares. Diferentes tipos de social-democracia desenvolveram esses compromissos de maneiras diferentes e sob diferentes circunstâncias. Mesmo assim, elas os adotaram.

Os dois primeiros compromissos referem-se a restrições impostas à instabilidade gerada pelo mercado com o objetivo de aumentar a segurança econômica de certos grupos ou indivíduos. Assim, um primeiro princípio é a necessidade de proteger os trabalhadores da instabilidade nos mercados de produtos e de trabalho, garantindo-lhes algo próximo a um direito adquirido ao seu emprego atual. Na maioria das vezes, esse princípio foi efetivamente aplicado a segmentos privilegiados da força de trabalho, não a todos os trabalhadores. O resultado foi uma divisão entre *insiders* e *outsiders*, ajudando a explicar níveis historicamente elevados de desemprego.

Um segundo princípio tem sido a defesa dos proprietários de bens produtivos contra a instabilidade nos mercados de capitais, especialmente contra ameaças representadas por um mercado sob controle corporativo. Os dispositivos de proteção característicos têm sido *holdings* cruzadas dentro de uma rede de negócios reciprocamente relacionados, bem como relações privilegiadas de empresas com investidores institucionais.

O segundo par de compromissos se refere aos limites impostos ao poder dos mercados para minar formas de organização de negócios que sejam valorizadas por suas consequências sociais e econômicas. Como o primeiro conjunto de compromissos, esse segundo par implica uma manipulação da economia de mercado mais do que na sua reorganização cumulativa.

## UM MOMENTO DE REFORMA

O terceiro princípio protege a pequena empresa, incluindo pequenos empreendimentos rurais, contra a concorrência doméstica e estrangeira. Em muitos países, o governo nacional conseguiu fazer uma aliança com a pequena burguesia, uma aliança que a esquerda europeia do século XIX tão desastrosamente rejeitou. A defesa da pequena empresa representa a antecipação, bem como o vestígio de uma tarefa que permanece incompleta até hoje: um redesenho institucional da economia de mercado que corresponderia ao desejo de uma prosperidade e independência modestas, mais "classe média" do que proletária, atualmente uma aspiração mundial. Tal reconstrução é necessária para afastar essa aspiração de seu apego obsessivo à propriedade em pequena escala isolada, e para proporcionar-lhe um vocabulário menos confinador de arranjos práticos.

O quarto princípio é a proteção da empresa familiar, grande ou pequena, contra a pressão competitiva: um meio-termo entre a meritocracia e o nepotismo. O papel conferido à transmissão hereditária da vantagem econômica ou educacional através da família reproduz, embora de forma enfraquecida, as realidades da sociedade de classes. Também permite ao Estado regulador e redistributivo alcançar um meio-termo entre as lealdades e energias, enraizadas na vida familiar, cujo poder somente convicções políticas e religiosas conseguem rivalizar.

Os dois últimos compromissos referem-se à conduta da política macroeconômica na sua relação com a distribuição da renda e da riqueza. Para o quinto princípio, uma "parceria social" entre o governo nacional e local, o grande capital e o trabalho organizado deveriam fechar acordos sobre o impacto distributivo da política econômica. Tais acordos ajudam a impedir que o conflito distributivo interfira na gestão econômica "sadia" da economia e, assim, na criação da riqueza. Grande parte da sociedade permanece fora do âmbito desses interesses organizados; na negociação do Contrato Social, os não organizados deveriam ser diretamente representados pelo governo, bem como virtualmente representados pelos organizados.

O sexto princípio é que a redistribuição retrospectiva através de taxação de impostos e transferência deveria ser usada para manter um nível elevado de benefícios sociais disponíveis a todo mundo, em particular direitos a benefícios que diminuem a vulnerabilidade do trabalhador e da trabalhadora comuns diante da instabilidade e da insegurança. Por um aparente paradoxo, esse nivelamento limitado e retrospectivo por conta de programas compensatórios de uma "economia de mercado social" ou de um "Estado do bem-estar social" tem sido largamente financiado com o dispositivo reconhecidamente regressivo da taxação do consumo. O recolhimento do imposto agregado e o modo como é investido têm importado mais: um imposto regressivo pode, ainda assim, apoiar um projeto progressista se aumentar a receita pública para gastos sociais, mas com menos interrupção dos incentivos estabelecidos para poupar, investir e empregar. O que se perde na incidência progressista da tributação pode ser mais do que compensado pelos gastos sociais redistributivos que uma taxação mais elevada torna possível.

Esse programa de seis pontos tem sido crescentemente eviscerado. A social-democracia, no seu território europeu nativo, recuou nos primeiros quatro compromissos para melhor sustentar os dois últimos, ou até mesmo nos primeiros cinco compromissos para melhor defender o sexto. Um alto nível de direitos sociais mostrou ser a última linha de defesa. A celebrada síntese da flexibilidade social ao estilo europeu com a flexibilidade da economia no estilo norte-americano tem sido uma rendição disfarçada como uma síntese – uma "terceira via".

Dois grandes interesses colidiram com esse histórico acordo social-democrata e contribuíram para a sua abolição. A primeira força foi o interesse dos inquietos e ambiciosos entre os ricos e os educados: seu impulso para desfazer as custosas restrições dos direitos adquiridos e entrincheirados pelas políticas protetoras, bem como pela "parceria social" do antigo acordo. É esse interesse que assumiu a liderança no esvaziamento da social-democracia histórica. A segunda força tem sido o interesse dos não organizados e dos inseguros, o que inclui milhões de desempregados, ou subempregados, ou operários instavelmente empregados com identidades pequeno-burguesas – os órfãos desse regime de prerrogativa e proteção – na perturbação de arranjos que os desfavoreçam. É esse interesse que tem tido influência regularmente negada sobre a política.

A palavra de ordem tem sido, portanto, mais flexibilidade sem mais inclusão. Essa orientação tem justificado um programa que descarta restrições sobre a flexibilidade, sem criar dispositivos para superar ou atenuar as severas divisões entre setores avançados e atrasados da economia. Uma alternativa progressista exigiria flexibilidade com inclusão. No entanto, ao contrário do programa que substituiria, tal alternativa não poderia funcionar dentro do repertório histórico da social-democracia. Ela teria de reinventar a forma institucional da economia de mercado a fim de democratizar radicalmente o acesso aos recursos produtivos. Não poderia fazê-lo sem também aprofundar e redesenhar a democracia.

Nem o acordo social-democrata, conforme redefinido no rescaldo da Segunda Guerra Mundial, nem a subsequente saída desse acordo pela pseudossíntese da proteção social, ao estilo europeu, com a flexibilidade da economia, ao estilo norte-americano, resolvem os problemas das sociais-democracias europeias contemporâneas. Esses problemas só podem ser abordados efetivamente por um novo conjunto de práticas experimentalistas e instituições alternativas. Desenvolver tais práticas e instituições seria tomar uma direção recomendada por um experimentalismo informado pelo pragmatismo radicalizado defendido por este livro. Seria também, no entanto, perturbar e remodelar os termos dos compromissos práticos e ideológicos que fizeram da social-democracia o que ela é.

Considere três desses problemas conectados. Eles surgem, de uma forma ou de outra, em toda sociedade europeia em que a social-democracia tem importância.

O primeiro problema da social-democracia é a estreiteza dos pontos de entrada sociais nos setores avançados da economia. A economia mundial é cada vez mais comandada por uma rede de vanguardas produtivas, estabelecida na fila da frente dos países em desenvolvimento bem como nas sociedades ricas. Esses setores estão em comunhão uns com os outros, intercambiando ideias, práticas e pessoas, bem como capital, tecnologia e serviços. No entanto, com frequência só estão debilmente conectados com o resto da economia e da sociedade.

O coração das vanguardas produtivas tem sido menos a acumulação de capital, tecnologia ou até mesmo conhecimento do que o desdobramento de uma série de práticas revolucionárias. Estas são as práticas que definem a cooperação experimentalista, com sua diminuição de contrastes severos tanto entre papéis de supervisão e execução como entre empregos executivos, sua mistura fluida de cooperação e competição, e seu compromisso com a redefinição contínua de interesses e identidades de grupos, bem como de tarefas e procedimentos produtivos. As vanguardas produtivas existentes, porém, em geral só desdobram essas práticas também as dobrando sob o jugo do regime herdado de propriedade e contrato, e fazendo-as servir aos interesses daqueles que, como proprietários e gerentes, efetivamente controlam as empresas. O desenvolvimento dessas práticas e sua propagação pelos setores mais amplos da sociedade e da economia dependem, em grande parte, do redesenho de seu ambiente institucional.

Dois dispositivos têm estado tradicionalmente disponíveis para corrigir a desigualdade, produzida como consequência das divisões entre setores avançados e atrasados. Um instrumento tem sido a redistribuição compensatória por taxação e transferência, sempre o orgulho e agora o frágil resíduo da social-democracia histórica. A outra ferramenta tem sido a difusão e a proteção apoiada pelo governo de propriedades e negócios familiares em pequena escala. Nenhuma dessas abordagens supera as vastas desigualdades enraizadas na segmentação hierárquica da economia. Ambas se apresentam como restrições à eficiência econômica em nome da equidade e do crescimento econômico – pelo menos a curto prazo – em favor da unidade social e da justiça. Elas não conseguem ancorar seus compromissos com a inclusão e a coesão na lógica institucional da inovação e do crescimento.

Mesmo em um ambiente social-democrático relativamente igualitário na Europa, somente uma pequena parte da população é capaz de ter um pé em tais vanguardas produtivas ou nos serviços profissionais que lhes assistem. Ainda assim, nesses setores privilegiados é que a riqueza e o divertimento estão cada vez mais concentrados.

Sob essa distribuição, a sociedade é dividida em quatro grandes classes. Essa estrutura de classes coexiste mais ou menos pacificamente com o princípio meritocrático em vez de ser minada por ele: a transmissão da vantagem educacional bem como econômica através da família, quando combinada com o elemento genético na distribuição de poderes intelectuais particulares, torna possível a síntese de meritocracia e classe que agora caracteriza as sociedades avançadas. É uma síntese que ajuda a circunscrever o alcance da democracia e a aplacar as massas de homens e mulheres comuns.

No topo está uma classe profissional e empresarial, ansiosa para reconciliar com o avanço do princípio meritocrático a transmissão hereditária da vantagem educacional e econômica através da família, e ciente de que sua posição depende cada vez mais de sua relação privilegiada – direta ou obliquamente – com os setores avançados da economia. Abaixo dessa classe profissional e de negócios há uma classe de pequenos empresários, que se refugiou numa forma de vida econômica que precedeu as variantes contemporâneas dos grandes negócios. A classe trabalhadora do colarinho-branco e do colarinho azul continua em sua maior parte a trabalhar nos escritórios, nas lojas e nas fábricas caracterizadas pelos velhos métodos de execução passiva de tarefas produtivas que elas são impotentes para redefinir. Na parte inferior existe uma subclasse de trabalhadores temporários, às vezes racialmente estigmatizados, com frequência sem proteção legal e sempre economicamente inseguros, que executam serviços numa espécie de beco sem saída.

A maioria das pessoas, compreendida pela classe dos pequenos empresários e pela classe trabalhadora, está livre da extrema privação e insegurança, especialmente quando vivem sob a social-democracia. No entanto, é negado a elas o acesso aos setores avançados, com todo o seu espaço para ganho, discrição e invenção. Encontram consolo em suas famílias e suas diversões.

A consequência social mais importante dessa situação é redesenhar as divisões de classe da sociedade em vez de destruí-las. Sua implicação moral mais significativa é negar à maioria dos trabalhadores e trabalhadoras uma oportunidade de terem algo mais do que uma atitude instrumental em relação a seu próprio trabalho. Seu efeito econômico mais oneroso é desperdiçar energias e talento numa vasta escala, privando o trabalho comum de asas, quando não de braços. Um subproduto dessa negação de oportunidade àqueles que poderiam criar riqueza é impor à finança pública um fardo que ela não pode sustentar por muito tempo – o fardo da compensação por transferências, consequência das desigualdades enraizadas na organização da economia de mercado e das deficiências da educação pública.

A solução tanto para o problema básico como para seu corolário para as finanças públicas é dupla. Um elemento de tal solução deve ser uma ampliação de oportunidade de engajamento nos setores avançados da produção: uma expansão radical nos termos em que as pessoas podem ter acesso aos tipos de educação, especialização, tecnologia e crédito que tal engajamento requer. Mais acesso para mais pessoas num leque maior de circunstâncias sociais e econômicas também deveria requerer mais formas de reunir pessoas e recursos para a atividade produtiva.

Outro elemento de tal solução é a criação de condições favoráveis à expansão de práticas econômicas avançadas fora dos setores estreitos e favorecidos em que tradicionalmente floresceram: o vanguardismo fora da vanguarda. Onde faltam tradições pré-industriais de trabalho artesanal e treinamento, tão comumente hospitaleiros ao avanço dessas práticas pós-fordistas, devem ser substituídas por uma educação que enfatize o desenvolvimento de capacidades genéricas, de capacidades práticas e conceituais. Onde uma densa malha de vida associativa e participação nos assuntos locais é fraca, inibindo a confiança mais elevada requerida pela cooperação experimentalista, tal malha deve ser criada por uma combinação de iniciativas públicas e privadas estabelecendo responsabilidades, fornecendo recursos e abrindo oportunidades ao redor das quais novos exemplos de associação podem começar a se formar. Onde economias de escala e escopo são importantes para o sucesso de variedades da produção flexível, orientada pela inovação mais prontamente adequada a equipes pequenas do que a grandes empresas, arranjos institucionais e regimes de direito privado devem ser estabelecidos para tornar mais fácil a competição cooperativa entre equipes e empresas que, de outro modo, competem.

Uma solução dual para o problema da estreiteza do acesso às vanguardas e ao vanguardismo na economia pede, por sua vez, um repertório ampliado de formas de colaboração entre o governo e a empresa privada. Os arquitetos de tal reconstrução não devem permitir que sejam forçados a escolher entre uma regulação a distância dos negócios pelo governo e a formulação centralizada da política industrial e comercial unitária por uma burocracia.

Para evitar essa escolha, eles devem desenvolver novas variedades de associação ou coordenação entre a iniciativa pública e a privada. Tal parceria deve ser descentralizada ao ponto de imitar e até mesmo radicalizar a ideia de uma anarquia organizada relacionada ao mercado, em vez de impor uma solução única. Deve ser aberta, tomando por tema o preenchimento passo a passo das condições do vanguardismo produtivo, em vez de se conformar com uma fórmula. E ela deve ser inclusiva na extensão dos seus agentes e beneficiários, tocando os setores atrasados de produção em vez de se manter confinada aos setores avançados.

Uma renovação dos meios institucionais pelos quais as iniciativas pública e privada trabalham juntas pode, por sua vez, servir como ponto de partida para a remodelação institucional da economia de

O HOMEM DESPERTADO

mercado. Diferentes regimes de contrato e propriedade podem surgir dos termos variados nos quais o governo e os negócios trabalham juntos. Esses regimes alternativos de direito privado podem começar a coexistir experimentalmente dentro da mesma economia de mercado democratizada. Assim, podemos generalizar e aprofundar o compromisso do mercado liberal com a liberdade de recombinar fatores de produção dentro de um ambiente institucional que tomamos como dado, transformando-o numa liberdade maior de recombinar e substituir peças do ambiente institucional de troca e produção.

Um segundo problema das sociais-democracias contemporâneas tem a ver com a natureza e a força do vínculo social. Imaginem uma sociedade e uma economia compostas de quatro setores. O primeiro setor consiste das formas avançadas de produção e de aprendizado, responsável por uma parcela crescente da riqueza e inovação social. O segundo setor é feito das indústrias de produção em massa em seu declínio. O terceiro setor é uma economia de assistência, em que as pessoas cuidam de outras, especialmente de jovens, velhos e enfermos, em empregos principalmente criados e pagos pelo Estado. O quarto setor é o domínio do trabalho informal e instável, povoado por trabalhadores temporários ou ilegais que são estrangeiros ou pertencem a minorias raciais.

Uma das principais responsabilidades do Estado social castigado sob a forma atual e eviscerada de social-democracia é coletar dinheiro de quem tem – especialmente dos participantes do primeiro setor – e distribuí-lo aos beneficiários dos direitos sociais – particularmente membros do terceiro setor. A solidariedade social se reduz ao movimento de cheques pelo correio. Os diferentes setores são mundos diferentes: pessoas em um setor quase não têm conhecimento de pessoas nos outros. O vínculo social se afina a ponto de quebrar. Nada em comum persiste além de uma ideia de um passado compartilhado, o brilho sentimental de uma lembrança nacional.

Para que a solidariedade social se torne real, deve ser estabelecido o princípio de que não é o bastante um indivíduo doar uma parte

## UM MOMENTO DE REFORMA

do seu dinheiro; ele deve doar um pouco da sua vida. Todo adulto sadio deveria, em princípio, ocupar uma posição tanto na economia da assistência como no sistema de produção. Por sua responsabilidade de cuidar dos outros, além da sua família, ele deve sacrificar parte de uma semana de trabalho ou de um ano. Além do mais, o governo deve ajudar a sociedade civil a se reorganizar e assim se tornar capaz de arranjar e monitorar a provisão para o serviço social. Então as pessoas ficarão responsáveis umas pelas outras. Elas alcançarão o conhecimento incorporado, não mediado, do qual o laço social depende.

Um terceiro problema da social-democracia contemporânea é a negação ao indivíduo de oportunidades para escapar dos limites de uma vida pequena. Para um grande número de homens e mulheres comuns no território europeu da social-democracia nos últimos cem anos, a fuga vivificadora do sentimento de inferioridade só veio a partir da provação mortal da guerra. Martírio para a nação, sua glória e suas liberdades, tem sido para muitos uma maneira de viver algo maior do que sua própria individualidade. Ainda que temido e odiado, foi um escape das rotinas que entediavam e humilhavam.

No entanto, essa experiência de grandeza, encharcada de sangue, envenenada pela ilusão e decepção, e terminada em sofrimento, exaustão e desilusão, foi menos uma ascensão da humanidade comum a um plano mais elevado de conscientização e nobreza do que um sucedâneo repulsivo para aquele ideal inacessível.

A paz trouxe a narcolepsia. As nações europeias devotaram a primeira metade do século XX a chacinar umas às outras, e a segunda metade a afogar suas mágoas no consumo. Por volta do fim do século XX, exauridas por seus sofrimentos e seus prazeres, colocaram-se ao cuidado de políticos, artistas e filósofos que lhes ensinaram a doutrina venenosa de que a política deve ser pequena para que os indivíduos se engrandeçam. Então os povos de toda a Europa adormeceram. Se depois falharem em acordar, pelo menos permanecerão ricos. Mas seriam menos iguais, menos livres e menos grandiosos.

O HOMEM DESPERTADO

Como pode uma sociedade e cultura ser organizada para que incontáveis homens e mulheres comuns possam ter uma melhor chance de acordar do torpor narcoléptico, fora do círculo de intimidade e amor, sem ter de fazê-lo como peões e beligerantes? Essa mesma pergunta se apresenta sob outra forma, sem o fardo de sua luta entre amigo e inimigo ou das terríveis ambiguidades da guerra. Como pode um indivíduo nascido num pequeno país viver uma vida grandiosa? Como pode o Estado ajudá-lo a redefinir o palco em que ele é capaz de viver tal vida?

A resposta geral a essas questões é o desenvolvimento de instituições e práticas políticas, econômicas e sociais que equipem o indivíduo e multipliquem suas chances de mudar as peças do tabuleiro estabelecido do seu trabalho e de sua vida à medida que continua em suas atividades comuns. Diminuindo a dependência da mudança à calamidade, eles o elevam; eles o tornam divinizado. A resposta específica a todas essas questões é que o Estado deveria ajudar o indivíduo a não ser pequeno.

A educação, começando na infância e continuando ao longo da vida profissional, deve nutrir um núcleo de capacidades conceituais e práticas genéricas para fazer o novo surgir do velho. Deve também equipar a mente com os meios para resistir ao presente. Justamente por essa razão, a escola não deveria permanecer sob o controle da comunidade de famílias locais, que dizem à criança: torne-se alguém como nós. Nem pode ser o instrumento passivo de uma burocracia educacional centralizada, que livra a criança dessas influências só para subjugá-la a uma fórmula universal. Apoiando-se em múltiplos recursos e aberta a múltiplas responsabilidades, ela deve também jogá-los uns contra os outros, para melhor abrir o espaço em que a memória coletiva serve à imaginação individual.

O que a escola começa o Estado deveria continuar. Deve ajudar a prover o indivíduo com os meios econômicos e educacionais que o levem a tomar a iniciativa em qualquer lugar do mundo. Um país pequeno e rico, por exemplo, pode partir deliberadamente para transformar a nação em uma elite de serviço internacional. E quando o mundo inteiro se tornar o teatro de iniciativa individual, dos negócios à caridade e ao ativismo social, o teor da vida nacional mudará também; experiência global e grande ambição são refratadas de volta à terra natal.

Esses três problemas característicos da social-democracia contemporânea têm em comum o fato de que não cedem às políticas regulatórias e redistributivas que modelaram o programa social-democrático. A social-democracia definiu-se por sua renúncia à tentativa de reorganizar a produção e a política. Recuando desses dois terrenos, desenvolveu o que parecia ser uma posição inexpugnável dentro da esfera da distribuição e redistribuição. O presente esvaziamento da social-democracia em nome da reconciliação da proteção social com a flexibilidade econômica só confirmou a lógica desse recuo. Agora, porém, acontece que a social-democracia não consegue resolver seus problemas e preservar sua vida, a não ser que retorne aos dois terrenos dos quais ela se retirou em seu momento formativo.

Não pode resolver nenhum desses problemas sem inovar na forma institucional da economia de mercado. Não pode democratizar o mercado sem aprofundar a democracia – vale dizer, sem criar as instituições de uma democracia de alta energia, facilitando a experimentação institucional e mitigando a dependência da mudança da crise.

A força social verdadeira, capaz de impulsionar tal transformação, mesmo na ausência de grandes catástrofes econômicas ou políticas, é o desejo das massas de trabalhadores comuns, trancados do lado de fora das ilhas avançadas de produção e aprendizado, de serem admitidas. Não podem, porém, ganhar acesso, nem pode maior plasticidade técnica e econômica ser reconciliada com mais inclusão social, a não ser que comecemos a mudar toda a estrutura. Podemos mudar toda a estrutura peça por peça e passo a passo. Não precisamos de uma fórmula – nem a desejaríamos. Tudo o que exigimos é uma concepção clara da direção e um rico conjunto de conjecturas provisórias sobre o que fazer a seguir.

O HOMEM DESPERTADO

A cooperação experimentalista, com suas condições frouxamente definidas, mas exigentes, é tanto um meio como um fim, um método e um resultado. No entanto, permanece cega até que seja informada por um concurso de programas, cada um deles sugerindo uma direção e uma série de próximos passos. O pragmatismo radicalizado se torna política transformadora.

# 13. Religião: o despertar do eu

## Os problemas da conexão e da transcendência reafirmados

Somente um tolo consultaria uma doutrina abstrata para uma instrução clara, abrangente e confiável sobre o que fazer da sua vida. A questão – como eu deveria viver? – é, ainda assim, uma questão à qual a filosofia, que dá primazia ao pessoal, deve responder. O argumento deste livro se baseia numa concepção do eu – a mesma concepção que motiva essas ideias sobre a criação permanente do novo na sociedade. Essa concepção do eu sugere uma atitude para com alguns dos problemas centrais da vida, embora seja incapaz, por si só, de gerar ou de sustentar uma visão moral desenvolvida. Ela não fornece uma descrição detalhada nem uma defesa convincente de um curso de vida. Mesmo assim, aponta numa direção particular.

Ao pensar sobre enigmas e anseios centrais em nossas vidas, encaramos dois problemas recorrentes, universais e sobrepostos: os problemas da conexão e da transcendência. Já estão implícitos na concepção do eu com a qual esse argumento começou, e vieram à tona quando o argumento girou na sua dobradiça, da concepção para a orientação.

O problema da conexão é um conflito entre as condições que permitem a individualidade. Precisamos das outras pessoas – prática, emocional e cognitivamente. Nossa necessidade delas é ilimitada e insaciável; experimentamos tudo que elas fazem para nós como uma espécie de sinal de pagamento numa transação que não poderá ser completada. Construímos um "eu" através da conexão. No entanto, o risco em que as outras pessoas nos colocam é também ilimitado: sua existência, além de cada conflito de interesse e de vontades, coloca constante pressão em nossas vidas. Então nos chegamos a elas e nos afastamos delas, oscilando entre a proximidade e a distância. Com frequência nos fixamos numa meia distância ansiosa.

A liberdade como autocontrole seria resolver ou moderar esse choque entre os requisitos que levam à autoafirmação. Nossa experiência mais convincente de tal reconciliação é o amor pessoal. Em suas expressões mais plenas, o amor pessoal oferece uma experiência de reconhecimento imaginativo e de aceitação de um ao outro como um indivíduo radical. Somente com dificuldade, porém, essa experiência ganha uma aquisição mais ampla na vida social além dos alcances de nossos encontros mais íntimos e de abrangência total.

O problema da transcendência é uma contradição entre dois conjuntos de demandas que fazemos aos mundos organizados social e cultural em que nos movemos. Não podemos encontrar um cenário definitivo para nossa humanidade – um espaço natural de sociedade e cultura acomodando tudo que vale fazer, sentir e pensar. Não existe esse espaço natural. Existem apenas os mundos particulares que construímos e habitamos.

Esses mundos fazem de nós o que somos. Eles nos modelam. No entanto, nunca nos modelam completamente. Um resíduo de capacidade não usada para ação, associação, paixão e insight digno de se ter é sempre deixado de fora. Existe sempre mais em nós do que em qualquer contexto ou qualquer lista retrospectiva ou prospectiva de contextos. Em comparação com elas, nós somos infinitos; em embate com seus limites, descobrimos que existe mais dentro de nós.

# RELIGIÃO

No fim, a realização de nossos interesses reconhecidos e ideais professados nos força, portanto, a ir além do que a estrutura estabelecida permite. Quando começamos a fazê-lo, a claridade ilusória de nossos interesses e ideais começa a se apagar. Descobrimos que sua claridade aparente dependia de sua associação em nossas mentes com práticas convencionais e arranjos familiares. Assim, a agitação dos contextos é acompanhada por lutas dentro de cada um de nós e entre todos nós, e, quando entre nós, por todos os meios, desde a conversação até a guerra.

Nossa humanidade, bem como nossos interesses e ideais particulares, exige de nós resistência e luta. Ao longo de toda essa experiência, nos defrontamos com um conflito entre duas condições de nossa humanidade que são justamente tão importantes quanto as demandas conflitantes que colocamos em conexão. Precisamos nos engajar num mundo social e cultural particular. A liberdade vem do engajamento, bem como da conexão. No entanto, todo engajamento ameaça se transformar numa rendição: nos reduz de autores a marionetes. Assim, nos vemos forçados a escolher, a todo momento, entre um engajamento que tanto nos libera como nos escraviza, e um recuo, por reserva mental se não por rebelião declarada. Esse recuo só preserva nossa independência desgastando sua substância. Engajamento, de todo o coração e decidido, sem rendição, é do que precisamos.

E assim nós concebemos a ambição de mudar o caráter básico, bem como o conteúdo particular, dos contextos e das instituições e crenças contra as quais devemos sempre finalmente nos rebelar. Procuramos construir um mundo tão organizado que exista menos descontinuidade entre estar dentro e estar fora dele, entre seguir as regras e mudá-las. Na medida em que obtemos sucesso, somos capazes não só de realizar mais efetivamente nossos interesses e ideais particulares, mas também desenvolver mais plenamente nossa humanidade. Nosso mundo se torna menos um lugar de exílio e aprisionamento. Ele leva mais claramente a marca do infinito.

O problema da transcendência está implícito no problema da conexão. Nosso poder de reconciliar nossa necessidade e nosso anseio infinito por outras pessoas com a contenção do risco em que nos colocam permanecem limitados em escopo fora do domínio privilegiado do amor pessoal. O melhor que podemos comumente alcançar é organizar a uma meia distância. Mesmo nas democracias contemporâneas mais livres e prósperas, continuamos marcando passo como empregados servis de um esquema compulsivo de divisão e hierarquia social, e de uma alocação estereotipada de papéis sociais.

Não podemos nos entregar um ao outro como indivíduos além das fronteiras do amor pessoal porque ainda não nos transformamos nesses indivíduos. Permitir-nos fazer isso é parte do trabalho da cooperação experimentalista e da democracia de alta energia. Elas equipam o indivíduo com capacidades maiores e mais variadas. Fortalecem sua liberdade contra os tropismos hereditários da cultura e os automatismos da sociedade. Tornam possível a mais pessoas, num terreno mais amplo, a magnanimidade dos poderosos.

O problema da conexão está implícito no problema da transcendência. Está implícito tanto como uma condição como quanto uma meta. Assim como uma criança está mais capacitada a correr os riscos da autoconstrução se souber que está segura com o amor dos pais, assim homens e mulheres estarão mais capacitados a desafiar e mudar peças do seu contexto se estiverem seguros e fortalecidos em suas conexões com os outros, bem como em seus direitos e capacidades básicos. E a liberdade que adquirimos a partir da reinvenção permanente do futuro e da transformação qualitativa de nossos contextos seria uma meta dura e desumanizante demais, um ideal estreito e perigosamente heroico demais, se não prometesse uma base sobre a qual conectar mais plena e produtivamente com outras pessoas.

## Como encontramos esses problemas no curso de uma vida

Os problemas de conexão e transcendência se apresentam sob disfarce numa sequência característica no curso de uma vida – das vidas mais ambiciosas, vividas por aqueles que levaram a sério a mensagem da

RELIGIÃO

autoconstrução por meio da resistência ao mundo e da versão endurecida de sua própria individualidade.

Primeiro, devemos abandonar nossas fantasias sobre as individualidades múltiplas e as vidas múltiplas. Devemos abraçar uma trajetória particular e aceitar suas consequências para a pessoa que vamos nos tornar.

Então devemos seguir esse ato violento de automutilação com uma luta para aprender como sentimos os movimentos espectrais das pernas amputadas: por um ato de amor imaginativo, devemos imaginar a experiência das pessoas que não nos tornamos. Essa ampliação do sentido do eu junta-se a nossa experiência inicial de identificação e compaixão para estabelecer uma base para aceitar e imaginar outras pessoas.

Mais tarde, à medida que lutamos, de uma posição particular no mundo, com os limites de nossa circunstância e de nossa percepção, e encaramos a tentação de tomar a desilusão por sabedoria, uma carapaça – feita de caráter e acomodação – começa a se formar em torno de nós. Parte dessa carapaça vem de dentro: as disposições habituais do eu formam um caráter. Tais rotinas são indispensáveis: fornecem um local coerente e seguro a partir do qual podemos embarcar na aventura e no experimento. No entanto, nossa liberdade e vitalidade também requerem resistência contra nosso próprio caráter como ainda outra redução do ilimitado para o limitado e do surpreendente para o estereotipado. Parte dessa carapaça vem também de fora: resignação diante dos limites de uma circunstância individual. Começamos a achar que as vidas que levamos são as únicas que jamais levaremos, e recaímos nessa aceitação do que assumimos como sendo nosso destino.

Essa combinação de caráter endurecido e acomodação não desafiada resulta numa mumificação do eu. Começamos a morrer muitas pequenas mortes. Só podemos então viver dilacerando essa múmia que começa a nos encaixotar. Não a rompemos para ser virtuosos ou íntegros; na verdade, a rompemos para que possamos viver de tal maneira que só morremos uma vez.

## O HOMEM DESPERTADO

Não podemos rompê-la por um ato direto de vontade. No entanto, a vontade pode operar indireta e poderosamente, se guiada por uma visão de oportunidade moral. Progredimos através de uma dinâmica de engajamento e autotransformação. Se recuarmos numa postura de distanciamento irônico, transformamos carne em pedra. Identificando-nos com crenças e formas de vida particulares, sujeitando-nos, por meio de tal identificação, à derrota e ao desapontamento, arriscando a subversão da fé nas mãos do pensamento e da experiência, continuamos a viver. Aprendemos, através da ação, a ter esperança.

Qual é a ideia de nossa situação que, reconhecendo seus terrores de sofrimentos e obscuridade, mas construindo a ideia do eu a partir da qual eu comecei, poderia justificar tal ambição no tempo de uma vida?

Levem em conta, primeiro, a circunstância maior dentro da qual confrontamos os dilemas de conexão e transcendência e sofremos suas expressões características ao longo do curso de uma vida humana. De um lado, nos vemos empurrados entre a agitação e o tédio. Quando conseguimos temporariamente aquietar nossas ambições, frustrações e diversões – o incessante perambular entre particulares, o esforço desesperado para dotá-los de um peso que não podem carregar –, caímos num estado de contemplação e tédio. Nossos momentos felizes de engajamento com a tarefa do momento e a outra pessoa são logo devorados por essa alternância entre perdição e vazio. Nessa suscetibilidade, experimentamos como sofrimento as consequências esmagadoras de nossa humanidade, que exige a infinidade do finito e a acessibilidade do infinito.

De outro lado, a escuridão cerca nossa existência onírica e atormentada, pontuada por alegrias que somos impotentes para fazer durar e enredadas pelos impulsos, labutas e dores do corpo. Nenhum avanço da ciência natural poderia jamais vencer essa escuridão. No fim, a ciência só pode nos trazer uma história do universo e das regularidades efêmeras e restritas que surgem em certos momentos nessa história. Ela nada pode fazer para romper a diferença entre o ser e o nada, ou para explicar como e por que o ser poderia nascer do nada, ou por

RELIGIÃO

que não somos Deus, em vez dos seres condenados que realmente somos. Não é capaz de responder nenhuma dessas questões – agora ou sempre – porque pensa com nossas mentes corpóreas e não com as mentes de Deus.

Nossa mortalidade enfoca nossa experiência numa procissão breve, irreversível e dramática de um mistério para outro. À medida que nos voltamos uns para os outros e para nossos deveres e compromissos, colocamos nesses frágeis encontros, rotinas domésticas e devoções falíveis o fardo do anseio ilimitado pelo ilimitado. Não estão à altura do desafio.

Considerem três respostas aos problemas de conexão e transcendência, vistos contra este cenário de conflito e ignorância: a narrativa da salvação, a aniquilação do eu e o despertar do eu.

A narrativa da salvação coloca nossos embates com os problemas de conexão e transcendência num contexto mais amplo de significado e esperança. As relações entre as pessoas prenunciam nossa relação com Deus, que misteriosamente precisa de nós, assim como precisamos d'Ele, e que intervém de forma dramática, decisiva e irreversível no tempo histórico. Essa intervenção, começando na história e continuando na eternidade, nos prepara a ambos e o mundo para a superação dos conflitos entre a circunstância finita e o desejo infinito, entre a necessidade da conexão e o medo da conexão. Mesmo nossos grandes projetos seculares – como a causa da democracia e o alívio da pobreza e da opressão – ganham sentido do papel que desempenham nesse trabalho redentor.

Podemos nos levar a acreditar em tal narrativa simplesmente querendo acreditar nela? Se tentarmos salvar nossa fé reduzindo-a a uma alegoria – traduzindo o registro do encontro pessoal com Deus numa visão de piedade e moralidade impessoal –, nós a evisceraremos de precisamente aquelas características que a permitem falar direta e poderosamente a nossas ansiedades e esperanças. Nós só a recuperaremos desfazendo-a.

Não podemos evadir um julgamento de sua verdade – a verdade dos eventos históricos e trans-históricos que ela reconta. Se é um

# O HOMEM DESPERTADO

modo de despertar a vontade e consolar a mente, sofre do defeito das narrativas históricas de redenção política, social e econômica, como o marxismo, que durante tanto tempo inspirou e desorientou a política transformadora. O feitiço que lançamos sobre nós nos levará a representar equivocadamente tanto as restrições como as oportunidades de nossa situação. Como resultado, nós veremos menos claramente e seremos menos livres.

Pode parecer estranho invocar tal queixa de veracidade num debate que acompanha temas e compromissos pragmáticos. Pois nenhuma feição do entendimento vulgar da tradição pragmática é mais difundida do que a ideia de que essa tradição propõe uma visão meramente instrumental da verdade. Aqui, porém, eu argumentei que a primazia do pessoal sobre o impessoal, mais do que a subordinação da crença à conveniência, é o elemento dessa tradição que temos maior razão de resgatar e desenvolver.

É precisamente no domínio do pessoal e do histórico que temos a base mais forte para nos opormos à redução da descoberta à estratégia. É o nosso conhecimento da natureza que é menos confiável como representação do mundo do que como um guia de intervenção prática porque ele é o conhecimento circunscrito pela desproporção da mente em relação ao seu objeto e assolado por antinomias do impessoal. Com certeza, toda visão poderosa da sociedade e da individualidade é, entre outras coisas, uma profecia autorrealizável. Ela nos convida a agir de tal modo que a faça verdadeira. No entanto, esse impulso de autorrealização, embora inerradicável, é também autolimitativo: logo nos chocamos contra a resistência imposta por pessoas tais como elas são agora e pela sociedade tal como é agora. Assim, o elemento da profecia autorrealizável em nossas ideias sociais e pessoais nos força a uma confrontação com a realidade em vez de nos permitir confundir conforto com verdade.

Uma segunda resposta aos problemas da existência é a aniquilação do eu. Podemos encontrar diferentes versões dela expressas nas filosofias de Schopenhauer e de Plotino, bem como em alguns aspectos dos ensina-

## RELIGIÃO

mentos de Buda e de Lao-Tsé. Ela propõe a suspensão da luta individual através de uma identificação da consciência com uma realidade universal e final além do eu. Chegamos à reconciliação tanto com outras pessoas como com nossas sociedades e culturas a partir de uma desvalorização radical da realidade das distinções fenomenais e do eu individual.

Existe uma relação recíproca nessa resposta entre o quadro metafísico e a orientação existencial. Negação da realidade final de distinções dentro da multiplicidade justifica o abandono da luta, com sua terrível alternância entre a inquietação e o tédio. A cessação da luta se afasta das confrontações que, somente elas, são capazes de manter vívidas em nossas mentes as distinções do mundo manifesto.

O custo moral da aniquilação do eu é o efeito justamente que seus proponentes invocam como seu benefício. O que perdemos adotando essa metafísica e praticando essa terapia é o mundo e, com o mundo, nossa vida. Nossa experiência encolhe sob pretexto de se expandir. Quando, devido à realidade de nossa corporificação e de nossa inserção social, somos incapazes de manter o fingimento de voltar do eu à realidade final, nos achamos aprisionados num lugar que trabalhamos para tornar menor.

Esse custo moral é agravado por um custo epistemológico. Estabelecemos na consciência uma situação em que o teste de invalidação pode vir de fora – a batida à porta por uma realidade pessoal e social que se recusa a ser dominada por distanciamento e negação.

A terceira resposta é um despertar do eu para outras pessoas e para o mundo manifesto. Tal despertar é uma intensificação de nosso engajamento com a experiência, especialmente com nossa experiência de distinção tanto de pessoas como de fenômenos. É um movimento de torpor narcoléptico, interrompido por momentos de dor e alegria, na direção de presença, atenção e envolvimento. Em nenhum lugar essa ligação entre a intensificação da experiência e o reconhecimento da diferença é mais plenamente revelado do que em nosso sentimento da realidade do eu individual. Agora vemos essa realidade como uma realidade que vai até o fundo, em vez de a descartarmos como um epifenômeno.

Esse despertar é, portanto, em todos os aspectos, uma reversão tanto da atitude existencial como da visão metafísica subjacentes à tentativa de aniquilação do eu. Exige uma certa concepção do eu e de seus embates com o mundo – a concepção que eu propus que colocássemos no centro de um pragmatismo radicalizado – e a desenvolve numa resposta aos problemas da existência. Dá muitos indícios de sua intenção e se sujeita a muitos testes de suas reivindicações.

Na política e na cultura, leva-nos para a invenção permanente do futuro e para o realce dos poderes de humanidade comum e dignidade da experiência comum. A estrutura da sociedade se assemelha mais intimamente às engrenagens da imaginação.

Na modelagem da visão moral e da ação, ela inspira resistência à mumificação do eu e, mais geralmente, o esforço para embutir nossas soluções ao problema da conexão numa resposta ao problema da transcendência. À medida que desenvolvemos nossos poderes práticos, nosso propósito moral dominante se torna aquele de reconciliar a grandeza com o amor em nossa experiência da individualidade e do encontro. Buscamos tal reconciliação de uma forma imaculada pelas ilusões de uma ética heroica, aberta a sugestões da experiência comum e respeitosa das capacidades das pessoas comuns.

Na imaginação do mundo como um todo, como o podemos ver e entender de nosso estreito e acidental ponto de vista, ela inspira uma tentativa de recapturar, corrigir e transformar a presença visionária do mundo para a criança. Arte e ciência trabalham juntas para aprofundar nossa percepção da distinção entre o mundo real colocando o real contra um contexto de variação e oportunidade transformadora – visto, descoberto, imaginado, profetizado e criado. Em vez de ofuscar nosso senso da realidade e nossa distinção real, essa imaginação da mudança a torna mais aguda. Embora não tenhamos criado o mundo, o mundo inteiro se torna nosso sonho, e tudo nele surge para nós com a clareza visionária da mente sonhadora.

## Opções existenciais

Imaginem o problema do caminho do eu visto de outra perspectiva – a perspectiva das opções existenciais apresentadas a nós pelo pensamento mais ambicioso e inclusivo de nossa época. Vamos alcançar o mesmo resultado de um diferente ponto de partida.

Encarando a certeza e a finalidade da morte, e incapazes de dissipar o mistério de nossa existência, ou da existência do mundo, normalmente nos engajamos nos afazeres de nossa vida, em nossos apegos aos outros e em nossos conflitos com eles. Tal engajamento ocupa nossa consciência. Se for intenso, nos enche de alegria, mesmo quando acompanhado das sombras do antagonismo, da ambivalência, do remorso e do medo. A intensidade pode correr na direção da devoção a uma tarefa ou de um anseio por outras pessoas.

Essa intensidade, porém, oscila. Ameaça naufragar, submersa pela rotina. O problema não é a repetição e o hábito, características inevitáveis e indispensáveis de nossa experiência. O problema é o fracasso em sustentar nossa divindade – a qualidade do espírito que transcende o contexto – em meio à repetição; o fracasso em incorporarmos o espírito na rotina.

Como resultado, vivemos muito de nossas vidas num torpor, como se estivéssemos interpretando um roteiro escrito por outra pessoa. Essa outra pessoa, porém, não é um indivíduo ou sequer um grupo; é a esmagadora autoridade coletiva impessoal dos outros que estabelece nossos termos de referência e exerce o poder, ou sofre a servidão, no mundo que habitamos. Nós nos tornamos eles, mas eles não se tornam cada um de nós.

O vacilo da força vital é um pouco a morte, ou a morte passo a passo. Vem com o seu próprio consolo: o estado narcoléptico da consciência diminuída ao qual nos rebaixamos nos impede de focalizar a enormidade da perda ou de enfrentar a situação. E as pressões de necessidade material e escassez econômica nos mantêm acorrentados a nossas responsabilidades práticas.

## O HOMEM DESPERTADO

Considerem essas três respostas. Cada uma desempenhou um papel no pensamento, na arte e na experiência de nossos tempos. Somente a terceira nos coloca num caminho de divinização consistente com os fatos de nossa existência.

Uma resposta desfila incansavelmente diante de nossos olhos o espetáculo de nosso deslizamento para a morte e nosso pendor para o nada. O objetivo desse desfile é despertar em nós um temor tão terrível e uma ojeriza tão violenta que somos incitados a nos rebelar contra a negação de uma personalidade ativa e consciente.

Mas com que finalidade? Com a finalidade de nos levar a nos recompor. Nós nos compomos menos reafirmando as reivindicações da vida do que negando a importância ou mesmo a realidade das distinções que preenchem nossa experiência cotidiana. Vendo essas distinções do mundo manifesto como uma extensão de uma realidade subjacente, afirmamos a radiância do ser. Atendemos ao mundo; nós o celebramos; nos identificamos com sua marcha para a frente. Triunfamos sobre a ignorância e a morte saindo de nós mesmos.

Esse paganismo tardio e forçado é outra versão da antiga doutrina da extinção do eu. Costumava ser justificada pelas concepções metafísicas da filosofia perene. Em nossos dias, ela apela mais frequentemente para uma ideia da exaustão e do fracasso de tudo mais, incluindo a tradição da filosofia: de todas as tentativas de dar um sentido às particularidades do mundo manifesto e de imprimir nesse mundo um curso de ação transformadora.

As consequências dessa resposta revelam seus erros. Não podemos de fato sustentar o engajamento que nos permite resistir à nossa descida ao torpor narcoléptico, ficando parados à espera. Só podemos fazê-lo lutando contra nós mesmos e contra o mundo, mesmo que seja a luta do filósofo ou do artista individual para renovar sob novos disfarces, e sem apoio na filosofia perene, a antiga doutrina da extinção do eu e de seu programa de quiescência extática e atenta. A primeira resposta é uma doutrina que ninguém, menos ainda seus próprios inventores, pode vivenciar.

RELIGIÃO

Uma segunda resposta enfoca a supressão da individualidade que acompanha tanto a turvação da consciência como os automatismos da vontade. Ela propõe resistência aos arranjos institucionais, aos papéis estereotipados e às formas endurecidas da consciência que esmagam a personalidade autêntica. Só podemos reafirmar a qualidade que nos torna mais humanos fazendo-nos mais divinos se trilharmos uma via negativa interminável: devemos dizer não, não e não a todas as estruturas, através da rebelião, tanto coletiva como individual.

A rebelião permanente contra a estrutura revela uma falha de percepção e um vacilo do coração. É uma falha de discernimento porque se recusa a reconhecer que as estruturas contra as quais se rebela podem diferir em qualidade, bem como em conteúdo: no caráter de sua relação com os poderes transgressores-de-estrutura do agente. Podem estar relativamente mais entrincheirados contra o desafio e a mudança, apresentando-se ao agente como necessidade natural ou destino hostil. Ou podem estar relativamente mais disponíveis à revisão no curso das atividades da vida cotidiana.

Quando reformamos as estruturas nessa direção alternativa, fazemos mais do que realçar nossos poderes práticos e minar uma base indispensável de divisão e hierarquia social entrincheirada. Rompemos a diferença entre estar dentro de uma estrutura e estar além de uma estrutura. Criamos um ambiente mais adequado para as infinidades dentro de nós. Não reconhecer esse potencial de variação é permanecer preso a uma superstição que é também uma forma de subjugação.

Essa rebelião é também uma hesitação do coração porque o ensinamento da via negativa revela o desespero quanto a nossa capacidade de fazer o espírito viver na estrutura – vale dizer, dentro da rotina e da repetição, do direito e da prática. Essa desesperança é um pecado que cometemos contra nós mesmos: contra nossos poderes de transgressão, transcendência e transformação. Ela possui duas formas exemplares: uma, a política; a outra, a pessoal. A forma política é o abandono de qualquer tentativa de organizar a sociedade e a cultura de modo que encurtemos a distância entre nossas atividades

O HOMEM DESPERTADO

conservadoras-de-contexto e transformadoras-de-contexto, e tornemos a mudança interna à vida social. A forma pessoal é a renúncia de todos os esforços de fazer o amor viver nas instituições, particularmente nas instituições do casamento e nas longas conversas e nos sacrifícios recíprocos de uma vida conjunta. O amor romântico – o espírito desencarnado e incapaz de encarnação na rotina – vê a repetição como sua morte. As formas política e pessoal dessa perda de esperança representam duas instâncias do mesmo impasse.

Uma terceira resposta é aquela que chamei de o despertar do eu. Como as duas outras respostas anteriormente descritas, a força de sua atração depende de um empenho para forçar um confronto com a nossa mortalidade e ignorância: como valorizamos a maior parte das oscilações em um vácuo de ausência de significado, oculto pela necessidade, pelos afazeres e pela diversão.

A maior ameaça a esse projeto moral é a armadilha do eu. Podemos subitamente nos dar conta de que a vida que estamos levando é a única que podemos jamais viver. Nós nos encontramos encurralados numa situação que nega nossa infinitude, vale dizer, nossa humanidade. Então resistimos.

Uma forma dessa resistência é redirecionar o pensamento e a política de um esforço para criar estruturas que reconheçam, nutram e desenvolvam nossa natureza que transcende a estrutura. Nossa orientação para tal futuro é também uma maneira de viver o presente como seres não plenamente determinados pela organização estabelecida da sociedade e da cultura. No entanto, esse é um caminho que até nas circunstâncias das sociedades mais livres, igualitárias e prósperas, só está aberto a poucos. Mesmo para aqueles poucos, ela oferece uma solução inadequada.

Nossas vidas acabam geralmente antes que tenhamos visto as coisas pelas quais lutamos se concretizarem e acabarem não sendo o que queríamos. A pessoa diante de nós, o momento que estamos vivendo, a tarefa à qual nos devotamos, a experiência lembrada agora – a abertura da consciência para o mundo manifesto, realçada como se

RELIGIÃO

num sonho, transfigurada pela imaginação dos próximos passos como no pensamento e na política e, no entanto, sujeita, como em nossas vidas despertas do cotidiano, à disciplina da restrição e às demandas da repetição –, este é o antídoto à morte em vida de uma existência diminuída.

A conversão da mente para o mundo manifesto está paradoxalmente conectada com a orientação para o futuro. As engrenagens da imaginação lançam luz sobre essa conexão. Apreender o estado de coisas ou fenômeno é vê-lo como capaz de ser mudado como resultado de certas intervenções. Até que o coloquemos dentro de tal faixa de variação transformadora, nós não o vemos; simplesmente olhamos o vazio. O cenário fundamental desse trabalho imaginativo é nossa experiência de atuar no mundo, de encontrar resistência e de superá-la.

Não podemos nos entregar plenamente ao mundo manifesto e aos outros, se permanecermos como marionetes de um roteiro que não escrevemos e prisioneiros de uma situação que não reconhece em nós os seres transcendentes de contexto que realmente somos. Não precisamos esperar a transformação da sociedade e da cultura para começar nossa emancipação. Podemos começar agora mesmo. Em toda área de ação e pensamento, contanto que não soframos as extremidades da privação e da enfermidade, a pergunta em nossos lábios será: o que deveríamos fazer a seguir? As formas mais ambiciosas de pensamento programático e de ação reconstrutiva simplesmente ampliam o escopo desse questionamento e ampliam a extensão de nossas respostas.

O que nos permite a cada momento questionar – o que deveríamos fazer a seguir? – é o casamento da imaginação com uma atitude existencial: uma disponibilidade esperançosa e paciente para com a novidade e a experiência. O que nos permite sustentar essa atitude é por sua vez a combinação da confiança crescente no exercício de nossos próprios poderes – segurança e capacidade – com amor – e o amor ao mundo e o amor às pessoas.

O compromisso com uma zona de proteções e dotes fundamentais, estabelecido por direitos extraídos da agenda da política de curto prazo, é simplesmente a expressão política mais importante de uma verdade mais geral. Assim como o amor do pai pela criança, assegurando-lhe um lugar incondicional no mundo, encoraja a criança a correr riscos em nome da autoconstrução, assim também esses direitos que realçam a capacidade ajudam o indivíduo a baixar suas defesas e a buscar o novo. Extrair esses direitos, em parte da política, e cercá-los de regras e doutrinas, que os fazem relativamente mais difíceis de mudar a curto prazo, podem, a curto prazo, ter um resultado paradoxal. Entrincheirar esses direitos contra desafios pode ampliar o escopo da política e aumentar a sua intensidade.

No entanto, o objetivo deve ser definir tais imunidades e dotes de uma maneira que imponha a menor rigidez possível do espaço social circundante. Um sistema de castas equacionando a segurança do indivíduo com a inviolabilidade de formas detalhadas e distintas de vida em grupo representa uma extrema confusão de segurança e identidade individual com a rigidez social. O que deveríamos desejar é o extremo oposto, da dissociação entre o entrincheiramento dos direitos garantidores da capacidade ou do talento e o entrincheiramento de todos os outros arranjos. De tal extremo oposto não temos nenhum exemplo disponível: as formas existentes de organização econômica, social e política, incluindo a tradicional lei moderna da propriedade e do contrato, situam-se em pontos variados intermediários ao longo desse espectro imaginário. Então, aqui, como em toda parte, os indivíduos devem criar, por sua maneira de relacionar autocontrole com conexão, aquilo que a política e o direito ainda não ofereceram como ordenamento da vida social.

Não é o esplendor de um ser supostamente unificado subjacente ao mundo fenomenal que inspira essa resposta de despertar, como inspira a versão contemporânea da doutrina da extinção do eu. É o amor real, o amor das pessoas de verdade, dado e recebido. O amor do mundo agora aparece como uma efusão desse amor humano. A fonte de Plotino fluía de cima para baixo, do ser oculto acima para o mundo manifesto abaixo. Agora, porém, a fonte flui no sentido correto, de

## RELIGIÃO

baixo para cima. O amor do mundo é a luz penumbral de uma chama mais brilhante, o amor humano.

A primeira das respostas contemporâneas a nossa condição de ignorância e mortalidade nada mais é do que uma versão contemporânea da antiga doutrina da extinção do eu. Traduz os princípios da filosofia perene, que tradicionalmente apoiava aquela doutrina, num vocabulário gratificante para ouvidos modernos. A segunda resposta, de permanente rebelião romântica contra a estrutura, continua sob a democracia e na forma de opiniões políticas e morais – a via negativa que sempre existiu – como uma heresia, dentro das grandes religiões mundiais da salvação pessoal. A terceira resposta, do despertar do eu, poderia ser similarmente vista como uma continuação, sem o contexto teológico, de algumas das crenças morais e psicológicas mais características da narrativa da salvação.

Na forma de sua declaração aqui, o despertar do eu pode parecer nada mais do que o cristianismo sem Cristo ou sem a Igreja. Nesse sentido, ele se assemelharia com muitas das ideias dos últimos cinco séculos no Ocidente, como um resplendor tardio do cristianismo, obtendo de sua relação ambivalente com uma fé perdida qualquer poder de que possa gozar. Porque muitos eram pagãos quando professavam ser cristãos, alguns se tornaram cristãos quando se tornaram pagãos; o momento da sua apostasia foi a hora de sua conversão.

Nada com certeza vem agora, porém, em matéria de insight ou ação, da verdade limitada dessa observação genealógica. São as transações entre Deus e a humanidade, nas quais os apóstatas convertidos não conseguem acreditar mais, o repositório indispensável das verdades mais importante sobre nós mesmos? Ou essa visão representaria uma tentativa de fornecer bases fora de nós para aquilo que só pode ter bases dentro de nós?

Como orientação de vida, a doutrina do despertar do eu deve ser recomendada por sua própria força. Não é uma inferência do pragmatismo radicalizado que eu defendo, mais do que o redirecionamento da democracia social possa ser uma consequência daquela filosofia.

O HOMEM DESPERTADO

A posição filosófica só conecta e generaliza os insights e impulsos que emergem daqueles diferentes campos da experiência. Devolve a eles uma luz que é amplamente refletida a partir deles.

Qual é a sensação de fazer esse trabalho agora? Perdemos a fé que inspirava essa visão do eu e de sua divinização. Consolamo-nos em que, ao perdê-la, estávamos de fato trazendo-a de volta à vida de novo, mas não podíamos ter certeza. Ao nosso redor, tínhamos visto a ideia de que tudo podia, em princípio, ser diferente, combinada com o sentimento de que não podíamos mudar nada que importasse, de qualquer maneira; a vitória sobre o necessitarismo parecia vazia. Testemunhamos as ideias revolucionárias do Ocidente apunhalarem mortalmente as principais doutrinas de outras civilizações, que sobreviveram apenas como adereços ou fósseis. Além do mais, as ideias triunfantes em relação à transformação social e pessoal, tendo colocado o mundo em chamas através da revolução ou subjugado o mundo através do império, haviam então parecido, no momento do seu triunfo, murchar e morrer. O diálogo das principais tradições filosóficas da humanidade tinha, portanto, se tornado um congresso de mortos. Despertamos a vontade transformadora através de narrativas épicas de progresso inevitável baseados em pressuposições nas quais não conseguíamos mais acreditar.

Fomos repelidos, porém, pela conclusão de que tudo o que nos restava era cantar acorrentados, enfeitiçando a nós mesmos, experimentar os prazeres privados e reinventar a antiga ética da serenidade. Distanciamento irônico significaria rendição e morte. Sempre tivemos diante de nós a fórmula moral perene de nossa civilização, que o romance dos séculos XIX e XX havia trazido como o último lampejo de uma luz que se apagava: você muda a si mesmo, embora não possa mudar o mundo; e a maneira de mudar a si mesmo é tentar mudar o mundo – o seu mundo –, embora você não possa mudá-lo. Dissemos que essas crenças eram verdadeiras, e que queríamos descobrir a maneira de agir que confirmasse sua verdade e a maneira de pensar que as salvaria da aparência de absurdo.

RELIGIÃO

## Despertando duas vezes o eu

O eu desperta duas vezes. O primeiro despertar do eu é a afirmação da consciência e, a partir da consciência, da personalidade distinta. Afirmamos a consciência entrando plenamente na experiência da vida consciente. Entrar plenamente nela é alargá-la, esticando os seus limites. Esse esticar dá nascimento, porém, a uma experiência contrária, uma perda distinta da consciência e da identidade. Horrorizados, nós então recuamos para a cidadela do eu consciente, agarrando-nos com força renovada e lucidez ao que havíamos arriscado perder. O paradoxo central do primeiro despertar do eu é que devemos arriscar perder a noção do eu – nosso agarrar à consciência, nosso domínio da distinção de personalidade – para melhor reafirmá-la.

São poucos os pensadores em nossa tradição ocidental que, como Plotino, exploraram esse paradoxo. Durante séculos, porém, foi um tópico familiar de discussão entre os filósofos da Índia antiga.

Há duas direções em que podemos esticar e arriscar nossa experiência de autoconsciência. Numa direção, entramos mais plenamente na vida de nosso próprio corpo. Ele deixa de parecer estranho a nós; a consciência se torna um mapa detalhado de nossos estados corpóreos de dor, prazer ou percepção, a mente transformada no que Baruch Espinoza sempre achou que era – a ideia do corpo. Quanto mais plenamente nos identificamos em mente com o corpo, acompanhando de perto seus humores e mudanças, e levantando a grade categórica que normalmente impomos sobre a percepção, maior a perda do sentido de distinção. Todo o mundo manifesto, e nosso eu incorporado dentro dele, agora começa a se dissolver num brilho indistinto, num resplendor da sensação de individualidade distinta que tínhamos conservado enquanto permanecíamos vigilantes e armados, dentro da fortaleza da consciência, ansiosamente olhando de longe o corpo e o mundo.

Em outra direção, deixamos essa fortaleza em troca de duas variedades de absorção: absorção numa atividade, experimentada como avassaladora, bem como autojustificada; e absorção numa visão do

O HOMEM DESPERTADO

mundo manifesto ao nosso redor, experimentada como suficiente para prender nossa atenção.

Pela primeira dessas variedades de absorção, nós nos rendemos a um trabalho que aquieta por um tempo toda a inquietação e ansiedade. Ao nos rendermos a ele, porém, não sentimos tédio porque parece grande o bastante para ocupar toda a nossa vida consciente enquanto o estamos executando. Nossa experiência do tempo muda. Sofremos movimento e transformação, tornando real a sensação do tempo. No entanto, o tempo, como uma queda incontrolada na direção da morte, é aparentemente suspenso.

Pela segunda dessas variedades de absorção, encontramos nossos olhos abertos para o mundo fenomenal. Aparece para nós com todas as suas distinções e brilho, realçadas como num sonho. E exige nossa atenção tão completamente que nada de sua atenção é perdida, como um resíduo de dúvida, descontentamento ou desconfiança.

Essas duas variedades de absorção levam para fora. Ambas representam melhorias de nossa experiência central de autoconsciência e distinção. No entanto, ambas também ameaçam o que elas realçam, minando a nitidez da fronteira entre o eu e o que está fora dele, enfraquecendo a vigilância da distância sobre a qual se apoia nossa experiência da consciência.

Da descida ao corpo e da subida aos dois tipos de absorção, nós recuamos, assustados e fortalecidos, para dentro dos muros do eu defendido. Essa ida para fora e essa volta para dentro, esse alargamento e esse estreitamento, esse movimento interminável entre os diferentes níveis da consciência é o primeiro despertar do eu: um despertar para a experiência da personalidade distinta e do espírito corporificado. Tem lugar sob uma dupla sombra: a sombra da necessidade de chegar a um acordo com outras pessoas e a sombra da necessidade de admitir a estrutura organizada da sociedade em que nos encontramos.

Necessitando dos outros para tudo, desde o sustento material da vida até a confirmação do nosso sentido de individualidade, mas temendo-os como ameaças a nossa existência independente, nós nos deslocamos desconfortavelmente entre a proximidade e o afastamento. Em geral, nos satisfazemos com uma meia distância mal marcada.

Reconhecendo que a ordem da sociedade é simplesmente a interrupção temporária ou a contenção de uma luta que pode recomeçar a qualquer momento – um embate sobre os termos das cobranças das pessoas umas às outras –, procuramos sustentar regras, propriedades e decências que afastam da vida social um pouco da sua corrente subterrânea de selvageria e perigo.

O segundo despertar do eu é a descoberta, dentro de nós, da demanda pelo infinito, pelo absoluto. Uma vez descoberta, é irresistível; deve ser vivenciada. Sua vivência muda o sentido de tudo que experimentamos antes. O segundo despertar é, portanto, uma revolução na experiência da consciência e da distinção.

Ocorre inicialmente sob a forma de certas interrupções e redirecionamentos das experiências características do primeiro despertar. Assim que entendemos a natureza dessas interrupções e desses redirecionamentos, podemos ver como sua ocorrência pode ser favorecida pela difusão de certas crenças sobre a personalidade e a sociedade, e como sua expressão pode requerer desenvolvimentos no pensamento e na política. O segundo despertar é inseparável da história da democracia, bem como do progresso do nosso insight sobre a mudança social e pessoal.

Dois eventos conectados estão na raiz do segundo despertar do eu. Um evento é a descoberta de nosso alheamento dos mundos social e natural; de sua indiferença ou antagonismo para com nosso traço de infinidade – vale dizer, do excesso sobre circunstância e estrutura.

Somos seres naturais. Nossos poderes de transcendência são prenunciados por nossas características físicas, começando com a plasticidade do cérebro. No entanto, a natureza, que só podemos conhecer por meio de um alcance frágil e hesitante de nossos poderes de percepção da esfera de nossas próprias ações, é indiferente ao nosso esforço de nos tornarmos mais divinizados e nos condena à frustração e à dissolução.

O HOMEM DESPERTADO

Somos seres sociais. Devemos expressar nossa capacidade de transcendência no exercício do poder de desafiar e mudar os cenários estabelecidos da vida e do pensamento, se quisermos de fato expressá-la. Podemos expressá-la em maior ou menor grau. No entanto, nenhuma sociedade e nenhuma cultura que já existiu jamais reconheceu e alimentou suficientemente essa capacidade para que nos justificasse ao baixar nossas armas. Separação da natureza e transformação da sociedade são, portanto, as respostas indispensáveis à descoberta do nosso estranhamento.

O outro evento que está na fonte do segundo despertar do eu é nossa admissão, ao lado de nosso estranhamento dos mundos natural e social, do caráter ilimitado de nosso anseio por outras pessoas. Nós exigimos delas – de algumas delas – mais do que qualquer ser humano pode dar a outro: não apenas apoio material e moral, mas aceitação radical e garantia de que existe um lugar para nós no mundo como os espíritos encarnados e os seres transcendentes de contexto que realmente somos. Assim, tudo que podemos dar um ao outro implica uma promessa que ninguém pode cumprir.

A única solução, sabemos, quase não é possível: o amor, entendido como a imaginação e aceitação da outra pessoa, como quem aquela pessoa tanto é como poderia se tornar, não como uma projeção da nossa necessidade; o amor livremente dado e, portanto, também livremente recusado, completo apenas quando não maculado pela benevolência do protetor para com o protegido, precariamente penetrando nas rotinas de uma vida conjunta e esmaecendo à medida que se afasta do terreno central do encontro pessoal para a vida mais ampla da sociedade.

Os dois eventos na raiz do segundo despertar do eu modelam um ao outro. Somos alienados de um mundo natural e social que impede nossos esforços de nos aperfeiçoar e de reconhecer uns aos outros como seres capazes de imaginar e aceitar uns aos outros. Exigimos uns dos outros aquilo que a natureza e a sociedade parecem nos recusar.

O primeiro despertar do eu pode acontecer em qualquer lugar a qualquer tempo, em qualquer sociedade e cultura. O segundo despertar

RELIGIÃO

do eu é uma descoberta, e também um distúrbio – a descoberta do segredo de nossa infinidade e o distúrbio dos arranjos e crenças que o ocultam ou reprimem. Embora possa ser prefigurado em qualquer lugar a qualquer momento como profecia, sua ocorrência regular na vida humana é uma conquista coletiva e individual. Ela só viceja num terreno preparado pela reconstrução do pensamento e da sociedade. Não é um milagre; é uma conquista. Seu avanço equivale a uma grande parte daquilo que justifica o projeto do experimentalismo democrático e o ensinamento de um pragmatismo radicalizado.

## Demandas do segundo despertar

Como deveriam viver as pessoas para as quais esse segundo despertar do eu representa um ideal norteador? Na vida social e econômica, precisamos usar a repetição, incorporada nas práticas padronizadas e nas máquinas, a fim de poupar tempo para o que ainda não é repetível. Assim, na vida moral, devemos usar disposições habituais – as virtudes – para sermos nós mesmos indo além de nós mesmos.

Há três tipos de virtudes: as da conexão, da purificação e da divinização. As virtudes da conexão e da purificação têm a ver com dois aspectos diferentes de nossa experiência moral. Estão no mesmo nível; completam e complementam uma à outra. As virtudes da divinização estão em outro nível. Elas pressupõem o segundo despertar do eu e mudam a experiência e o sentido das outras virtudes.

As virtudes da conexão – respeito, tolerância e equidade – referem-se à maneira como nos comportamos uns com os outros. Em sua forma inicial, não reconstruída, elas fazem esse comportamento sem beneficiar as descobertas do segundo despertar. Essas virtudes se apoiam numa capacidade de restringir nosso autocentrismo, que nos escraviza à medida que oprime os outros: nossa parcialidade de visão e interesse. O respeito é o reconhecimento individualizado de nossa humanidade comum. A tolerância é a restrição que impomos na expressão de nossas

O HOMEM DESPERTADO

opiniões e na reivindicação de nossos interesses, para que os outros possam ter o espaço para expressar e reivindicar os seus. Equidade é o tratamento das outras pessoas por padrões que reduzem o preço da subjugação e despersonalização que cada um de nós deve pagar para conectar com outras pessoas. Agir com equidade é contribuir o máximo que podemos para esse fim, considerando o que podemos e o que não podemos fazer, e o que podemos mudar aqui e agora.

As virtudes da purificação – simplicidade, entusiasmo e atenção – concernem à ascensão do eu no curso de seu primeiro despertar. Preparam ou realizam as formas gêmeas de absorção, características dessa ascensão, na atividade que tudo consome ou na recepção do mundo manifesto. Simplicidade é a remoção do tumulto, especialmente do apego às coisas, e o arrefecimento das defesas. Ela nos prepara nossa ascensão tanto nos desarmando como nos concentrando. Entusiasmo é a prontidão de nos entregarmos a uma atividade que, uma vez que se verifica não violar as obrigações e virtudes da conexão, nos absorve por um tempo sem resíduo de reserva, e parece ser eterna enquanto dura. Atenção é o voltar-se para o mundo manifesto, recebido em percepção e representado na mente, como uma multiplicidade totalmente articulada, cheia de distinção e brilho. Embora a atenção possa parecer tão passiva quanto o entusiasmo é ativo, a fenomenologia de cada uma dessas duas experiências desmente esse aparente contraste. No entusiasmo, temos a sensação de sermos agarrados; na atenção, um realce e uma expansão da consciência. Seu produto é a experiência de uma mente em que nada é perdido.

As virtudes da divinização – abertura a uma nova experiência e à outra pessoa – são os recursos que reunimos e os objetivos em direção dos quais nos movemos no curso do segundo despertar do eu. É a partir daí que nos tornamos não Deus, mas mais divinizados, e fazemos bem na infinitude dentro de nós. Elas estão relacionadas; cada uma nos equipa melhor para a outra. Um dos principais objetivos da cultura experimentalista e de uma política democrática é nos dar uma melhor oportunidade de experimentá-las e conectá-las.

RELIGIÃO

A abertura ao novo manifesta a verdadeira relação entre a humanidade individual ou coletiva e os ambientes organizados da sociedade e da cultura: que eles são finitos em relação a nós e que nós somos infinitos em relação a eles. Mais do que as construções fracassadas, corrigíveis, contingentes e efêmeras que realmente são, eles se tornam ídolos. Quando se tornam ídolos, devemos esmagá-los para impedir que suguem a vida que nos pertence.

Abertura para com a outra pessoa é mais plenamente alcançada no amor pessoal. Em sua forma mais difusa e fraca, torna-se a confiança maior sobre a qual as práticas da cooperação experimentalista dependem. A generalização de tal confiança entre estranhos não pode, porém, ser produto de uma mudança de atitude apenas. Ela requer também uma mudança de arranjos e dotações ao longo das linhas exploradas anteriormente – daí, uma vez mais, a conexão entre o progresso da democracia e o sucesso do segundo despertar do eu.

A prática das virtudes da divinização modifica o sentido e o conteúdo das virtudes da conexão. Transforma o respeito em compaixão, ou o sentimento de companheirismo (imaculado pelos equívocos autodefensivos de uma benevolência arrogante), a tolerância em autossacrifício e a equidade em misericórdia. Transforma também a experiência – central às virtudes da purificação – de perder o eu, para melhor reconquistá-lo. A ascensão do eu, a partir da simplicidade, do entusiasmo e da atenção, agora sofre uma reorientação decisiva. Em vez de evitar confusão para encontrar a compostura, o eu procura confusão para encontrar, afirmar e expressar sua própria infinitude.

# 14. Filosofia: além da superciência e da autoajuda

A filosofia tem sido geralmente superciência ou autoajuda. Na maioria das vezes, tem sido autoajuda disfarçada como superciência.

Por superciência quero dizer a pretensão ao conhecimento geral e fundacional, mais universal do que o conhecimento íntimo e fechado que podemos obter sobre nossas próprias construções e mais básico do que o conhecimento falível e indistinto que podemos alcançar pela ciência. A ideia da primazia do pessoal sobre o impessoal, no conhecimento bem como no valor, é fatal à pretensão de superciência.

Por autoajuda quero dizer apenas o que a palavra comumente descreve no mercado de livros: instrução sobre como ser feliz e bem-sucedido num mundo que nos permite pouco controle sobre as circunstâncias que definem nossas vidas.

Disfarçar a autoajuda como superciência é apresentar uma fórmula para nossa luta com o destino e a sorte, bem como com a restrição social e a divisão interna do eu, na forma de discurso sobre a realidade final ou o conhecimento superior. Esse elo entre um imperativo da vida e uma visão do mundo é a marca suprema da experiência religiosa. A incorporação da autoajuda na superciência é a pretensão da filosofia de fazer o trabalho da religião. É uma pretensão que a filosofia só pode

O HOMEM DESPERTADO

honrar imperfeitamente, e ainda assim colocando em risco as maiores contribuições que sempre pôde fazer para a humanidade e que agora é capaz de fazer para a democracia.

A parceria entre a superciência e a autoajuda é antiga. Um dos modelos mais plenamente realizados é a filosofia do período helênico. No entanto, agora adquiriu uma significância nova e especial pela combinação da perda da fé em Deus com a luta pela fé entre as pessoas comuns. O desejo de um sucessor para a religião só podia ser intensificado pela dificuldade da crença religiosa aberta. E o credo democrático da autoinvenção individual e coletiva elevou o prêmio destinado às ideias que nos diriam com autoridade como e em que direção podemos nos reinventar.

A execução do plano de apoiar a autoajuda na superciência sofre, porém, de uma falha fatal. Não existe nenhuma superciência, ou pelo menos nenhuma que a filosofia possa esperar estabelecer. Quando procuramos além da experiência comum em busca de orientação em autoajuda, devemos procurar inspiração onde quer que a encontremos: portanto, na arte e na literatura, na religião e na política, nas alegrias simples e nos grandes concursos, no desapontamento e na desilusão.

O enfraquecimento da nossa esperança de incorporar a autoajuda na superciência ameaça deixar a filosofia sem uma visão sustentadora do seu trabalho. Se essa esperança falha o suficiente, nada resta à filosofia senão uma caricatura da velha ideia de uma superciência. A filosofia se torna uma polícia do pensamento, tentando esclarecer conceitos, agora esvaziados de referência, e disciplinar métodos agora desprovidos de propósito. Essa operação policial oferece um serviço que ninguém está interessado em contratar. Seus praticantes logo se encontram falando somente entre si.

Algo pode e deve ser salvo do naufrágio da pretensão de uma superciência e do fracasso do casamento da superciência com a autoajuda. Não deveríamos nos sentir forçados a escolher entre a ideia de uma superciência e a crença de que todo conhecimento é meramente conhecimento especializado num domínio particular. Assim que tenhamos entendido o que é a terceira opção – uma maneira de pensar que não é superciência nem autoajuda –, nós deveríamos ser capazes de usá-la para informar e até mesmo inspirar nossas práticas de autorreinvenção individual e coletiva. Encontraremos nela um poderoso instrumento para evitar a mumificação pessoal e a idolatria institucional. Ela nos servirá sob a democracia em nossos esforços para viver para o futuro como certo modo de viver no presente, na qualidade de seres que ultrapassam o contexto que somos.

Uma filosofia que deixou de alimentar a esperança de apoiar a autoajuda na superciência existe nas condições práticas de uma disciplina professoral, em paz com a enciclopédia de disciplinas especializadas no sistema universitário. No entanto, para encontrar algo útil para fazer, para escapar ao justamente ridicularizado trabalho improdutivo de polícia intelectual, para resgatar a pérola racional na concha mística do casamento da superciência com a autoajuda e para desenvolver programas intelectuais como aquele esboçado nestas páginas, a filosofia não pode coexistir pacificamente com esse sistema de conhecimento especializado. Ela deve romper a paz.

No sistema universitário, cada uma das disciplinas especializadas é unida por uma cola dupla: uma matéria de estudo definida como certa gama de fenômenos e uma prática analítica e argumentativa. A ideia dos professores é que a substância e o método seguem naturalmente juntos. Eles acreditam que sua maneira de pensar e argumentar é mais adequada ao domínio que ajuda a definir sua disciplina, embora ela possa também se aplicar a fenômenos em outros domínios. Por exemplo, um economista poderá pensar que sua especialidade é tanto estudar a economia como pensar igual a um economista, o que significa pensar de acordo com a prática analítica convencional em que foi treinado. Uma vez confiante nas excelências dessa prática, ele provavelmente começará a aplicá-la a domínios vizinhos, como política ou psicologia. Só então o casamento forçado do método e da substância começa a se dissolver.

A disposição de tratar os métodos dominantes em cada disciplina como se fossem intrínsecos à matéria de estudo e expressivos de uma faceta única e duradoura do entendimento humano em nenhum lugar é mais danosa como no estudo da sociedade e da cultura. Pois ali ela é mais capaz de nos negar o conhecimento íntimo e transformador que podemos esperar alcançar da humanidade e de suas construções. Somente através do doloroso triunfo da visão sobre o método, a subversão periódica do método em nome da visão aprofundada, podemos esperar um avanço do nosso insight. Na ausência dessa pressão, o pensamento permanece em constante perigo de ser seduzido pelo impulso de confundir suas convenções com a realidade e a realidade com a necessidade. Só algum cataclismo inesperado nos faz parar e nos desperta para os limites do nosso entendimento. Tal abordagem do desenvolvimento da cognição corrompe nosso entendimento e deixa de fazer justiça aos nossos poderes da resistência, da transgressão e da transcendência que definem a humanidade.

Que essas falhas desorientam nosso pensamento até na ciência natural pode ser demonstrado na trajetória típica de um especialista acadêmico. Ele domina em seu treinamento inicial um aparato analítico e argumentativo, e então passa muito de sua vida profissional subsequente, aplicando a máquina lentamente enriquecida, mas não desafiada, a novos materiais. É uma espécie de rendição do espírito à estrutura. A morte lenta e repetida, a que todos nós estamos sujeitos.

A filosofia representa, portanto, a mente insubmissa e incontida que pensa com força, não da perspectiva das estrelas, mas de dentro da experiência humana, e afirma a primazia da visão sobre o método e do espírito sobre as estruturas constituídas. É a sobra no trabalho coletivo organizado da mente, o remanescente que está sobrando porque não é assimilado e resiste à assimilação. Suas ideias gerais trabalham a serviço do seu incitamento a rebeliões particulares. Esse poder de subversão residual, mas impossível de conter, é o que resta do projeto desacreditado de uma superciência filosófica.

FILOSOFIA

A imaginação, lembrem, não é uma faculdade separada da mente. É a mente em si vista em seus aspectos menos computáveis e menos modulares. A filosofia não é uma disciplina entre outras, nem a disciplina-mestre. Ela é a imaginação em guerra, explorando o que os métodos e discursos estabelecidos não permitem que seja pensado e dito. Se esses discursos e métodos não permitem pensar e dizer tais ideias porque elas não podem na verdade ser pensadas e ditas, ou porque elas não podem ser pensadas e ditas ainda, deve ser sempre uma das principais preocupações do pensamento filosófico.

A filosofia permanece mais fiel a essa missão e mais útil a nós quando a mente em armas conduz essa luta no espírito das guerras totais do século XX, não as guerras limitadas do século XVIII. A meta característica de tal guerra total no pensamento é o desenvolvimento de uma maneira de pensar e agir que faz uso da verdade mais significativa sobre nós mesmos: nosso excesso de experiência não interpretada e nossa capacidade desperdiçada em relação às estruturas, de organização e de pensamento, que nos conteriam. Um pragmatismo radicalizado impõe uma distinta virada a esta meta: quer desenvolver uma maneira de pensar que, por dar expressão direta a nossos poderes residuais, a nossos estoques secretos de infinitude, mostra-se útil em tudo que humaniza o mundo e diviniza a humanidade. O método primário da guerra total é a mobilização seletiva forçada dos métodos e discursos disponíveis, amontoados conforme nos convém, mais do que lhes convém, com a finalidade de dar um pequeno recado do que eles consideram inexpressivo, e fazer um pouco daquilo que eles supõem impossível.

Para o que então podemos usar a filosofia? Em primeiro lugar, podemos usá-la para abalar as disciplinas conforme organizadas e distinguidas pela organização profissional do conhecimento especializado. Nesse aspecto, ela serve como um antídoto incompleto à superstição.

Em segundo lugar, podemos usá-la para informar nossas práticas de autoinvenção individual e coletiva. A maneira como a filosofia pode informar tanto nossos esforços coletivos de fortalecer a humanidade através do progresso material e da democracia e de nossos experimentos individuais em aventura moral foi o tema dos capítulos precedentes deste livro. Usada dessa maneira, a filosofia não oferece programas abrangentes para a reforma da sociedade ou para a reorientação da existência. Nem, porém, ela se limita a minar os preconceitos intelectuais que inibem e desorientam nossa luta pela autoconstrução individual e coletiva. Ela carrega uma mensagem. A mensagem é que deveríamos viver para o futuro como certa maneira de viver mais completa e plenamente no presente, sem nos curvar, com os olhos bem abertos. Essa mensagem, transmitida na linguagem das preocupações de uma época particular, é o que resta legitimamente da noção da filosofia como um exercício de autoajuda.

A ideia do trabalho da filosofia está em oposição com outro contraste conectado com a divergência entre autoajuda e superciência, mas que difere dela: o contraste de Hume entre a subversão do costume social e da convenção mental sob a pressão de uma mente confiante em seu poder de desvendar os segredos do mundo e a disposição de aceitar o reino da convenção e do hábito para melhor continuar vivendo e conectando. A esperança de conhecimento do ponto de vista das estrelas, ilimitada pela circunstância de qualquer agente humano, surge da falsa noção de que tal circunstância é meramente um véu que devemos romper para ver o mundo como ele realmente é.

A pretensão a um insight absoluto resulta num choque de dogmas arbitrários e ceticismos decadentes, minando as convenções e costumes que formam, para todos nós, o "cimento do universo" social e mental. Quando o insight especulativo deixa de ser disciplinado pelas práticas da ciência natural e atado a suas ferramentas, ele se torna delirante. Escapamos desse delírio reengajando com outras pessoas no mundo dos costumes e das convenções do qual nossa especulação metafísica pareceu nos livrar. O resultado valioso de filosofar seria então meramente negativo: no curso de seus excessos, ele pode ajudar a derrubar as superstições que se interpõem como obstáculos intangíveis à melhora social e moral da humanidade.

FILOSOFIA

O suposto contraste, com seu previsível resultado conservador, mascarando-se como sobriedade e realismo, repousa na negação da ideia da mente, do eu e da sociedade que tem sido central neste livro. Porque nossos contextos fazem de nós quem somos e porque nunca podemos esperar mover-se em um espaço sem contexto acima deles, vendo de lugar algum com os olhos de Deus, devemos de fato abandonar a viagem que termina no delírio.

Rendição para o costume e a convenção, porém, não é menos um insulto às reivindicações de conexão e engajamento do que a disposição de julgar nossas práticas sociais e mentais em meio ao nosso delírio especulativo. Tal rendição nos impede de reconhecer uns aos outros como os seres originais transcendentes-de-contexto que realmente somos ou podemos nos tornar; é impossível ser respeitoso sem ser iconoclasta. Nenhum compartilhamento na vida social nos permitirá viver como quem realmente somos, se não leva em conta a maneira como nossos poderes de transcendência ficam embutidos em nossas experiências de conexão. Nenhuma participação num mundo social será compatível com nossa ascensão individual e coletiva se deixar de buscar uma maneira de fazer o segundo lado da mente – seus poderes de iniciativa não formulaicos, de infinidade recursiva e de capacidade negativa – proeminentes de nossa experiência social ordinária.

A conclusão do nosso desapontamento com os resultados de nosso delírio especulativo não deveria então ser ceder ao contexto estabelecido da ordem e da crença como se nossos sonhos exorbitantes não tivessem nenhuma consequência para refazer o nosso mundo. Podemos mudar o contexto. Sim, podemos mudar ao longo do tempo – tempo biográfico e tempo histórico – o caráter de nossa relação com todos os contextos. Podemos fazê-lo reformando todas as nossas instituições e práticas de modo que possamos estar mais autenticamente no mundo, no nosso mundo, e fora dele ao mesmo tempo, ou, para usar uma frase consagrada, de modo que possamos estar no mundo sem pertencer a ele.

O HOMEM DESPERTADO

Essa terceira posição – a posição além do delírio e da rendição – é a posição da filosofia e da humanidade. Desse ponto de vista, ser filosófico e ser humano são uma só coisa. As premissas mais importantes dessa posição são a realidade do tempo, entendida como a transformação da transformação; a abertura do possível tornada tangível e definida somente por sua tradução nos próximos passos; e a inesgotabilidade de nossos poderes pelas determinações finitas de nossa existência.

As atitudes que acompanham esse terceiro lugar definem uma série de ambições para a transformação da humanidade. Elas nos levam a reconsiderar e a remodelar as virtudes de conexão e de purificação à luz das virtudes da divinização. Exigem um esvaziamento que é também uma abertura. Descrevem uma direção para o desenvolvimento da experiência moral da humanidade sob o reino da democracia e do experimentalismo. Prometem uma felicidade que não depende de nenhuma ilusão e não requer indiferença alguma.

Alguns podem objetar que ainda que a doutrina deste livro nos oferecesse o que precisamos, não nos ofereceria o que queremos. Queremos consolo para os sofrimentos da existência e pelo vazio de significado e propósito que cerca nossas vidas que se esvaem por todos os lados. De que nos vale ser mais divinizados em poder e autocontrole se não somos de fato Deus, mas seres finitos e mortais condenados ao declínio e à morte e privados de insight quanto ao mistério da existência? Se estamos caindo na direção de um fim que nos mistifica antes de nos destruir, de que nos valerá acelerar o passo de nossa absurda parada?

Essa objeção, porém, deixa de enxergar a mensagem. Não vivemos para que possamos ser mais divinizados. Nós nos tornamos mais divinizados para que possamos viver. Voltamo-nos para o futuro para viver no presente. As práticas pelas quais inventamos diferentes futuros fazem cair sobre nós uma tempestade de impalpáveis meteoros. Os riscos aos quais essas práticas nos sujeitam, as comoções, os ferimentos, as alegrias, golpeiam e rompem as armaduras no interior das quais nós todos estamos lentamente morrendo. Permitem a cada

# FILOSOFIA

um de nós ver o outro não como o ocupante de um lugar em algum roteiro coletivo confinante que não escrevemos e que mal podemos entender, mas como o ser radical original que cada um de nós sabe que é. Tornam possível a nós entrar mais completamente na posse de nós mesmos como seres que nossas circunstâncias nunca esgotam. De todas essas maneiras, trazem-nos face a face com a presença da realidade como é manifestada, aqui e agora.

É o paradoxo vital do nosso ser e do nosso pensamento que avançamos e vemos em contexto, mas, lentamente, deixamos de viver e de entender se deixarmos de lutar contra as limitações que o contexto impõe. Ao morrermos essas pequenas mortes, os fenômenos e as outras pessoas se afastam de nós; sua recessão prenuncia nossa aniquilação.

Devemos, portanto, acelerar e direcionar a invenção permanente do novo para sermos capazes de derrubar a ditadura dos mortos sobre os vivos e para voltar nossas mentes mais livre e plenamente para as pessoas e os fenômenos ao nosso redor. O futuro da imaginação, com o futuro da democracia, é criar na sociedade e no pensamento uma melhor oportunidade para que recuperemos essas pessoas e esses fenômenos.

A imaginação acima do dogma, a vulnerabilidade acima da serenidade, a aspiração acima da obrigação, a comédia acima da tragédia, a esperança acima da experiência, a profecia acima da memória, a surpresa acima da repetição, o pessoal acima do impessoal, o tempo acima da eternidade, a vida acima de tudo.

**Apêndice**

# Primeira digressão: a natureza no seu lugar

No princípio, precisávamos tanto da natureza que a idolatrávamos. Agora precisamos cada vez menos. Não podemos desfazer as consequências dessa liberação; só podemos seguir em frente, cada vez mais longe da necessidade que nos obcecava, em direção à liberdade que agora nos desorienta.

A civilização é o antídoto para nossa dependência da natureza. No entanto, durante grande parte da história humana, permanecemos tão vulneráveis às forças naturais fora e dentro de nós que continuamos a retratar o divino à imagem das forças naturais que nos tinham sob o seu domínio. Esse sentimento de fraqueza, medo e reverência era aterrorizante, mas não trágico. Encontrávamos repouso em nossos poderes de invenção. Inventando instituições e máquinas, começamos a superar nosso desamparo. Reconhecendo que nossas mentes podiam ultrapassar nossos frágeis corpos e nossa circunstância degradante, passamos a imaginar um Deus que, como nós, se ergue acima da natureza.

Como resultado desse crescimento de poder, nossa experiência da natureza rompeu-se em quatro pedaços, cada um marcado por uma atitude distinta em relação ao mundo natural e uma característica competição de aspirações. Somente uma dessas quatro partes de nossa

O HOMEM DESPERTADO

relação contemporânea para com a natureza traz a marca de nossa carência e terror iniciais. Somente uma das quatro é trágica.

Primeiro, existe o deleite do jardineiro. Tratamos a natureza como um cenário para fugir da luta e nos voltamos para a liberdade estética. Que o objeto dessa liberdade deve ser algo que encontramos e não algo que criamos somente aumenta o seu encanto. Por que não converter seções inteiras da terra em parques globais para o consolo de pessoas exasperadas pelos desapontamentos da sociedade? Preocupamo-nos sobre quanto podemos subtrair da produção em favor da recreação, calculando ansiosamente os termos do comércio da tundra por poços de petróleo ou da floresta por papel. A verdade, porém, é que à medida que crescemos em riqueza e destreza, e à medida que o crescimento da população se estabiliza, podemos transformar mais lugares em jardins. Nossos dispositivos mecânicos e organizacionais podem ajudar a insular parte da terra de mais artifícios. Não é o Japão, contrariamente a toda expectativa, o país com a maior porção de seu território nacional coberto por floresta virgem?

Segundo, existe a responsabilidade do administrador. Nós nos encaramos como administradores, procuradores para futuras gerações de um fundo minguante de recursos não renováveis. Equilibramos a demanda de consumo contra o dever da economia. É uma ansiedade fundada numa ilusão. A necessidade, a mãe da invenção, nunca ainda na história moderna deixou de encontrar uma resposta científica ou tecnológica para a escassez de um recurso, deixando-nos mais ricos do que éramos antes. Se a própria terra definhasse, encontraríamos um meio de fugir dela para outras fronteiras do universo. E depois revisitaríamos nosso planeta abandonado e degradado para refertilizá-lo e reabitá-lo antes de seu fim flamejante. As águas vão secar? O petróleo vai acabar? É útil preocupar-se e ser prudente. É tolo negar que algum evento desses tenha chegado a superar o engenho humano.

Terceiro, existe a enfermidade do mortal. Apenas uma pequena fração da população mundial corre o risco hoje de ser ameaçada pelos desastres naturais que tanto atormentavam nossos ancestrais – um

APÊNDICE

número bem menor do que os números de vítimas de qualquer doença importante que continue nos afligindo. Até mesmo as inundações e secas começaram a ceder seus terrores para a precaução tecnológica, a substituição comercial e o despovoamento rural. Existe, porém, uma área de experiência em que continuamos a sofrer como a humanidade sempre sofreu – até que usou a mente para ganhar poder sobre a natureza: nossa relação com a doença e a morte.

Aterrorizados e angustiados, duvidando de nossos próprios poderes e da providência superior, trabalhamos para curar as doenças que nos desgastam e sonhamos com a vida eterna.

Quarto, há a ambivalência do titã. Agora que precisamos menos da natureza, enfrentamos um conflito de que nossos ancestrais foram poupados. Somos capazes de questionar os efeitos de nossas ações sobre a natureza animada e inanimada que nos cerca. Indagamo-nos se não deveríamos sacrificar nossos desejos ególatras em favor de um sentimento mais inclusivo pelo próximo. No entanto, não somos deuses, apenas semideuses, fortes demais para sermos indiferentes, fracos demais para continuarmos exercendo as prerrogativas do nosso poder sobre as formas de vida, ou ainda dos seres sem vida, com os quais compartilhamos nosso mundo. Aqui, finalmente, está um conflito que não podemos esperar resolver, apenas suportar, entender e direcionar.

Nossa experiência da natureza está agora dilacerada nesses quatro fragmentos. Onde e como, na confusão resultante, podemos encontrar orientação? O que deveríamos fazer com nosso triunfo vacilante sobre a necessidade da natureza? Em que direção deveríamos agir ou avançar? E quais restrições deveríamos honrar ao fazer isso?

Nada de abstrações cinzentas, surdas aos paradoxos da experiência, mas uma concepção singular, próxima ao fundamento da história que nos trouxe a nosso presente poder, é o que requeremos. A capacidade de ficar aberto ao futuro – aos futuros alternativos – mostra-se decisiva. Considerem dois lados da mesma visão. Um lado fala de nosso domínio sobre a natureza fora de nós; o outro de nossos experimentos com a natureza dentro de nós.

O HOMEM DESPERTADO

Somos inquietos na natureza porque a mente se concentra e enfoca uma qualidade difusa na natureza: a mente é inexaurível e, portanto, irredutível e incapaz de ser contida. Nenhum cenário limitado da natureza, da sociedade ou da cultura pode acomodar tudo o que nós – nós a espécie, nós como indivíduos podemos pensar, sentir e fazer. Nossa impulsividade, incluindo nosso impulso de afirmar nosso poder sobre a natureza, provém da nossa inexauribilidade. Não deveríamos, e em grande medida não podemos, suprimir, em nome do deleite, da maneabilidade ou da reverência, as iniciativas pelas quais reforçamos nosso comando sobre a natureza.

Mesmo assim, temos razão para suspender nossas mãos de tempos em tempos e estender as áreas do planeta e as partes de cada vida humana que colocamos de lado para atividades livres da tirania da vontade e dos ditames da sociedade. Dividindo nosso tempo entre a inquieta conquista da natureza e o reencontro sincero com ela, em vez de tentar submeter o prometeanismo à piedade, podemos evitar de nos brutalizar.

Considerem outro aspecto da mesma visão. Nossas sociedades e culturas fazem de nós o que somos. No entanto, sempre há mais em nós – em nós, humanidade, e em nós, indivíduos – do que há ou pode haver nelas. Elas nos modelam. Nós as transformamos mais pronta e constantemente se elas multiplicarem as ocasiões e fortalecerem as ferramentas do nosso experimentalismo. Não temos nenhum interesse maior do que arranjar a sociedade e a cultura para que deixem o futuro aberto e ensejem sua própria revisão.

Sob a democracia, esse interesse tornou-se soberano, pois a democracia concede a homens e mulheres comuns o poder de reimaginar e de refazer a ordem social. É por isso que, sob a democracia, a profecia fala mais alto do que a memória. É por isso que os democratas descobrem que as raízes de um ser humano repousam no futuro em vez de no passado. Numa democracia, a escola deveria falar pelo futuro, não pelo Estado ou pela família, dando à criança os instrumentos com que se resgatar dos preconceitos de sua família, dos interesses de sua classe e das ilusões de sua época.

## APÊNDICE

Essas ideias podem informar nossos esforços para fixar, através da engenharia genética, a natureza dentro de nós. Nada deveria nos impedir de manipular nossa constituição natural, inscrita no código genético, para evitar a doença e a deformação. O lugar para parar é o ponto em que o presente busca formar seres humanos que entregarão um futuro criado à sua própria imagem. Deixem os mortos enterrarem os mortos é o que o futuro deve dizer de volta, através de nossas vozes, ao presente. Deixar o futuro correr livre seria demonstrar mais do que poder. Demonstraria sabedoria.

# Segunda digressão: a grade universal da filosofia

Na história mundial da filosofia, um pequeno número de opções intelectuais continua recorrente. No entanto, a maneira como eles se repetem na parte da filosofia que propõe lidar com o todo da realidade – a metafísica – tem sido completamente diferente da maneira como eles se repetem na filosofia prática que lida com a vida social e a ação humana: a política e a ética.

Na metafísica muito pouco acontece, e ainda menos aconteceria se não fosse pela influência de duas forças. A primeira força é que os filósofos são diferentes, por temperamento e circunstância, ainda antes de começarem a pensar, e são movidos por ambição e entusiasmo para aprofundar as diferenças entre si. A segunda força, de significado crescente ao longo dos últimos séculos, é que a ciência natural muda. A metafísica deve se adaptar a tais mudanças, a não ser que possa forçar a ciência a contemporizar, o que quase nunca pode fazer. Como tão pouco acontece na metafísica, os metafísicos podem às vezes se convencer de que descobriram, de uma vez por todas, tanto do mundo quanto a mente humana é capaz de apreender, pelo que eles geralmente entendem como a parte mais importante do mundo.

O HOMEM DESPERTADO

Na filosofia prática da política e da ética, umas poucas posições intelectuais, desenvolvidas em diferentes vocabulários, também foram responsáveis pela maior parcela das ideias mais influentes. No entanto, muito acontece, ou pode acontecer, e às vezes muito rapidamente. Uma disputa de posições filosóficas que pode, a princípio, parecer intratável é de fato resolvida numa direção particular, colocando o pensamento num curso de mudança cumulativa mais do que de eterna recorrência ou oscilação.

A história da metafísica foi organizada em torno de um único eixo dominante de alternativas intelectuais. Essas alternativas têm a ver com a relação entre o ser e a aparência, e, portanto, também com a relação entre o ser e o conhecimento. Somos mais familiares com a expressão das principais posições alternativas nas categorias de nossa tradição filosófica ocidental; primeiro aprendemos dos antigos gregos as palavras com as quais nomeá-las. No entanto, elas possuem contrapartidas próximas nas filosofias indiana e chinesa, bem como nos filósofos islâmicos que desenvolveram o pensamento dos gregos antigos em formas diferentes daquelas que se tornaram estabelecidas na Europa medieval e moderna.

Num extremo desse eixo está a ideia de que o mundo manifesto de distinção e fluxo não é real, pelo menos não em última análise. Ele é um epifenômeno: um artefato de nossa percepção do mundo. O ser é uno. Na medida em que somos reais, formamos parte dele. A teoria do mundo manifesto, em sua variedade e transformação, é, segundo essa versão, uma ilusão. Podemos nos resgatar dessa ilusão agarrando-nos ao que eu anteriormente chamei, pelo rótulo de Leibniz, de filosofia perene. A *Ética* de Espinoza apresenta uma versão dessa visão que tenta fazer sentido das implicações da ciência moderna inicial.

Mais ao longo desse eixo, na direção de maior aceitação da realidade do mundo manifesto, existe uma doutrina de protótipos ocultos. A teoria das formas de Platão (como explorada em *Parmênides*) permanece como a instância clássica. Existe uma hierarquia de formas do ser. As distinções e transformações do mundo manifesto exibem um

APÊNDICE

repertório de classes naturais ou tipos básicos. Todos têm sua origem nos protótipos. Quanto mais real o ser, menos manifesto; quanto mais manifesto, menos real. O conhecimento verdadeiro, a ser conquistado somente a grande custo, é o conhecimento dos protótipos ocultos, mas plurais, e não de suas vagas e efêmeras expressões no mundo fenomenal.

Se nos movermos mais adiante na direção de uma tentativa de salvar as aparências, rumo ao que pode parecer o extremo oposto da doutrina do ser como uno, verificamos que ele não é tão extremo quanto podíamos esperar. O metafísico como realista, decidido a agarrar-se ao mundo manifesto, precisa de certo modo basear a aparência na estrutura se quiser um ponto de apoio na realidade que busca alcançar. Ao fazê-lo, ele fica mais próximo dos princípios do realismo de bom senso que sempre foi o parceiro comercial dessa posição metafísica: contribuindo com crenças a ele e recebendo-as dele.

Na ausência de tal estrutura logo abaixo da superfície da aparência, a mente dissolverá o mundo de aparência na indistinção: carecerá dos meios para trazer os fenômenos e eventos individuais à luz de uma estrutura categórica.

Consequentemente, começará a perder nitidez em relação às fronteiras entre eles. À medida que afundam num lodaçal, o esforço para salvar as aparências correrá o risco de se transformar na sua suposta antítese, a doutrina da unidade do ser. Tal extremo fenomenalismo apareceu de tempos em tempos na história da metafísica, mas nunca conseguiu impedir que o esforço de salvar as aparências se voltasse contra si mesmo.

A solução desse problema na história da filosofia em muitas tradições e civilizações diferentes tem sido parar um pouco antes do último passo. O metafísico imagina que logo abaixo da superfície das aparências existe uma estrutura de classes de tipos de ser. Embutido naquela estrutura existe uma série de regularidades governando a realização das classes em fenômenos e eventos individuais. O hilemorfismo de Aristóteles – sua doutrina da forma e da matéria – como apresentado em sua *Metafísica* é o exemplo mais famoso de tal estrutura, e a

O HOMEM DESPERTADO

doutrina de que cada classe tende ao desenvolvimento da excelência intrínseca a ele é a instância paradigmática de tais regularidades.

Essa solução cria outro problema, porém. Se a estrutura de classes e o regime de sua realização não são aparentes, como vamos impedi-los de manter a realidade final do ser individualizado além do nosso alcance? O individual é o prêmio – não apenas a pessoa individual, mas também o fenômeno e o evento individual. No entanto, o individual, Aristóteles lembra a nós, é inefável. Suponhamos que alcancemos as particularidades do fenômeno ou evento individual agrupando-o sob uma longa lista de classes: cada classe engloba um pouco mais da particularidade do evento ou do fenômeno. No fim, porém, a particularidade do particular fica sendo um limite inatingível. Corremos o risco de morrer de sede do real, nossas percepções encharcadas de ideias estendidas a realidades que permanecem justamente além do seu alcance. A partir desse problema derivativo e do familiar estoque de soluções tentativas e inconclusivas, surge um grupo familiar de disputas na história mundial dessa opção metafísica.

O cientista natural, ou o adorador da ciência natural, pode tentar escapar a esse destino – o fracasso de alcançar o resíduo da particularidade no particular – efetuando dois movimentos. Primeiro, pode insistir em atribuir aos conceitos e categorias de sua ciência uma realidade incontroversa. Pode pensar neles menos como conjecturas e metáforas, asseguradas pelas intervenções e aplicações que informam, do que como parte do mobiliário do universo. Segundo, pode descartar o remanescente individualizado do manifesto – a parte que deixa de ser capturada pelas classes em que ele divide o mundo e pelas relações de causa e efeito que ele chama de lei – como um resíduo sem importância, um subproduto do casamento da necessidade com o acaso.

Mas somente a partir de uma alucinação podemos confundir as ideias da ciência com a estrutura do mundo. O que desfaz essa alucinação e nos devolve a nossa perplexidade não é uma objeção metafísica; é a história da ciência. Ideias científicas mudam, às vezes radicalmente. Sua subversão periódica mina nossa capacidade de nos convencer de

## APÊNDICE

que é a própria natureza em vez de construções de nossas mentes. Privados da alucinação consoladora, verificamos que vendemos barato demais, em troca de bens falsificados, o anseio de apreender na mente os particulares do mundo fenomenal.

A recorrência dessas alternativas intelectuais na história da metafísica é universal, e persistente demais para ser reduzida ao poder da tradição e da influência. O que Kant disse sobre as antinomias da razão vale também para essas charadas; elas resultam de um exagero da mente. O exagero, porém, não é necessário. Nós podemos pará-lo, e é o que deveríamos fazer.

A metafísica deveria ser chamada de meta-humanidade. Sua ambição secreta é que nos vejamos do lado de fora, de longe e do alto, como se não fôssemos nós mesmos, mas Deus. Não somos, porém, Deus. Só podemos começar a nos divinizar, pouco a pouco, depois que admitirmos esse fato. O preconceito naturalista – olhar das estrelas – é o começo dos problemas insuperáveis e das alternativas insatisfatórias que assolam nossas ideias metafísicas sobre a relação entre o ser e a aparência.

A história mundial da filosofia prática apresenta uma situação totalmente diferente. Aqui também encontramos um pequeno repertório de problemas e soluções recorrentes. Algo, porém, pode acontecer, e aconteceu que muda tudo. O pensamento político e ético não precisa de meta-humanidade. Esse fato acaba sendo sua salvação.

A questão central na teoria política é: o que mantém e o que deveria manter a sociedade coesa, permitindo que homens e mulheres desfrutem dos benefícios da vida social? Existem duas soluções limitadas. Por sua extremidade e parcialidade, cada uma se demonstra insuficiente. Ainda assim, cada uma contém os elementos que devem ser usados por qualquer meio-termo alcançado no grande espaço intermediário que essas soluções extremas definem.

Num limite, a resposta à questão é coerção, imposta de cima. No outro limite, a resposta é amor, dado pelas pessoas umas às outras.

O governante, tendo conquistado o poder, porá um fim à implacável luta de todos contra todos. Tentará, tanto quanto possível, alcançar um monopólio da violência. Poderá então oferecer à sociedade seu bem mais fundamental, a segurança – sem a qual as pessoas são incapazes de procurar todos os outros bens.

Aquele que empunha a espada logo descobre, porém, que precisa de instrumentos adicionais para governar. Por um lado, para consolidar seu mando, deve destruir todas as organizações intermediárias justamente porque são rivais do seu poder. Por outro, a não ser que o poder se torne autoridade, adquirindo legitimidade aos olhos dos governados, a rebelião estará à espreita sempre e por toda parte. Mais cedo ou mais tarde, o medo cederá à ambição.

Se a coerção não é suficiente, também não o é o amor. As pessoas podem estar unidas tanto por companheirismo como por apego erótico. A dificuldade reside em assegurar a ambos a constância e a difusão dessa força. Ela oscila e, ao mover-se através de um espaço social mais amplo, enfraquece. O companheirismo enfraquecido torna-se confiança. O apego erótico enfraquecido torna-se fidelidade ou lealdade.

A coerção e o amor são ambos insuficientes. Ambos, porém, são esteios necessários para amparar o vínculo social. Ambos são calorosos. Devem ser resfriados. No espaço intermediário resfriado da vida social, encontramos lei e contrato. A violência coerciva se volta para a garantia final e retardada da prática institucionalizada e da ordem legal. O amor, difuso e rarefeito, se mistura à nossa fé, especialmente na capacidade de confiar em estranhos em vez de em apenas outros membros de um grupo unido pelo sangue.

O domínio da lei e a experiência de confiança entre estranhos, amparada em última análise pela coerção regulada e pelo amor difuso, são dois dos três instrumentos essenciais para preservar o laço social. Ou assim nos ensinaram na história mundial da teoria política. São frágeis. As diferentes maneiras de entender sua fragilidade e de compensá-la são responsáveis por muitas das principais opções na história das ideias políticas.

A lei se torna mais necessária quanto mais as pessoas diferem umas das outras e quanto maior a variedade de diferenças que elas

## APÊNDICE

criam. Se, no entanto, tais diferenças de experiência, interesse, valor e visão se tornam grandes demais, a base compartilhada sobre a qual a lei pode ser interpretada, elaborada e aplicada se desfaz. Onde a lei é mais necessária – na presença de divergência radical de experiência e visão – ela é menos efetiva.

Por outro lado, a confiança não pode facilmente abrir mão de obrigações sancionadas – de fato ou na imaginação – pelo sangue. Quando abre mão delas, será provavelmente a baixa confiança requerida, por exemplo, pela forma tradicional de uma economia de mercado – uma forma simplificada de cooperação entre estranhos; não a alta confiança, requerida como contexto para as práticas mais avançadas de cooperação e experimentalismo cooperativo.

Algo deve, portanto, ser acrescentado ao domínio da lei e à confiança mínima. Esse terceiro elemento é a divisão social do trabalho, proporcionada por uma hierarquia de classes ou castas. Não é o bastante apelar para os fatos brutos da sociedade de classes; eles devem ser envoltos em ideias purificadoras e santificantes. Uma concepção muito difundida é a de que a sociedade é naturalmente dividida por classes ou ordens, modeladas pela distribuição dos destinos sociais e das capacidades individuais no nascimento. A crença, comum entre os antigos povos indo-europeus, de uma divisão natural da sociedade em três grupos maiores – um encarregado da propiciação e da orientação; o segundo, do combate e do governo; e o terceiro, do trabalho e da produção – é o exemplo histórico mais importante de tal concepção.

Uma justificativa deve ser fornecida para explicar por que o aparente acidente de nascimento em certa posição social, com suas prerrogativas ou inaptidões hereditárias, deveria ser aceito, e por que deveria ser visto como implicação de uma distribuição natural dos talentos requeridos para o trabalho de cada uma das ordens sociais. A posição de cada pessoa em tal hierarquia de nascimento poderá, por exemplo, ser determinada pelo que cada um realizou ou deixou de realizar numa vida anterior.

O HOMEM DESPERTADO

A hierarquia exterior de classes ou castas sustenta e, por sua vez, tira o sustento de um ordenamento interior das emoções: a disposição certa das diferentes faculdades do espírito humano, com a razão no comando sobre o esforço, e o esforço abastecido pelo apetite e vigor corporais. A desarmonia social e o desarranjo moral se alimentam um no outro.

As diferentes maneiras como a lei, a confiança e a divisão do trabalho atrelada à classe podem e deveriam ser relacionadas, contra os eternos contextos da coerção e do amor, geram o repertório familiar de problemas e posições na história das ideias políticas no mundo inteiro. Tudo parece similar, em caráter embora não em conteúdo, à história da metafísica: um punhado de pequenas preocupações e ideias interminavelmente recombinadas em variações menores.

Parece apenas, até que tudo muda. O que muda tudo na história global do pensamento político são dois desenvolvimentos conectados: cada um deles, ao mesmo tempo, uma mutação em nossas ideias sociais e uma transformação nos arranjos práticos da sociedade.

O primeiro desenvolvimento que muda tudo é a desestabilização, oscilante e inacabada, da ideia de uma sociedade de classes: de uma divisão social hierárquica do trabalho, sancionada pela necessidade natural, se não pela autoridade sagrada. As diferenças entre nós, porém, não vão até o fundo. A organização de classes da sociedade – que, em sua forma contemporânea enfraquecida, continua a ser reproduzida pela transmissão hereditária da vantagem econômica e educacional através da família – não é, segundo a nova ideia, um fato natural invariante. Seu conteúdo a qualquer momento e em qualquer local depende da natureza das instituições estabelecidas e das crenças predominantes.

As vastas diferenças na medida, bem como na direção dos talentos entre os indivíduos, nunca deveriam sobrepujar o reconhecimento de nossa humanidade comum e o dever do respeito igual ao qual esse reconhecimento dá origem. Não deveríamos negar ou suprimir, por falta de apoio material ou encorajamento moral, a doutrina essencial de

APÊNDICE

uma civilização democrática: que homens e mulheres comuns possam se elevar e mudar o mundo. Melhorando suas práticas cooperativas e equipando-se com ideias e máquinas mais poderosas, assim como com melhores práticas e instituições, pessoas comuns podem fazer com que vastos problemas cedam aos efeitos cumulativos de pequenas soluções. Essa engenhosidade é uma manifestação simples de nosso poder de fazer mais do que a existente organização da sociedade e da cultura está disposta a tolerar.

O segundo desenvolvimento que muda tudo é um alargamento súbito e vasto do repertório assumido de possibilidades institucionais nos diferentes domínios da vida social. As implicações da ideia de que falta à sociedade qualquer forma natural assumem sua plena dimensão quando começamos a nos livrar das ilusões de falsa necessidade: os erros da teoria social europeia clássica – com sua ideia característica de uma sequência evolucionária predeterminada de sistemas institucionais indivisíveis – e da ciência social contemporânea – com sua trivialização racionalizadora da descontinuidade estrutural na história.

Nossos interesses, ideais e identidades são reféns das práticas e instituições que aceitamos como sua realização prática. Por meio de ajustes motivados e diretos desses arranjos, nós nos forçamos a rever nosso entendimento desses interesses, ideais e identidades. Iluminamos e aceleramos a dialética entre a reforma da sociedade e a revisão de nossas crenças sobre nós mesmos.

A convicção de que a divisão de classes não consegue ir até o fundo da questão junta-se com o alargamento da imaginação institucional radicalmente para expandir nosso senso de alternativas. Uma consequência dessa ruptura é a capacidade de desenvolver as condições principais das formas mais aperfeiçoadas de experimentalismo cooperativo. O resultado é, portanto, também o de moderar a interferência entre os dois grandes imperativos do progresso prático na vida econômica e social – cooperação e inovação.

A primeira condição é o desenvolvimento das dotações econômicas e educacionais para destacar os talentos. Essas dotações são modeladas por arranjos que, embora tirem algo da agenda da política a curto prazo – definidos como os direitos fundamentais –, só minimamente enrijecem o espaço social e econômico circundante. A segunda condição é a subversão de desigualdades entrincheiradas e extremas de oportunidade, bem como a rejeição de um compromisso para com a igualdade rígida de recursos e circunstâncias. A terceira condição é a propagação de um impulso experimentalista através de toda a sociedade e cultura, um impulso alimentado pela escola. A quarta condição é a preferência por discursos e práticas que tornam a mudança interna à vida social, diminuindo a dependência da transformação à existência de crises.

Cada uma dessas condições, por sua vez, proporciona oportunidades para a experimentação com instituições, práticas e métodos. Nenhuma tem uma expressão institucional autoevidente, incontroversa. Juntas, fortalecem as práticas do experimentalismo, tanto direta como indiretamente. Elas o fazem diretamente afrouxando o domínio de qualquer roteiro fechado sobre as formas de associação. Elas o fazem indiretamente tornando mais viável que, lidando uma com a outra, estranhos serão capazes de se mover além da baixa confiança requerida pela forma convencional da economia de mercado até a alta confiança exigida pelas mais férteis práticas cooperativistas.

O casamento da ideia de que a divisão de classes falha em tocar os fundamentos de nossa humanidade com a descoberta da indeterminação institucional de nossos interesses e ideais e, na verdade, do ideal da própria sociedade, põe um fim às intermináveis restrições do pensamento político. Lei e contrato como o ponto intermediário mais frio e viável entre os dois extremos quentes impossíveis de ordem coerciva e apego erótico agora se tornam simplesmente o espaço aberto indefinido no qual acelerar a reinvenção da vida social.

Uma mudança similar teve lugar por motivos similares na história mundial da teoria moral. Ninguém poderia adivinhar, pelas histórias da filosofia escritas pelos professores, qual tem sido realmente a principal linha de divisão no desenvolvimento do pensamento moral. Poderíamos

## APÊNDICE

supor, lendo seus textos, que foi algum contraste de abordagem de ordem elevada: se, por exemplo, a preocupação de julgamento moral predominante deveria ser a busca do prazer, a busca da felicidade, a conquista da virtude ou a obediência às regras universais. Assim que começamos a examinar esses supostos contrastes mais de perto, porém, descobrimos que começam a colidir uns com os outros.

Então, nos deparamos com uma fraqueza mais básica dessa visão do que está em jogo na história da filosofia moral. Podemos traduzir qualquer visão dada do que fazer com uma vida humana em qualquer um desses vocabulários éticos aparentemente incompatíveis. A mensagem não será exatamente a mesma em cada uma dessas traduções. Nem, porém, será claramente diferente.

As duas questões superpostas que prevalecem sobre todas as outras na história mundial do pensamento moral são: o que eu deveria fazer com minha vida e como deveria viver? Na extensão em que decretos da sociedade e da cultura têm predeterminado a escolha de vida, a segunda questão submergiu dentro da primeira.

A resposta a essas questões pode tomar duas direções principais: fique fora de problemas e procure problemas; serenidade ou vulnerabilidade. Na história da filosofia moral, as razões para tomar a primeira direção permaneceram até recentemente predominantes. Embora certos professores religiosos tenham começado a pressionar pela segunda direção há dois mil anos, sua profecia só alcançou sua espantosa autoridade presente nas últimas poucas centenas de anos. E isso ocorreu pelo que deve ser considerado a maior revolução moral na história mundial.

Confrontada com as condições imutáveis da existência humana, com sua rápida marcha para a dissolução no meio de um vazio sem sentido, a primeira resposta é: vamos nos compor. Vamos lançar sobre nós um sortilégio que possa nos trazer serenidade. Vamos nos distanciar da luta vã num mundo de aparências difusas e conquistas insubstanciais.

Pode parecer que a doutrina da natureza epifenomenal de mudança e de distinção e a ideia correlata da unidade do ser real – a filosofia perene – ofereça o mais persuasivo contexto metafísico para a ética da serenidade. Ainda assim, todas as principais posições recorrentes sobre a relação entre ser e aparência – não apenas aquela que nega a realidade da mudança e da distinção – foram torcidas para servir a essa ética da compostura. Podemos também ver isso levando em consideração a época em que a relação entre essas opções metafísicas e as alternativas éticas era mais transparente: o período helênico. Antes disso, Aristóteles já havia combinado sua apologia da passividade contemplativa como a experiência que traz o homem mais perto do divino com sua campanha em favor do mundo das aparências.

Precisamos nos relacionar com outras pessoas de um modo que afirme nossa preocupação predominante sem colocar um fim ao desejo vão e inquieto. A maneira de fazê-lo geralmente foi recair em alguma prática de responsabilidade recíproca, reconhecendo os deveres de uns para com os outros, segundo a natureza da relação, conforme definida pela sociedade. Uma postura de benevolência imparcial e distanciada é então o que mais se pode desejar. Essa postura pode ser infundida pelo amor. No entanto, não será o amor como a aceitação radical e a imaginação da outra pessoa e como a cobrança de tal aceitação e imaginação, com todos os seus perigos consequentes de rejeição, desentendimento e mágoa; será o amor como bondade, sempre que possível de longe e do alto.

Tudo isso muda quando ocorre na história moral da humanidade um evento que é ao mesmo tempo intangível e único: outra visão da vida humana e de suas possibilidades. O esforço para reconciliar nossa necessidade do outro com nosso medo do risco em que colocamos um ao outro é agora mudado por uma nova percepção na relação entre o espírito e a estrutura. Nós nos reconhecemos como seres que transcendem a estrutura e requeremos mais do que a distância intermediária um do outro. Nossas relações são infectadas – ou sublimadas – pela demanda ilimitada do ilimitado.

A meta não é mais a compostura. É viver uma vida maior, para nós mesmos e para os outros. Com esse fim, precisamos mudar o mundo – ou, pelo menos, parte do nosso mundo imediato – para melhor mudarmos a nós mesmos. Precisamos procurar confusão ou problema. Precisamos ser prudentes nas coisas pequenas para sermos ousados nas coisas grandes. O bem que ganhamos de tais sacrifícios e aventuras, e de escolher o chumbo em vez do ouro, não tem preço: a vida em si, a capacidade de continuar vivendo e escapar das muitas pequenas mortes até morrermos finalmente. É viver mais plenamente como o infinito aprisionado no finito. É começar o trabalho de nossa divinização sem negar as circunstâncias inalteráveis de nossa existência.

No caminho, à medida que o pensamento moral da humanidade começa a se mover nessa direção, e a abandonar o ideal de uma serenidade ao mesmo tempo imortal e sem vida, chega o momento da obrigação universalizante, do imperativo categórico de Kant. É um movimento em direção à outra pessoa, mas sob o escudo distanciador da lei moral, com o medo hipocondríaco dos outros e o medo do asceta ao corpo e seus desejos, como se o espírito encarnado lesse um livro de regulamentos e usasse roupa por baixo.

A aceitação da vulnerabilidade pessoal e a luta pela transformação do mundo (por menor que seja a parte do mundo modificada) em nome da autotransformação e o esforço de autotransformação em nome da transformação do mundo tornam-se ideais de vida organizadores. Essa maneira de pensar tem duas raízes. Ao longo do tempo, essas duas raízes se entrelaçam. Uma raiz reside na história de nossas ideias morais, interrompida e redirecionada por inspiração profética e revolução religiosa. A outra raiz reside no progresso da democracia e no consequente afrouxamento do domínio de qualquer esquema entrincheirado de divisão e hierarquia social sobre o que esperamos e cobramos um do outro.

Uma ruptura trazendo uma mensagem de valor universal para a humanidade, como a mensagem transmitida por essa reorientação histórica mundial no pensamento político e moral, não pode ser a posse privilegiada de qualquer civilização ou de qualquer época. Se de fato nunca pudermos ficar completamente aprisionados por uma sociedade ou por uma cultura, tal mensagem terá sido antecipada nas contracorrentes de até mesmo aquelas épocas e situações que

O HOMEM DESPERTADO

parecem mais estranhas ou antagonísticas a elas. Muito depois das disputas produzidas pela propagação da mensagem, estudiosos olharão para trás e dirão, por exemplo: estão vendo, os pensadores da China pré-imperial compartilhavam semelhantes preocupações e faziam proposições similares. E, realmente, se a verdade revelada, portanto, é profunda e forte, as pessoas devem tê-la reconhecido – muitas vezes apenas vagamente, mas outras vezes com mais nitidez – sempre e por toda parte.

No entanto, se o tempo, a mudança e a diferença são reais, e se a história é tão perigosa e decisiva como parece ser, a descoberta e a propagação dessa mensagem universal devem ter se emaranhado na escandalosa particularidade da experiência histórica: carregadas por agentes particulares em situações particulares, a partir de experiências de conflito e conversão que geraram uma contracorrente precária num credo triunfante. A particularidade que falta na mensagem pertence a partes do enredo. Temos de cuidar apenas para que os detalhes do enredo – sua passagem por nações, culturas, classes e indivíduos – não contaminem a universalidade da mensagem. O enredo, cheio de surpresa, acidente e viradas paradoxais, lembra-nos que o espírito encarnado deve suportar todo o peso de um mundo de particulares – incluindo o peso do poder imperial e da resistência a ele. Quem ouviria a verdade do conquistador ou aceitaria a sabedoria daqueles que se recusam a dar reconhecimento?

É, no entanto, um fato intimamente relacionado com os insights transmitidos por essa mudança na direção do pensamento político e moral que nossas tradições e civilizações não são para sempre. Embora ajudem a fazer de nós quem somos, nós, no fim, não somos elas, quando não pelo fato de que em última análise nos limitam e nós, em última análise, as transcendemos. Na competição e emulação mundial do tempo presente, as culturas nacionais distintas estão no processo de serem desordenadas e esvaziadas. Na disputa das culturas, o desvanecimento de uma diferença real desperta mais ainda a vontade enraivecida da diferença. Esvaziadas de conteúdo, as culturas nacionais não podem ser objetos de conciliação

APÊNDICE

semideliberada, como o foram quando levavam um estilo de vida costumeiro tão detalhado. Existe cada vez menos para conciliar; apenas uma afirmação de diferença desejada, tornada ainda mais envenenada por ter sido privada de conteúdo tangível.

A solução, porém, não é preservar essas tradições e civilizações como fósseis sob uma redoma de vidro. É substituir as ficções da capacidade coletiva de produzir diferenças reais: formas distintas de vida, concretizadas através de diferentes ordens institucionais. É reinterpretar o papel das nações num mundo de democracias como uma forma de especialização moral dentro da humanidade: o desenvolvimento de nossos poderes em diferentes direções e a efetivação da democracia em alternativas institucionais. É obedecer à lei do espírito, segundo a qual só podemos possuir aquilo que reinventamos, e somente reinventar aquilo de que abrimos mão.

A combinação das transformações morais e políticas rompe o molde histórico-mundial da filosofia. As duas reviravoltas, combinadas, abandonam a metafísica às suas rotinas, apenas modificada pelas descobertas da ciência. Mas mudam nossas ideias sobre nós mesmos para sempre.

Qual a conclusão a tirar desse estudo da grade universal da filosofia? É que não podemos ser Deus mas nos podemos tornar mais divinos.

O texto deste livro foi composto em Sabon,
desenho tipográfico de Jan Tschichold de 1964
baseado nos estudos de Claude Garamond e
Jacques Sabon no século XVI, em corpo 11/15,5.
Para títulos e destaques, foi utilizada a tipografia
Frutiger, desenhada por Adrian Frutiger em 1975.

A impressão se deu sobre papel off-white
pelo Sistema Cameron da Divisão Gráfica
da Distribuidora Record.